谢怀栻文集

第一卷

民法总则讲要

谢怀栻 著

中国法制出版社
CHINA LEGAL PUBLISHING HOUSE

谢怀栻

（1919–2003）

谢怀栻先生生平

谢怀栻，1919 年 8 月 15 日生于湖北省枣阳县。1942 年毕业于中央政治大学法律系，1943 年 5 月任重庆地方法院学习推事（见习法官），1944 年参加高等文官考试以及复试均取得第一名的成绩，被任命为重庆地方法院推事（法官）。1945 年日本投降，任台湾高等法院推事，奉命参与接收台湾省高等法院以及台中、台南、高雄等地方法院。为平反日本侵略者非法关押的大批抗日爱国志士，签发了第一个宣告爱国志士无罪的判决，该判决书也是中国收复台湾后，司法机关在台湾的第一份判决书。后 1947 年出任上海地方法院推事，1948 年任国立同济大学法学院教授。1951 年至 1958 年任中央政法干部学校教员。

1957 年在整风运动中发言，提出：（1）我国应尽速制定民刑法律，以免法院无法可依，出现错案。（2）在政法干部教育中应加强法律业务教育，不能以政治运动代替业务教育。（3）不能以政策代替法律。（4）肃反中有不符合法治的事，应予纠正。1957 年被划为极右分子。1958 年被错误地开除公职以及受到劳动教养处分，1966 年至 1979 年被送到新疆劳动改造。1979 年 2 月右派改正，到中国社会科学院法学研究所任副研究员、研究员，担任过硕士生导师，兼任中国社科院研究生院教授，1989 年退休，2002 年被评为法学所终身研究员、终身教授。

先生是我国著名的民法学家，被誉为“中国民法三杰”之一。由于历史原因，先生失去了人生中宝贵的20年，直到1979年才重新回到专业岗位上，但先生仍然没有放弃对法律、对真理的渴求。在那个年代里，在我国法律和法学体系百废待兴的时刻，先生以其高尚的人格、渊博的学识和对社会正义的追求，无论是在民法基本理论以及立法方面，还是在民法的特别法商法方面，都做出了巨大的贡献，赢得了立法机关和学术界的尊敬。凡重要的民商事立法活动，如《民法通则》《合同法》《婚姻法》《公司法》《票据法》《破产法》等，无不听取和采纳了先生的许多重要意见。特别是在民法与经济法的论争中，先生为捍卫私权自治，为捍卫民法的独立地位，奔走呼号，做出了巨大的贡献。

先生著述不多，但他的《合同法》（1983）、《票据法》（1988）、《社会主义市场经济法律制度研究》（1990）等著作均是我国民商法研究的奠基之作。其中《票据法》更是荣获中国社会科学院1977—1991年度优秀科研成果奖，直到今天仍然不断重版中，乃是该学科最经典的教科书。先生退休后，仍然笔耕不辍，多有文著发表。所著《当代国家民法典立法研究》（系列论文）对于我国民法的制定意义显著。他自己选编的《谢怀栻法学文选》（2002）一书，更是浓缩了先生思想的精华，高屋建瓴地阐述与讲解了大陆法系民法与商法的基本理念、精神、原则、规则、制度及其发展趋势，让人不禁拍案。

先生醇雅温和、平易近人，提携后进，诲人不倦，心系青年学子，寄予殷切希望。在先生的《合同法的统一是我国民事立法工作的一个重大进步》（《中国法学》1999年第3期）一文中，就号召青年学者向更高的目标奋进，并相信“他们必将比当年德国制定民法典时的一大批学识高深却思想保守的教授们创造出更大的业绩来”。在《环球法律评论》的一篇采访中，先生也表示乐见年青学者“站在老一辈人肩膀上前进”。先生的课程是学生们的最爱，他的课堂里不仅有法学所的学生，北大、人大、政法大学的莘莘学子都慕名而来。先生当时的课堂讲义也被汇编整理，形成《外国民商法精要》（2002）一书，也成了一本经典的民商法学教科书，今天仍然引领无数学子进入民法的殿堂。

先生的一生历经磨难，也从容恬静。他对自己从不宣扬，不为人喜不为己悲。在《毕业 60 年》中，先生回顾自己的一生，结尾时写道：“毕业 60 年，回顾这一生，我给了国家一点点贡献，国家给了我很大的回报，我感谢养我育我的祖国。”唯一挂念的，就是中国民法典的制定，先生曾说：“我希望中国民法典能成为 21 世纪初世界有影响的法典。”先生的高尚情操和爱国情怀时刻激励着吾等后辈在中国民法的道路上砥砺前行！

羊公碑尚在，读罢泪沾襟

——谢怀栻先生的法学思想及其对我国民法事业的贡献

2019年是我国著名民法学家谢怀栻先生诞辰100周年，先生已经离开我们近20年了。还记得那正是非典肆虐的时候，传来了先生不幸辞世的噩耗，震惊之后，我不胜悲痛。直到十多年后的今天，我仍然常常回想起那20多年里与先生的交往，他高尚的人格精神、严谨的治学风范与渊博的学识为我的做人与治学树立了光辉的典范。每当我再次捧读先生赠送给我的数本大作时，他的音容笑貌仍历历在目，先生光辉的学术思想使我如沐春风，再次受到精神洗礼。

数十年来，谢老对中国民事立法与民法学的巨大贡献是有目共睹的，也是任何一个法律学人不应忘怀的。如今，中国法制出版社决定将先生一生的成果重新加以整理出版，作为受教于先生20多年的弟子，我深感自己有责任对先生的学术思想做一个回顾，这不仅使我重新获得从先生的思想中接受教育的一个机会，也是对我未来治学的一个激励，更希望有越来越多的学界同仁能以先生的治学精神为榜样，不断鞭策自己。

一、谢怀栻先生的法治思想

早在20世纪50年代初期，新中国成立不久，先生就极力倡导法治，坚决反对以政策代替法律的不正常现象。

谢老极力强调公法与私法的划分，早在1982年，先生就明确提出了要严格划分公法与私法的观点。记得有一次，我在帮助先师佟柔教授整理一篇文章的时候，曾经引用了列宁否定民法是私法的一句话，谢老知道后对我说，他对列宁的这句话是否就意味着列宁否定了私法表示怀疑，并让我转告佟柔老师将文中的这句话删除。在各种学术研讨会以及立法工作会议上，谢老多次提出要弘扬民法精神，提倡私法自治、人格独立与合同自由等民法的基本理念。在2000年，谢老关于纪念《德国民法典》100周年的一篇文章中指出："什么是民法精神或私法精神？承认个人有独立的人格，承认个人为法的主体，承认个人生活中有一部分是不可干预的，即使国家在未经个人许可时也不得干预个人生活的这一部分。国家通过法律去承认这一点，维护这一点，这就是私法的作用。从这一点出发，才有个人的人格权，特别是隐私权、自由权；才有个人的意思自治，才有个人在法律行为中的责任；才有个人在民事诉讼中的处分制度。"[①] 这是何等精辟的见解！

谢老尤其将保护公民权利放在非常重要的地位，他认为这不仅是民法的使命，也是建立法治社会的根基。在20世纪80年代初期，当时法学界中许多人主张将民法视为保护公民权利的法，民法不应涉及

① 参见谢怀栻：《从德国民法百周年说到中国的民法典问题》，载《环球法律评论》2001年秋季号。

法人参与的关系，对于这种观点我个人曾提出不同的看法。但谢老对我多次讲到，某些学者的这种观点本身并没有什么错误，因为民法就是以保护公民权利为其重要任务，说民法是保护公民权利的法，这是一个正确的提法。当然，不能根据这一点来认为民法不能调整法人参与的财产关系。我记得在几次会议上，当谢老提出这一观点时，在民法学界引起了许多学者的思考，产生了比较大的影响。1985 年，谢老为了将这一观点表述得更为清晰完整，专门发表了一篇题为《应当认真地重视民法》的文章，在这篇文章中，谢老写道："社会主义民法也应该有它固有的独立的作用。这就是维护人民和企业的民事权利，使人民和企业在生活方面和经济方面的权益得到明确和保护。民法的这种作用不是附属于其他法律，譬如刑法而存在的。"

笔者认为，谢老法治思想的核心就在于强调法律对权利的保护，终其一生，谢老都非常重视对权利尤其是民事权利的研究。1982 年初先师佟柔教授在给我讲授民事权利概念的时候，专门拿出了他与谢老就主观权利与客观权利进行讨论的几封信件给我看。我现在依然记得在其中的一封信中，谢老专门讲了主观权利和客观权利的俄文、德文的含义及一些学者的相关论述，谢老认为客观权利就是指法，而主观权利就是指权利，其中有一段话专门论述了法和权利的关系。佟老师告诉我，他看了这几封信后对谢老关于权利与法的关系的独到观点、渊博的学识以及严谨的治学风范极为钦佩，他要求我今后遇到疑难问题特别是涉及外国民法制度时应当向谢老多请教。为了全面深入地阐述其有关民事权利的思想，谢老专门研究了著作权及其他民事权利，尤其是系统地阐述了我国民事权利体系。他将私权划分为五种类型，即人格权、亲属权、财产权、知识产权与社员权。这一民事权利的分类是对民法权利体系的重新构建，它不仅对民法的体系产生了重大影响，而且也是对基本的私权的精辟概括。

谢老的法治思想的第二个重要方面就是强调人格平等与尊重人格。谢老在谈到从近代民法到现代民法的发展历程时，就提出了个人本位、人格平等是近代民法的一个重要特点。他认为近代民法就是个人本位与权利本位的法，谢老对个人本位与权利本位作出了非常精辟和全面的阐述。在讨论现代民法的发展趋势时，谢老特别提出了人格权在现代民法中的发展。1985 年，谢老在中国人民大学为研究生讲授外国民商法课程时就阐述了人格权制度在当代民法的发展。当时民法学是一片荒芜的园地，许多人确不知民法为何物，谢老却能提出人格权的概念，真是振聋发聩，这除了表明先生知识的渊博之外，更表明先生与时俱进，深刻地把握了民法发展的时代脉搏。

谢老自身非常重视对德国民法等外国法的研究，强调对德国民法的继受。他曾多次向我提到目前我国在该方面研究的不足，他认为这是影响我国民法发展的一大障碍。谢老自己积极从事外国法律文献的翻译工作，例如，他曾先后翻译了《苏联民法》《德国民事诉讼法》《德国民法通论》。同时他也非常支持青年学者的翻译工作，例如谢老先后为《德国民商法导论》《债权在近代法中的优越地位》等国外法学名著做过校对工作。甚至，在病痛缠身之时，他仍然在为我国法学翻译工作倾注心血。他在针对中国民法典的制定时提出：我国近百年来一直在“移植外国法律，特别是移植德国的民法”[①]。在另外一篇文章中，谢老指出：“凡是继受外国法的国家都必须妥善地处理继受来的法律与本国国情的关系，在继受前必须要很好地研究将要继受的法律，在继受后更要很好地消化继受来的法律。”这实际上就是在科学地阐述继受

① 参见谢怀栻:《谢怀栻法学文选》，中国法制出版社 2002 年版，第 373 页。

外国法律与中国实际相结合的关系问题。

二、谢怀栻先生关于民法的调整对象及民法与经济法的关系的观点

谢老一直坚持认为，民法应当调整平等主体的人身关系与财产关系。在 20 世纪 80 年代初期，否定民法的功能与作用的各种观点甚嚣尘上的时候，佟柔教授第一次系统地论述了民法与商品经济的关系，并提出了民法调整的社会关系的核心部分是商品关系，在此基础上构建了民法的体系。佟柔教授的这一观点可以说奠定了我国民法学的基础，但是佟柔教授对于民法对调整平等主体之间的人身关系却没有过多的阐述。而谢老在此时大胆地阐述了民法在调整人身关系中的作用，他在多次会议上反复强调，不能仅注重民法中的财产法部分而忽视人身法部分，人身关系与财产关系都是民法的调整对象，不能有所偏颇。在《民法通则》的制定过程中，谢老也一直坚持这一观点，可以说，我国《民法通则》第 2 条的制定凝聚了谢老等老一辈学者的心血。

谢老历来主张民商合一的思想，他坚决反对有的人提出的商法与民法地位等同的观点，在谢老看来，商法根本不能与民法相分离而成为独立的法律部门。我记得，在 20 世纪 80 年代初期，我正在撰写一篇讨论民法与商法的关系的文章，为此我前往中国社会科学院法学所请教谢老，他老人家专门与我谈了一个下午，系统地阐述了他对民商法合一的看法，令我深受启发。后来我撰写的那篇关于民法与商法关系的文章可以说完全是受到谢老的启发。可惜的是，谢老关于民商合一的思想一直没有系统整理成文发表。

谢老对民法与经济法的关系也具有十分独到的见解。我第一次见

到谢老是在 1982 年的一次学术讨论会上，当时我听到了谢老关于经济法的一些看法。1983 年中国社会科学院法学所王家福教授等人主持召开了全国经济法讨论会，邀请了全国各地多位学者参与，我当时有幸被安排在大会的第一天发言，谈了自己关于经济行政法的看法。谢老被安排在大会的最后一天发言，在这次发言中，他系统地阐述了自己对经济法的独到见解。在谢老看来，社会主义公有制条件下，随着国家管理经济的需要而在民法之外产生了一个独立的法律领域，这就是因国家干预经济而形成的经济法，它主要包括计划法、企业法、基本建设法、物质供应法、价格法等。经济法是调整计划经济法律关系的一个部门，谢老在会上详细阐述了民法与经济法的关系，他针对许多人提出的经济合同应当归入经济法的观点提出了反驳意见，谢老认为合同关系本身仍然是在计划关系之外独立存在的商品货币关系，计划只是签订合同的原因和依据，依计划订立合同不能改变合同的本质属性，所以经济合同关系仍然应当受到民法的调整。会后，谢老感到意犹未尽，专门撰写了一篇文章——《从经济法的形成看我国的经济法》，发表在《法学研究》1984 年第 2 期上。谢老关于经济法的系统观点，可以说在学界独树一帜。

在当年民法与经济法展开激烈的论战，民法的地位岌岌可危的时候，佟柔老师、谢老等前辈民法学者勇于捍卫民法的地位，大力弘扬民法的精神，正是这些前辈学者的努力才为《民法通则》的出台奠定了坚实的理论基础，并发挥了巨大的推动作用。《民法通则》制定之后，谢老在各种学术研讨会上积极地宣传《民法通则》，并希望广大学者加强对《民法通则》的研究，发展与繁荣我国民法学。谢老对于《民法通则》研究中的一些不足之处也提出了自己的一些看法，为学者们正确地研究《民法通则》作出了表率。

三、谢怀栻先生关于合同法、物权法、知识产权法的思想

谢老对合同的研究是系统而全面的，他深入研究了新中国合同立法历史，并且应德国马克斯·普朗克外国法与国际私法研究所的邀请，以英文撰写了《现代中国的合同法》，发表在国际顶尖级的学术著作——《国际法比较百科全书》上，这是迄今为止，我国唯一一位参与这样一项世界法学史上伟大工程的学者，也为我国民法学者争得了荣誉。[①]每当我看到谢老赠送给我的这一册《国际法比较百科全书》的时候，对谢老的崇敬之情就油然而生。早在20世纪80年代，谢老就在其参与撰写的《合同法》一书中，全面系统地阐述了近代合同法到现代合同法的发展趋势，到目前为止，谢老的这些观点仍然是十分系统全面的，谢老当时提出的一些现代合同法中的新问题，仍然有待于民法学者深入地研究。在统一合同法的制定过程中，谢老提出了有关的建议方案，并且对合同法的重要制度提出了自己的独到见解。

在物权法领域，谢老认为，物权法定、一物一权、公示公信原则应当得到坚持。在我国民法学界对物权行为展开激烈争论的时候，谢老认为，物权行为是客观存在的，但是物权行为的无因性等问题适用范围仅限于买卖等少数情形。谢老认为农村承包经营权应当改为农地使用权。谢老对典权也有专门的研究，他认为，物权法中应当规定典权，而不应当简单地加以否定。

谢老对知识产权的研究是十分独到的，我几次和他讨论民法问题，他都和我谈到有关知识产权性质、内容，并对知识产权研究领域的一

① 英文的全名是*International Encyclopedia of Comparative Law*。

些提法提出自己的不同看法。从谢老的谈话中，我深感自己在知识产权研究方面功底的欠缺。谢老参与了著作权法等知识产权法的制定工作，并对知识产权尤其是著作权有十分深入的研究与独到的见解。谢老极力主张著作权是一种民事权利，认为著作权应当包括著作人身权与著作财产权两个方面，他对这两个方面的内容都展开了全面的分析。

四、关于公司法、票据法

谢老尽管不主张商法是一个独立的法律部门，但是他对于公司法、票据法等有非常深入的研究。谢老对公司法的研究是系统全面的，他在参与公司法的制定过程中，提出了许多精辟的见解。他对公司的性质和特点、公司法的本质、公司法定主义和公司类型、有限责任的含义、登记制度等，都有自己独到的见解。谢老还参与了我国票据法的制定，在票据法制定之前，谢老专门对票据法进行了深入的研究，撰写了《票据法概论》一书，该书对我国票据法的研究与立法工作产生了极为深远的影响，重印了 10 多次，发行数十万册，迄今为止，该书也是我国票据法领域的权威著作。在票据法颁布之后，谢老专门撰写了《评新公布的我国票据法》一文，既肯定了票据法中的优点，又指出了其中的不足。

除上述领域之外，谢老在税法领域也颇有建树。他较早地系统分析了西方国家税法中的基本原则，指出税法应当坚持税收法定主义、税收公平主义、实质征税原则以及促进国家政策实施的原则。我在全国人大财经委工作时，有几次讨论税法，都专门引述了谢老关于税收法定的观点。谢老在民事诉讼法领域也有很深的造诣。谢老曾经翻译过《德国民事诉讼法》，为我国民事诉讼法研究作出了极大的贡献。记得我在读研究生时曾经组织翻译过《国际比较法百科全书》中的一册《当事人》，我将打印稿交给谢老审阅，谢老也提出了许多意见。

谢老在法学研究领域涉及面如此之广，其知识如此渊博，令我叹为观止。在个别持“饭碗法学”观点的人看来，谢老涉及的领域是否太宽了？但笔者认为，这恰好反映了谢老对整个国家法治建设高度的责任感以及系统全面研究学问的治学方法。我正是从谢老的全面研究各个法学领域中受到启发，也希望在民法学研究领域之外有所拓宽，以期望开拓自己的研究视野，深化自己对民法学的研究。

五、对晚辈的教育、支持和帮助

谢老留给了我们许多宝贵的财富，它是我们未来研究民法的宝贵资源。20 多年来，我虽然没有正式直接在谢老名下学习，但是一直受教于谢老，并在多年的交往中与谢老结下了深厚的感情。

我记得 1983 年自己的第一篇译文《关于经济法的理论》就是谢老一字一句做的校对，后来发表在《法学译丛》上。我于 1984 年留校任教以后，先师佟柔教授专门让我前去请谢老到人民大学为研究生讲授外国民商法课程。当时我作为助教，认真地听了谢老的每一堂课，深受教益。我在撰写《民法新论》《经济法的理论问题》等书的时候，就其中许多问题曾反复向谢老请教。1989 年，我从美国学习归来后，谢老专门邀请我上他家里共进晚餐，我们两人进行了数小时的长谈。1990 年先师佟柔教授病重，其时恰值我的博士论文答辩，先师专门委托谢老主持我的博士论文答辩会。在撰写论文的过程中，谢老就对我的论文提出了许多极富价值的意见，在答辩的过程中又提出了许多新的意见。尤其令我感动的是，在 1992 年我因身体不适而住院的时候，谢老专门叮嘱他的女儿安排我住进安贞医院，并且几次提出要亲自来看望我，被我婉言谢绝后，他又几次打电话叮嘱我安心养病，搞科研更应注意身体。每当想起此事，我都不禁热泪盈眶。

多年来，谢老对我们人大法学院尤其是民商法教研室都十分关心和支持，他对我多次讲过，他对人大法学院民法专业有着特殊的感情。我们许多青年教师和博士生都从谢老那里得到了许多教益。对于我们这里的论文答辩、评阅、学术讲座方面的邀请，只要身体许可，谢老从不拒绝。尤其是我指导的几名博士生，谢老从民法学习方法到具体课题的研究，都给予了详尽的指点，其中不少内容经整理后在《人大法律评论》和《民商法前沿》以及中国民商法律网上刊登，并被广泛转载。在我们申报和建设国家人文社科基地——中国人民大学民商事法律科学研究中心的过程中，谢老不仅向中心图书馆捐赠了大批图书，而且欣然应邀担任中心学术委员会主任，对中心建设提出了许多宝贵意见。

谢老性格耿直，从不唯书、不唯上，敢于表达自己的学术观点。谢老治学严谨、淡泊名利，他的一生聚集了中国传统知识分子许多良好的品格。

谢老的一生，都矢志不渝地追求法治，为我国法治建设和法学研究作出了不朽的贡献。我们怀念谢老，就是要学习他高尚的人格和严谨的学风，发扬光大他的学术思想，秉承他的学术信念，为繁荣我国民法学事业、建设社会主义法治国家而不懈努力！

王利明

序　言

距离那个阴霾的下午已近 20 年，但我现在还清晰地记得，获悉祖父去世的噩耗时，雨水从屋檐上滴落得淅淅沥沥，和父亲手握电话听筒的沉默不语。那时候我明白了，我将再也见不到那个总是坐在书桌前，埋头案牍、略微佝偻的背影；再也听不到那带有浓厚湖北口音的叮嘱；再也不能坐在祖父书桌边的小凳上，听他给我讲书橱里那一排排、有些我连名字都读不懂的书里的故事。

但不久之后，从那个秋高气爽的中午我踏入法学院的大门开始，就从很多前辈和老师那里不断听到祖父的名字，也越发了解祖父在家庭之外的另一面，我开始关注他在学术上的观点和思想。他是 20 世纪 80 年代最早呼吁“私法自治”这一民法基本精神的学者之一；他对当时的立法工作中倾注了很多心血，在当时的历史条件下，提出了很多宝贵的建议。在经历了磨难重新回到工作岗位之后，祖父不忘初心、夙夜匪懈、朝乾夕惕，仿佛要把那失去的 20 多年重新补回来似的，为中国的法治事业和法学教育发光发热。

然而更触动我的，不仅仅是祖父在学术上的贡献和成就，更是他高节迈俗的人格，淡泊明志的心境，是对待大风大浪的泰然自若，是对待工作和学术的求真求实，是对待学界同仁与后进的虚怀若谷与平易近人。从我上学起，虽然每年来到北京和祖父共同生活的时间只有春节前后的短短两三周，但是我能看到，每次有人来拜访他，无论是同侪还是后辈，他都会到门口迎接，走时一直送到电梯口；即便是在春节假期，他也每天伏案写作，笔耕不辍。他虽然并没有太多个人专著，但是参与了很多外国著作的翻译和校订，也参与了很多教材的编写；有很多前辈老师，在他们的文章或者专著中，都特别感谢祖父对他们在学术研究工作中的巨大帮助；即便是在祖父故去十几年后，许多前辈老师，仍然会回忆起在和祖父交往过程中的点点滴滴，讲述在他们之前的学习和研究中祖父所给予的帮助和提携。

2019 年正值祖父诞辰 100 周年，承蒙时任法学所所长陈甦教授、中国法制出版社刘时山总编辑牵头、组织祖父生前文集的编撰，并历经 3 年，在祖父逝世 20 周年之际，终得付梓。在此我代表我的家人，对帮助和支持本书出版和发行的各位领导和各位编辑老师们表示诚挚的谢意，没有各位老师的辛勤的工作，就没有这套文集的问世。

谢远扬

目录

写在《民法总则讲要》的前边

张　谷

2003 年 5 月 3 日，五四运动 84 周年的前夕，与五四运动同龄的谢怀栻老师离开了我们。他再也不会出现在五四大街路北的社科院法学研究所了。

现在，纪念先生的文字已经很多，并已结集出版，[①] 人们可以从中了解一些谢老的生平和贡献。但是，对于谢老法学思想的总结工作才刚刚开始。

一、弃理从文

谢老 1919 年 8 月 15 日出生于湖北枣阳。[②]1937 年从武昌省立一中高中毕业，考入清华大学机械系。时值抗战爆发，谢老希望“从文报国”，

---

① 参见谢英整理：《谢怀栻先生纪念文集》，中国法制出版社 2005 年版。

② 关于谢怀栻先生的经历，主要参考《谢怀栻先生履历》，载《谢怀栻先生纪念文集》，中国法制出版社 2005 年版，第 1 页、第 2 页；梁慧星：《谢怀栻先生从事民法 50 周年贺辞》，载《民商法论丛》第 2 卷，法律出版社 1994 年版，第 1—4 页；方流芳：《回忆谢老》，载《谢怀栻先生纪念文集》，中国法制出版社 2005 年版，第 116 页。

遂于1938年8月退出清华大学，转而考入中央政治学校大学部法律系。[①]

国民党中央党务学校是中央政治学校的前身，大革命时期始建于南京，只办过一期，到第二期即改为中央政治学校，学制也由原来的一年改为四年。[②] 抗战爆发后，学校由南京搬迁到湖南芷江，未几又迁往重庆南温泉。“忆昔在南泉”中的南泉就是南温泉。这个学校到抗战结束搬回南京，才由党务系统归到国家教育系统，改为“政治大学”。

中央政治学校大学部是其基本部分，内分行政、外交、新闻、教育、财政、经济、法律等。当时由于大学部不是国立的，[③] 加上法律系也不是热门专业，更因系主任梅仲协教授于二年级开始，在大礼堂讲演介绍法律系情形，供学生做选系的参考时（政治大学，一年级不分系，二年级才开始分系，法律系的课程，也有与他校不同的），严正宣示，法律系很难念，德文和日文，以及他校法律系不必修的“立法技术研究”，均为必修。学生多视法律系为畏途，最终只有九人选填了法律系，即谢怀栻、罗渊祥、张信诚、徐道腴、向天池、张作明、黄蹈中、刘特、姚瑞光等，是为政治学校大学部第十期（1938—1942）法律班。[④]

1939年之后的三年间，谢先生受业于梅仲协教授，接受了严格系

---

① 参见谢英：《怀念父亲》，载《谢怀栻先生纪念文集》，中国法制出版社2005年版，第11页；方流芳：《回忆谢老》，载《谢怀栻先生纪念文集》，中国法制出版社2005年版，第125页。

② 据阮毅成先生回忆，淞沪之战结束时，中央政治学校在南京城南的红纸廊，中央大学在城北的成贤街（见阮毅成：《记徐东藩先生》，载传记文学丛书之五三《彼岸》，台北传记文学出版社1972年版）。

③ 大学部不是国立，只是因为它不属于国家教育系统，而是属于国民党党务系统，但是像其他大学一样公开招生。上学是公费，学生的伙食、衣服、书籍等都由学校供给，此外每月还有零用钱。

④ 梅仲协：《民法要义·谢序》，中国政法大学出版社1998年版；姚瑞光：《怀栻和我》，载《谢怀栻先生纪念文集》，中国法制出版社2005年版，第61页。

统的大陆法学术训练。梅先生亲自教授民法总则、民法债编、公司法、国际私法、罗马法和德文法学名著选读。后两门课用德文教材（最后一门课的教材就是德国民法典），[1] 前两门课的教材是《民法要义》。《民法要义》系以德文 Schaeffers Grundriss 为蓝本，条理至佳。[2]

梅先生 1943 年在正中书局的"大学用书"丛书[3]中，出版过一本《公司法概论》，这很可能是在他为谢老等人讲授公司法所用的讲义基础上，增订而成的。从书后附录的参考文献来看，作者广泛借鉴了德、法、日等国的名家在商法或公司法方面的著述，德国的有 Brodmann、Cosack、Fischer、Gierke（J.V.）、Goldschmit、Lehmann、Renaud、Staubs、Wieland、Mueller-Erzbach 等，法国的有 Houpin、Bosvieux、Lyon-Caen、Renault、Pic、Taller 等，而日本的片山义胜、松本烝治、

---

① 梅仲协：《民法要义·谢序》，中国政法大学出版社 1998 年版。

② 这是留德学人曾如柏先生的评价（见氏著《商事法大纲》，正中书局 1972 年版）。笔者曾在柏林洪堡大学门口的书摊，购得 Schaeffers Grundriss 中的两种（民总和债总），和《民法要义》两相对照，觉得曾如柏先生的说法是可信的。Schaeffers Grundriss 全称为 Schaeffers Grundriss des Rechts und der Wirtschaft，乃系列丛书，分为三大部分：第一部分私法和程序法，第二部分公法，第三部分经济学，此外还有配套的案例书。第一部分有 20 多种书，由曾任北莱茵—威斯特法伦州高等法院院长的 J.Wiefels 博士编辑，先是由杜塞尔多夫的 L. Schwann 出版社出版，现在则改由海德堡的法律与经济出版社有限责任公司出版，撰人多有更易。丛书的其他部分则一直以来由斯图加特的 W. Kohlhammer Verlag 出版。Ludwig Enneccerus（1843 年 4 月 1 日—1928 年 5 月 31 日）开创的，由后人增补的多卷本的《民法教本》应当是当时德国的标准民法教材，《民法要义》的作者对此虽也有所参考，但终以 Schaeffers Grundriss 为蓝本，可能是因其比起《民法教本》来简明扼要，篇幅适当，更适合作为中国法学本科教学之参考。

③ 这套丛书中有的由正中书局单独出版，有的则由国立编译馆和正中书局共同出版。共同出版的，似乎都是国民政府教育部审定的教材，如李宜琛的《民法总则》、赵凤喈的《民法亲属编》、张道行的《国际公法》和翟楚的《国际私法纲要》等。

田中诚二、冈野敬次郎、田中耕太郎和猪股淇清的会社法或株式会社法也被参考。这是笔者所看到过的、1949 年以前最好的公司法教材。像谢老在《外国民商法精要》中对于股份有限责任公司的“有限责任”的阐释，在梅先生的《公司法概论》中就能找到其间传承的脉络。另外梅先生曾经出版的《中国票据法释义》，是不是对于后来谢先生写作《票据法概论》有所影响？这也是值得研究的。

而“学习德文就是背《德国民法典》条文，德文和中文一起背”（谢老语）。[①] 谢老虽未曾出国留学，却对德日民法造诣颇深，与这三年的学习有着直接的关系。1979 年，谢老陪同当时的法学所所长孙亚明和党组成员王家福，作为中国法学家代表团成员访问联邦德国。后来，马普所的明策尔教授回忆说：“身材矮小的谢先生总是站在人群的后面，沉默着，只是有一次，当他在书柜上看到了 Enneccerus 的一套书时，立刻睁大了双眼，用德语说道：‘噢，老朋友！’当年，他在四川曾学习过这套书。”[②] 我想，谢老当年在重庆至少是知道并且借阅过这套书中的一部分。因为谢老在中央政治学校学习时，正值梅先生写作和增订《民法要义》，而 Enneccerus-Kipp-Wollf 的《民法教本（第 1 卷第 1 册　导论　总则）》正是其重要的参考文献；加上当时法律系第十期学生只有九人，梅先生和学生常常一起读书、散步、游玩，相处甚欢，亦师亦子弟，颇有旧式书院之风。[③] 谢老对该书自然不会陌生。但是，

① 参见方流芳：《回忆谢老》，载《谢怀栻先生纪念文集》，中国法制出版社 2005 年版，第 129 页。

② ［德］弗兰克·明策尔：《纯法人生》，载《谢怀栻先生纪念文集》，中国法制出版社 2005 年版，第 27 页。

③ 梅先生在诗中对此有生动的描述：“忆昔在南泉，晨夕相游眺；景林观鱼跃，涵村听虎啸。欲寻建文迹，每苦巉岩峭；归来山色冥，买鲜共烹调。”载《谢怀栻先生纪念文集》，中国法制出版社 2005 年版，第 63 页。

在那种战时条件下，梅先生手头有无完整的这“一套书”，便是个问题；即使有，对于那时年轻的谢老来说，要“学习”篇幅如此巨大的“一套书”（光是1928年版的总则部分，就有将近700页）恐怕也不是一件容易的事。明策尔的说法虽然可能有些夸张，但谢老当时所受的法学训练带有强烈的德国法取向，这一点则是毋庸置疑的。

正是由于掌握了德、日两种外国语言，谢老自然就比普通的学者别具只眼。例如，谢老曾经敏锐地意识到，旧中国公司法上所谓的无限公司和两合公司，与德国商法典上的OHG（公开的商事合伙）和KG（两合的商事合伙）之间，可能经过日本的中介而发生了误会。[①] 的确，无论德文的Gesellschaft，还是法文的société，既训作合伙，又训作公司。OHG和KG均无独立之人格，罗马法上Societas之遗绪也，而与有人格的Universitas不同；而通说认为Aktiengesellschaft（AG，股份有限公司）滥觞于17世纪初的殖民公司，较为晚出。由于AG与OHG、KG等均系以契约（Gesellschaftsvertrag）为基础而设立之目的性团体，故与民法上的单纯的权利共同关系、亲属法上的团体、共同继承关系等相区别。不过AG虽曰Gesellschaft，实质上更近于具有人格的Verein（社团法人）。一般所称的资合公司包括AG、KGaA（股份两合公司）和德人后来自创的GmbH（有限责任公司）。由于商法上的资合公司（Kapitalgesellschaften）与民法上的Verein，均以成员为基

① 王保树:《学习谢怀栻教授严谨治学的精神》，载《谢怀栻先生纪念文集》，中国法制出版社2005年版，第208页。值得指出的是，在过去的20多年里，屡屡为我国商法教材所引用的《商事法论》（张国键著，台北三民书局1980年修订第19版）一书，由于作者未辨清德文的Gesellschaft和法文的société的奥义，因此在介绍欧陆各国的合伙和公司组织时，也存在将企业的法律形式在合伙与公司中“重复计算”的错误（见该书第70页和第74页）。

础，具有独立的人格，其人格原则上不因成员之改变而受到影响，而且由于其必须组织成统一的整体（须有章程、一定的机关、自己的名称），故统以 Köperschaften 称之。[①] 私法上的法人，除去 Köperschaften 之外，还包括不以成员为基础而以财产为基础的民法上的 Stiftungen（财团法人）。而法人（Juristische Personen）的范围则更广，更有公法法人和私法法人之别。我国因为公私不分、民商不分、历史传统不同，对法人和公司更有明确而统一的法律界定，加之语言上的关系（如合伙与公司泾渭分明、译名简略疏阔难以对译）、立法和理论上的关系（民事基本法对财团未予规定、理论上将法人人格与权利能力完全等同）等诸多因素，至今未能理出头绪，影响了理论的建构，也使得《合伙企业法》修订工作留下一些遗憾。试想，如果没有像谢老这样的学者，如果在公司法中稀里糊涂写上无限公司、两合公司，再在合伙企业法里规定普通合伙、有特殊规定的普通合伙以及有限合伙，那岂不贻人以笑柄吗？

多年以后，谢老依然非常推崇他的老师梅仲协先生，[②] 实非无故。而且谢老后来在指导学生或解答咨询时也常常提及《民法要义》。[③] 可见本科教育以及本科教材对于法科学生树立正确的基本观念、培养日

---

① *Medicus*, Allgemeiner Teil des BGB, 7., neubearbeitete Aauflage, Rn.1091ff.; *Götz Hueck*, Gesellschaftsrecht, 19. Auflage, §2 Ⅰ und Ⅱ.

② 王泽鉴:《智者、仁者、勇者: 怀念谢老》, 载《谢怀栻先生纪念文集》, 中国法制出版社 2005 年版, 第 227 页。

③ 梁慧星回忆说:"先生建议我再精读梅仲协的《民法要义》。先生亲自领我到本所资料室书库查找, 可惜没有找到梅先生的著作。"(《谢怀栻先生教我怎样做人》, 载《谢怀栻先生纪念文集》, 第 156 页) 另有杨立新的回忆, 见《谢怀栻先生纪念文集》, 中国法制出版社 2005 年版, 第 263 页。需要指出的是魏家驹先生在回忆中, 将梅仲协误作孙晓楼(《谢怀栻先生纪念文集》, 第 47 页), 这是一个错误。

后的研究能力是多么的重要！当然，谢老何以独独对梅氏如此推崇？个中缘由，亦颇耐人寻味。这恐怕不单单是尊师重教，或是服膺于其学问那么简单，可能还有人格认同的问题。梅先生送给姚瑞光的五言古诗中的最后一句“同尘不渝贞，此中得要妙”，这是对学生们人格操守方面的期许，不仅是对姚先生，也及于其他门弟子；这既是对学生们的期许，恐怕也是梅氏自己恪守的做人原则吧。

毕业以后，1942年8月到12月，谢老在陕西省政府社会处任科员。在此期间，“谢先生辗转步行到延安，在那里生活了一个月”。[①] 同年参加高等文官考试司法官考试及格。次年5月到重庆地方法院任学习推事，10月入中央政治学校公务员训练部司法官组学习。1944年2月结业，参加高等文官考试复试及格。[②]1944年3月被分配到重庆地方法院任推事，直至1945年9月。1945年10月至1947年5月在台湾高等法院担任推事。1947年6月至1949年5月谢老在上海地方法院

---

① 方流芳：《回忆谢老》，载《谢怀栻先生纪念文集》，中国法制出版社2005年版，第126页。

② 魏家驹先生谈“旧中国高考”一节，颇值得注意。他说：“谈起旧中国的高考，对于每一个有志进取的青年学子来说，当年曾是一个极具诱惑力的门槛。旧中国仿效科举办法形成高等文官考试制度。大学毕业后可以报考相应的专业，初试录取后经过实务的培训，再参加复试及格后，按荐任官（大体相当于现今的副处级待遇）分配。考试的题目和评分很严，一般不易通过。由于旧中国吏治腐败，裙带成风，一般有关系、有背景的官宦子弟，早都钻营门路，官运亨通，谁也不会伤那脑筋去应试高考，因此高考也就多半成了没有门路、勤奋读书人士的进身之阶，而高考在人们心目中也就成了真才实学的打拼之所。有的人常把第几届高考及格印在名片上，有的甚至把参加过哪届高考都印上，引以为荣，传为笑谈，所以当年谢老高考复试及格是很不容易的事，这是对他学业实力的一次考试。”（《谢怀栻老学长的“三不语”》，载《谢怀栻先生纪念文集》，中国法制出版社2005年版，第47—48页。）

民庭担任推事。1948 年 8 月至 1949 年 11 月在国立同济大学[①]法学院任教，教授民法、商法，与陈盛清教授[②]、余鑫如教授同事。[③]

二、法治梦寻

历经磨难之后的谢老，既没有怨天尤人，更没有噤若寒蝉。相反，个人的不幸使他更加确信：中国再不能走“人治”的老路，唯有“法治”才是通往民安国泰的坦途。他多次参加民盟中央（或中央法制委员会）举行的座谈会，[④]建言献策，撰写文章，倡行法治，初衷不改，

① 1907 年德国医学博士 Erich Paulun 在同济医院对门附设德文医学校，故最初名同济医院附设德文医学校。1910 年德侨组织建设中国工业学校促进会，开会议决三事：（1）在上海设工科学校；（2）校址附设医校内；（3）将德文科变更科目，同时为医、工两科的预备学校，由 Berrens 主持筹备。1911 年筹备完竣，1912 年 6 月 12 日开学，设机械、电工两科，医学校更名为同济医工学堂。1917 年学校迁吴淞，报部认可，定校名为同济医工专门学校。1927 年国民政府派张仲苏为校长，始改定校名为国立同济大学（见《旧上海史料汇编》下册，北京图书馆出版社 1998 年版，第 342—343 页）。同济大学被称为中德教育的窗口。张仲苏（早年名张谨），1905 年由京师大学堂选派，与顾孟余、李爔同赴德国柏林大学攻读法律，1913 年返国。先后任京师学务局局长、同济大学校长、河北大学校长等职（见《旅德追忆》，商务印书馆 2000 年版，第 174 页）。谢老任教时，国立同济大学则在上海东北近郊的其美路（现四平路），下有工学院、文法学院、理学院、医学院、新生院、附中、高职中等。

② 参见《谢怀栻先生纪念文集》，中国法制出版社 2005 年版，第 35 页。

③ 参见中国律师函授学院《民法》，1985 年 7 月，第 270 页。

④ 谢老政治面貌平淡无奇，无党无派。过去曾是民盟盟员，1957 年被开除。1979 年摘帽后，他也没有像别的右派一样重新进去，到死无党无派，见徐炳：《平淡而高尚——纪念谢怀栻先生》（《谢怀栻先生纪念文集》，中国法制出版社 2005 年版，第 256 页）。但民盟中央负责法制工作的林亨元老先生与谢老相契，所以谢老与民盟还是来往密切。

矢志不渝[①]。

1985年月3日，民盟中央举行以“法制与经济体制改革”为题的座谈会。谢老在发言中指出，必须加快立法，以保障和促进经济体制改革，为此必须从思想认识上辩证地看待“总结经验”和“条件成熟”这两个问题。对于“总结经验”的问题，谢老指出，倘若非要等到经验丰富才去总结，才去立法，只会使改革无法可循，无法发挥法制的促进和指导功能。正确做法是，在经济体制改革的理论和原则的基础上，先制定一些必要的法规，再在实践中加以完善。对于“条件成熟”的问题，他说，法制工作不像种庄稼，对于前者来说，“成熟”与否并无固定之标准，标准只能是相对的。以抽象的“成熟”来衡量，中外的法规可能都不“成熟”。所以，判断一个法规能否出台，应取决于当前的需要和对当前问题解决的程度，不必以尽善尽美、百分之百的“成熟”自限手脚。[②]

1988年3月2日民盟中央法制委员会和《群言》杂志编辑部联合举行以“健全法制　厉行法治”为题的座谈会。会上，谢老着重从法治的角度（而不是改善党的领导的角度）主张党政分开。他认为，中共十三大作出党政分开的决定不仅具有重大的政治意义，而且具有重大的法律意义，即要将不合乎宪法规定的事改过来，使宪法得到真正的贯彻，使国家逐步并真正地成为法治国家。农村实行承包多年，只

① 谢老坚持独立自由思想，追求法治理想，在大是大非的问题上，坦陈直言。在生活中却淡泊自远，与人无争。梅先生送给姚瑞光的五言古诗中的最后一句“同尘不渝贞，此中得要妙”，典出《老子》“和其光，同其尘”。王弼注：“和光而不污其体，同尘而不渝其贞。”这用在谢老身上，堪称妥切。

② 谢怀栻：《必须加速立法》，载《群言》1985年第5期，第8—9页。这次会议谢老因故未能出席，但事后另写成了书面发言。

有政策上的根据而没有法律上的根据，仍是以政策代法律。这些都不是一个法治国家的常规。解决了党政分开的问题，政策和法律的关系也就理顺了。[①]

1991 年谢老在《群言》上发表了《从七届人大四次会议看我国的法制工作》一文，谈到五个问题。第一，法律的"试行"问题。1982 年的《民事诉讼法（试行）》在此次会议上去掉了"试行"二字，意义重大，表明我国的立法工作走上更为正规的道路。因为法律的"试行"，有损法律之尊严，不利于法律的实施；刑诉法不经试行就施行，而民诉法试行 9 年后方得施行，不合逻辑；更可怕的是，倘若"试行"的结果表明，有的规定不可行、不妥当，那么据此业已处理的相关讼案应否改判？第二，既有法律的整理修订问题。法律公布后保持稳定，固然有益于法律的权威性；另外，法律在施行中又要随时修订整理，才能与时俱进，具有必要的灵活性。此次会议公布的《外商投资企业和外国企业所得税法》，合并了已有的两法，并增补了中外合作企业所得税的规定，即属此例。但自人大常委会 1984 年授权国务院改革工商税制发布有关税收条例草案以来，已有六年多，人大常委会应将这些条例或试行草案正式制定为法律。第三，政策与法律的关系问题。新中国成立初，我们重政策，以政策代法律；后来，我们既靠政策，又靠法律；现在本次人大常委会的工作报告中前进了一步，提倡既要把政策转变为法律，又要及时以法律的形式肯定成功的做法。第四，立法指导思想上的转变。制定法律，究竟"粗"一点好，还是"细"一点好；详细一点、具体一点好，还是简单、原则一点好；明确一点好，

---

① 谢怀栻：《建设法治国家，党政必须分开》，载《群言》1988 年第 5 期，第 8—9 页。

还是模糊一点好？过去在“经验不成熟”这个似是而非的前提下，总是以“宜粗不宜细”为指导思想。在这种思想之下，《民法通则》《婚姻法》《继承法》三个民事基本法一共230条，而最高院的贯彻执行“意见”就有316条。尽管如此，《民法通则》中仍有许多条文无法执行。“宜粗不宜细”的做法使法律无法贯彻执行，使司法和立法互相干扰，有损于法律的威信。对于新中国成立以来长期未能解决的此一问题，本次人大常委会的工作报告中终于指出，法律要明确、具体，避免过于原则，不能缺乏可操作性。这真是一个很大的进步。第五，法治与人治问题。七届政协四次会议上，民主党派和人民团体都提出制定法律的问题来，并非偶然。它表明加强法治，是民心所向，是国家和社会发展的要求。人治的方式，单凭政策甚至单凭长官意志办事，再也行不通了。

1992年10月，中共十四大明确将社会主义市场经济确定为我国经济体制改革的目标。《群言》杂志编辑部和民盟中央法制委员会联合召开“如何依法治理市场经济”专题座谈会。谢老与会并就法治与市场经济的关系发表意见。他指出，法治是市场经济的前提条件，但法治不同于法制。不讲法治，实行人治，以言代法，权大于法，社会不可能安定有序，市场经济就无从建立和发展。法治不同于法制。只讲“法制”，很容易流于（事实上就是）讲法律而又承认社会上还有超乎法律之上的力量，把法律只作为“治民之具”。而讲“法治”则必须承认法律至上，法律不仅是治理人民的，也是管制政府的。政府和人民都只服从法律，谁也不能乱来，社会才会安定。谢老认为，必须树立法律和司法至高无上的权威性。在市场经济下，需要有明确的法律。法律不仅规定市场主体的地位、权利、行为规则，而且还要保护它们。法律特别要限制政府，不许其干预市场主体的活动。主体之间的纠纷，只能依法而不能依行政命令或长官意志去解决。为此，在立法方面，法律要力求完备；在司法方面，则要力求独立公正（独立而后才能公正）。要发展市场经济，党和政府都应当带头树立法律和司法的权威性。他还谈到，从计划经济到市场经济，是经济体制的根本性变革，我们的立法工作、司法工作都要作相应的根本性变革。这意味着，要把一个长期靠政策办事、靠长官意志办事、靠行政命令办事的社会转变为一个严格依法办事的社会；把只要求人民守法转变为政府也要受法律约束。总之，要把我国建设成为一个社会主义的法治国家。

1993 年 10 月 4 日，民盟中央法制委员会和《群言》杂志编辑部联合举行“反腐败与加强法治”专题座谈会。这次会议上谢老就四个方面发表意见：

第一，以法律约束权力。现在在一些事项上，行政机关有很大的权力，对行政机关如何行使这些权力，法律没有规定一定的标准或限制，行政机关就可以上下其手、以权谋私。比如，公司法草案已经规定设立股份有限公司的条件，按照准则主义，就不应当另外再规定审批。不仅不应当规定审批，反倒可以规定，公司设立登记，主管机关必须在一定期限内办理，不许拖延。因为拖延也是一种上下其手、以权谋私的门路。要杜绝以权谋私，就先要对权力加以限制和约束。

第二，反腐倡廉须综合治理，法律贵在执行。

第三，以媒体揭露腐败。我们要尽量放开对新闻的各种限制，提高新闻的透明度，让一切腐败现象曝光。

第四，反腐倡廉，要从最上级做起。艰苦朴素是廉洁的基础。但是汽车越来越豪华，是从上级开始的。孔子早就说过：“其身正，不令而行；其身不正，虽令不从。”古人说，天下的风气，系乎一二人之心。这样说太看重领导人的作用了，但也不能不注意这一点。

1993年，谢老写了《由“法制”到“法治”》一文。文章指出，长期以来，“法治”与“法制”，虽一字之差，横亘于其间的却是姓“资”还是姓“社”的界限。随着思想解放，20世纪80年代初“人治与法治”的讨论，并没有从正面研究法治问题，更未能在中国确立法治理论和法治原则的地位。现在学术界正在思想上和理论上发生一个重要的转变。有人终于承认“法制”与“法治”是有区别的。

谢老认为，法制与法治是两个概念，由这两个概念引出的理论确有很大差别（虽然也有一部分是相同的，但异大于同）。法治的概念来自资产阶级法学家，盛行于某些资本主义国家，这是事实。但不能因此认为它就专属于资产阶级，不能也存在于社会主义国家。社会主义国家只讲法制是不够的。法制的含义远较法治狭小。法制和法治在本质上的差异更大。法治的核心是法律至上，法治一直是与民主相联系的，与自由平等、尊重人民权利相联系的（尤其是在现代）。

谢老还指出，完成由“法制”到“法治”的转变，意义深远。接受了法治思想后，法学界在许多问题上就可以更深入，更接近本质。研究宪法的人不满足于一部宪法，而要讨论宪法监督问题，提出要设立宪法法院。研究行政法的人不满足于“依法行政”的口号，而要讨论国家责任问题，提出要制定国家赔偿法。研究刑法的人讨论起劳动教养问题来，提出劳动教养制度的法律地位问题。

谢老在文章的最后写道：由法律虚无主义到承认和尊重“法制”，再到讲究“法治”，这是社会发展的必然。法学家们应该自觉地朝这个方向前进。社会主义的法治国家是一定能建成的。

这篇文章在《群言》的“法制论坛”栏目刊出后，民盟中央法制委员会主任林亨元同志对此颇为赞赏。[①]这一年，谢老还在“法制论坛”栏目发表了《市场经济与经济立法》《谈谈我国的审判独立问题》，都与法治这一主题有关。

从反对“以政策代法律”，到强调“法治”与“法制”的不同，可以说谢老从未中断过对“法治与中国”这一历史性课题的思考。谢老对待具体的社会现象或法律问题，从来都是上升到“法律至上”的法治高度，再俯瞰下来，所以他总是比别人看得深，看得远。1995 年底，有昔日的学生来访，谢老“很兴奋”地告知，法学所正为中共中央政治局法律讲座作准备，他和王家福、李步云等人在讨论讲稿时都认为，应当从法理的角度分析，从治国的高度阐述，才能理清楚法治建设问题，应该提出“依法治国　建设社会主义法治国家”的方略。[②]我们从中共中央第三次法制讲座的题目和内容中，都不难觅见谢老历年来发言中的精华。[③]1999 年我国宪法修正时，在《宪法》第 5 条增加了 1 款，作为第 1 款，规定：“中华人民共和国实行依法治国，建设社会主义法治国家。”（修正案第 13 条）2004 年宪法修正时，在宪法第 33 条增加一款，作为第 3 款，规定：“国家尊重和保障人权。”（修正案第 24 条）谢老多年来倡行的法治，与尊重人民权利相联系的法治已逐步被宪法所确认。从这一点上，我们不得不承认谢老的远见。

---

① 谢怀栻：《悼念林老》，载《群言》1997 年第 3 期。这篇文章虽然是悼念林亨元同志的，但多少有“夫子自道”的意味。因此，笔者认为它也是了解谢老的一篇非常重要的文献。

② 杜佐东：《漫漫修远路　一生不懈求》，载《谢怀栻先生纪念文集》，中国法制出版社 2005 年版，第 116 页。

③ 王家福：《关于依法治国　建设社会主义法治国家的理论和实践问题》，载《中共中央法制讲座汇编》，法律出版社 1998 年版，第 116 页以下。

我之所以不厌其烦地引用谢老的言论，不仅因为很多法学者，甚至曾经受业于谢老的人，对此可能也知之甚少，不仅因为这些反映谢老丰富思想的资料弥足珍贵，更重要的在于法治思想是贯穿谢老一生的红线，是我们真正进入先生精神世界的钥匙。借此，我们才得以理解谢老在法学上的作为，才能够将谢老的诸多学术观点勾连起来，得其纲要，纲举目张，才能够在五四新文化运动远景的映衬下，将法学界的“谢怀栻现象”看得更真切：谢老诞生那年，正值五四运动爆发；五四运动高举自由、民主和科学的大旗，而这正是谢老一生不懈追求的目标。

三、饮誉杏坛

1979年以后，谢老重新归队。此后的20多年里，他满怀赤子之心，希望报效祖国。他积极提倡法治，强调法治的重要性，主张革除一切与法治相抵触的陈规陋习，维护和完善法治所必要的制度。将中国建设成为社会主义法治国家，这是谢老一生为之奋斗的目标。他不仅坐而言，而且起而行。为此，他重新焕发青春，在法学研究、法律教育、法律实务和立法等各个方面均有建树。

立法方面，他应邀参加了国家的一些立法工作，例如一些法律草案的讨论工作。参加了对《民法通则》《企业破产法（试行）》《民事诉讼法》《公司法》《合同法》《票据法》《担保法》等法律的司法解释的论证。[1]

① 曹守晔：《纪念谢怀栻先生》，载《谢怀栻先生纪念文集》，中国法制出版社2005年版，第73页。

法律实务方面，先生担任中国国际经济贸易仲裁委员会的委员、顾问和仲裁员，办理了数百件经济贸易仲裁案件。此外，应邀参加了一些司法工作，如一些司法问题和司法案件的讨论工作。

法律教育方面，先生在社科院法学所指导的研究生并不多，但是编外学生却不少。因为谢老曾经在北京的几个大学里给研究生讲课，还在一些单位举办的训练班、研究班里讲课，特别是北京几个大学法学院的博士或硕士学位论文的评议或答辩，都以能邀请到先生为荣，而谢老在答辩会上的发言，总是点石成金，让人耳目一新。于是答辩会不是课堂，胜似课堂。加上谢老待人以诚，提携后进，年轻学子喜欢和谢老讨论学问，所以叫他老师的人很是不少。这些方面的成就都源于谢老精湛的法学造诣。

谢老在法学上的贡献是多方面的，其中以民事法方面最为重要。在民事实体法方面，谢老贯通民商，融汇中外，如在民法总则方面，著有重要的论文；在契约法方面，应德国汉堡的马克斯·普朗克外国私法和国际私法研究所的 U. Drobnig 教授和 K. Zweigert 教授之邀，撰写了《现代中国的合同法》，由 Münzel 教授译为英文，发表在 Von Mehren 教授主编的《国际比较法百科全书》第七卷第六章，还参与编写了《合同法》《合同法原理》；在知识产权法方面，发表了《论著作权》《著作权的内容》《台湾新著作权法述评》《著作权研究的新阶段》《著作权法公布有感》等论文和文章；在商法方面，著有《票据法概论》《外国民商法精要》等专著；[①] 在民事程序法（广义的民事法之一部）方面，谢老翻译了《德意志联邦共和国民事诉讼法》，撰写了《资本主义国家

① 参见王利明：《怀念谢老——谢怀栻先生的法学思想及其对我国民法事业的贡献》，载《谢怀栻先生纪念文集》，中国法制出版社 2005 年版，第 212 页以下。

破产法简介》(载于1988年最高人民法院经济审判庭《企业破产法讲座》)。这些是民法学界人所共知的,然而这只是谢老师学术的一个侧面而已。

在民事法之外,谢老也展开了对于经济法和社会法的研究,除了《台湾经济法》《劳动法简论》等专著外,谢老发表了多篇重要的经济法方面的论文,[①]此外还参与了许多集体作品的创作。1986年版的《工业经济法》一书中谢先生撰写了“工业经济的法律形式”“工业经济中的涉外法律问题”(第二章、第九章),1987年的《经济法》一书中谢先生撰写了第十三章“企业经济活动中的涉外法律问题”,1988年出版的《经济法要义》一书中谢先生撰写了“税法”“产品质量法”“利用外资法”“进出口管理法”等(第十三章、第十四章、第二十七章、第三十章)。在全国首届以法治税研讨班上谢先生宣讲了“西方国家税法中的几个基本原则”(后来收入北京大学出版社出版的《以法治税简论》一书中),介绍了税收法定主义、税收公平主义、实质征税原则以及促进国家政策实施的原则等四项基本原则。其中讲到税收法定主义、税收法定主义与近代刑法中的罪刑法定主义的关系时,他指出:“这两个主义有密切的关系,因为这两个主义都是近代人民反对封建统治者争得的。”“当时提出两个口号,一个是人民的人身自由不容侵犯,一个是人民的财产权利不容侵犯。以后资产阶级建立了近代国家,也把这两点巩固下来,规定在宪法里。现代各国宪法里仍然有这两方面的规定。”“所以税收法定主义和罪刑法定主义是近代国家保障人民权利的两大手段,一个保障人民的财产,一个保障人民的人身。”这是法治

① 参见邢会强:《高山仰止,景行行止——著名法学家谢怀栻先生经济法思想简介》,载《谢怀栻先生纪念文集》,中国法制出版社2005年版,第252页以下。

所必不可少的！

在民事法、经济法和社会法之外，谢老对公法领域也屡有涉及。举几个例子证明：第一，他参加了《会议规则》一书的撰写。因为不论是普通会议、国家机关的会议、经济组织的会议还是国际组织会议，要想贯彻民主原则，都离不开良善的会议规则。第二，在王叔文主编的《香港特别行政区基本法导读》和《澳门特别行政区基本法导读》两书中，谢老承担了特别行政区的司法制度、经济制度方面的写作任务，对于人们正确理解“一国两制”的方针，略尽绵薄之力。第三，在1982年法律出版社出版的《资本主义国家民权法规及其简析》中，谢老除撰写“资本主义国家结社法规剖析”外，还翻译了当时西德的一系列相关法律，如《限制通信秘密与邮电秘密的法律》《关于集会与游行的法律（集会法）》《规定公共结社权利的法律（结社法）》《实施规定公共结社权利的法律（结社法）的命令》和《关于政党的法律（政党法）》等，编译了“英国法律关于集会的规定”。第四，1983年左右，谢老还写了《关于刑事特别法规的问题》一文，用一般人的犯罪与特定身份或特殊职业者的犯罪、命令规范与处罚规范、道德性犯罪与技术性犯罪、刑法的稳定性与特别法规的灵活性、平时的犯罪与特殊社会情势下的犯罪等五对范畴概括出刑事特别法规的“存在状态”。

四、情系台湾

太平洋战争爆发后，当时的国民政府于1941年12月9日正式对日宣战。宣战布告云：“兹特正式对日宣战，昭告中外，所有一切条约、协定、合同有涉及中日间之关系者，一律废止。特此布告。”《马关条约》属于被废止的不平等条约之一，中国政府的这一宣告意味着恢复对台湾、澎湖等岛屿的主权。中国政府收复台湾主权的要求，得到世界其他国家的支持。1943 年 12 月 1 日，中、美、英三国签署的《开罗宣言》中明确规定："三国之宗旨……在使日本所窃取于中国之领土，例如满洲、台湾、澎湖群岛等，归还中国。日本亦将被逐出其以武力或贪欲所攫取之所有土地。"该条款在 1945 年 7 月 26 日中、美、英三国签署的《波茨坦公告》中得到重申："开罗宣言之条件必将实施，而日本之主权必将限于本州、北海道、九州、四国及吾人所决定之其他小岛之内。"[①]

1944 年，日本在太平洋战争中败迹已露。为了准备接收台湾的法院系统，当局需要从重庆地方法院抽调一些年轻人，谢老主动报名，从 1944 年 10 月到 1945 年 1 月，参加了中央训练团台湾行政人员训练班，接受训练。[②]

1945 年 8 月，美国在日本广岛、长崎投下两枚原子弹，8 月 8 日苏联对日宣战，14 日日本宣布无条件投降。9 月 2 日，日本政府在东京湾签署了"日本投降条款"。其中第 1 条规定：日本接受"中、美、英三国共同签署的、后来又有苏联参加的一九四五年七月二十六日的《波茨坦公告》中的条款……承担忠诚履行《波茨坦公告》各项规定之义务……"从而承认台湾、澎湖是中国领土，应归还中国。

1945 年 10 月中旬，民国政府派出三千官兵乘坐美国舰艇，从上海出发驶往台湾。有百余名文官随船赴台，以办理各方面的接收事宜。

---

① 施联朱：《台湾史略》（修订本），福建人民出版社 1987 年版，第 69 页以下。

② 参见《谢怀栻先生履历》；姚瑞光：《怀栻和我》。两篇文章皆载《谢怀栻先生纪念文集》，中国法制出版社 2005 年版。

谢老以台湾高等法院代理推事之职衔，与台湾高等法院院长杨鹏[①]、台北地方法院院长廖子崖及两名书记官一共五人，作为民国政府派赴台湾的第一批司法人员，也在其中。经过一夜的航行，次日上午，谢老扶着船舷，远望基隆港，涌上心头的是逢甲老人的诗句："四百万人同一哭，去年今日割台湾。"舰艇驶进港口时，终于结束50年隔绝的人们，挥舞小旗，高呼万岁，声凌霄汉。

由于尚有几十万的日本军队在台湾，所以国民党的三千官兵先上岸布防，而文职人员到晚上才上岸，乘火车到台北。台湾高等法院被接收之后不久，谢老以"中华民国台湾高等法院推事"的名义，签发了其来台后的第一份判决书，宣布先前已被从日据时期台湾高等

① 杨鹏（1896—1972），字叔翔，贵州镇远人，1896年12月7日生。1917年毕业于朝阳大学专门部法律科。翌年考取司法官，入北京司法讲习所学习。1921年毕业，旋任北京大理院书记官。1923年派赴德国柏林大学留学，1927年毕业归国，在东北大学法学院任教授。1931年日本侵占沈阳后来北京，由张学良聘任为东北外交委员会委员。同年兼任北京大学、中国大学、朝阳学院讲师。1932年任上海特区法院民事庭推事，兼东吴大学法学院德国民法教授。1934年任国民政府司法行政部参事，兼司法官训练所商事法教授。1936年秋任上海特区高等法院三分院院长。1940年，日寇不顾杨鹏抗拒，串通法租界当局和汪伪政权，武力接收法院。1941年太平洋战争爆发，杨被捕入狱，后因病保释。1942年秋至重庆，被调任甘肃高等法院院长。1945年调任台湾高等法院院长，兼台湾大学商事法教授。1948年调任陕西高等法院院长，未就职，在上海任律师，兼招商局、浚浦局法律顾问和上海震旦大学法学院商事法教授。新中国成立后，于1953年任交通部专门委员。1956年调任交通部法律室研究员。1957年被错划为右派分子，1960年摘掉右派帽子，1979年予以改正，恢复名誉。1961年6月被聘任为中央文史馆馆员。1972年11月15日病故，终年76岁。著有《德国民法讲义》等（资料来源：《中央文史馆馆员传略》，中华书局2001年版，第213—214页）。其所写《德国之法律教育》一文，载《法律教育》一书（中国政法大学出版社1997年版）。

法院监狱中释放的“政治犯”（反日志士）无罪。这也是中国人在台湾行使司法权的开始。[①]10月25日，台湾省受降仪式在台北公会堂（后改称中山堂）举行。在日本第十方面军司令长官安藤利吉签署投降书之后，台湾行政长官兼台湾省警备司令陈仪代表中国政府宣布：“从今日起，台湾及澎湖列岛正式重入中国版图，所有一切土地、人民皆已置于中国政府主权之下。此一极有历史意义之事实，本人特向中国同胞及世界报告周知台湾现已光复。”其后谢老受命代表高等法院院长杨鹏，到新竹、台中、嘉义、台南、高雄、基隆等地接收了大约六个[②]地方法院。正是从这种意义上，我们说谢老是“台湾司法界的元老”。

由于某些接收人员贪渎却受到宽纵，以及其他一些事情发生，谢老逐渐失去了原有的热情。1946年底，谢老回大陆探亲，本拟留在大陆工作。由于不久台湾爆发“二二八”事件，谢老又回到台湾。谢老有一位爱国的台湾朋友，因受到国民党当局的迫害，被台湾警备司令部关押了半年之久，可能要判重刑。谢老通过关系，借口“由法院自行处理”，将人从军方“要”出来，先是关进法院的监狱，然后放走了这位朋友。做完这件事后，谢老不无失望地离台赴沪。[③]这一走，从此关山阻隔，再踏上宝岛，却已在半个世纪之后了。当年风华正茂的青年，故地重游时，已是耄耋之年的老叟。

---

① 参见谢怀栻：《怀念台湾》，载《瞭望周刊海外版》1993年1月25日。

② 谢鸿飞：《“制定一部好的中国民法典”——谢怀栻先生访谈录》，载《谢怀栻先生纪念文集》，中国法制出版社2005年版，第242页。

③ 谢怀栻：《怀念台湾》，载《瞭望周刊海外版》1993年1月25日；又见王泽鉴：《智者、仁者、勇者：怀念谢老》，载《谢怀栻先生纪念文集》，中国法制出版社2005年版，第227页。

1949年，谢老的很多师友同学去了台湾，谢老的母亲和妹妹谢怀棣也去了台湾。[①]之后的50多年里，谢老始终对台湾不能忘怀。不仅因为自己生命乐章中的华彩曾经在那里奏出，也不仅因为自己的亲人师友在海峡的那一头，更因为国家的统一、民族的复兴让人魂牵梦萦。

1949年以后，台湾地区有关规定的研究长期成为禁区，无人问津。到20世纪80年代末，学界有人主张移植香港的法律。既然属于英国法之一部的香港法都可以研究，为什么属于中国人自己的旧法或台湾地区有关规定反不能研究？既然内容和形式两方面都难以移植的香港法可以借鉴，为什么同种同文的台湾地区有关规定反不能拿来为我所用？ 1988年10月7日在北京大学举办的学术研讨会上，谢老别树一帜，明确提出“法律学台北”，主张要加强对台湾地区有关规定的研究，不仅要借鉴台湾地区有关规定的优秀成分，也应该学习台湾地区的“立法”技术。此语一出，石破天惊，境内外报章竞相报道。[②]台湾地区有关规定是“糟得很”还是“好得很”？究竟有没有优秀成分？在民法和经济法的范围内，究竟有哪些具体方面可资借鉴？此后不久，谢老将自己的思考，择其荦荦大者，发而为文，这就是《应该研究台湾的民商法与经济法》。[③]这篇文章不妨看作主张“法律学台北”的具体纲领。为了将这一主旨切实贯彻，为了将台湾地区有关规定介绍给大陆，谢老还“破天荒”地担

---

① 谢英：《怀念父亲》，载《谢怀栻先生纪念文集》，中国法制出版社2005年版，第11页。

② 如1988年10月9日的《大公报》第3版，同日的《中国时报》。

③ 参见《谢怀栻法学文选》，中国法制出版社2002年版，第152页以下。

任起《台湾法律丛书》的主编[①]，这套丛书包括台湾地区民法总论、债法、物权法、亲属和继承法、公司法、票据法、海商法、证券法、知识产权和大众传播法、经济法等 10 种，最后一种更是谢老亲自担纲。由此不难看出，谢老对于介绍和研究台湾地区有关规定是何等重视。

谢老主张研究台湾地区有关规定，加强两岸法学交流，不是单纯地从完善大陆自身法律的需要出发，而是为了更好地服务于两岸人民的交往日益增长的现实需要。1987 年台湾当局开放探亲后，两岸人民探亲互访日益增多，民间多领域的接触与交流，衍生出许多亟待解决的法律问题。在大陆方面，1988 年最高人民法院公布了《关于人民法院处理涉台民事案件的几个法律问题》，就婚姻、夫妻共同财产、抚养赡养和收养、继承、房产、债务、诉讼时效等问题作出了规定。在台湾方面，1988 年 11 月台湾政界人士赵少康公布了其与多位教授、律师共同起草的“台湾与大陆人民关系法”草案（赵少康草案），12 月“张荣发基金会”推出由许宗力、魏逢亨、吕荣海起草的“台湾及大陆地区民间交流关系法”草案（张荣发基金会草案），这两个是民间草案。1989 年 2 月 1 日台湾“法务部”制定了“台湾地区与大陆人民关系暂行条例”草案（二月草案）。该草案由台湾“行政院大陆工作会报”研讨与修改（因而又形成所谓的“大陆工作会报”文本），历时 9 个月，于 1989 年 10 月 9 日由“行政院”讨论通过了

---

① 在谢老的《外国民商法精要（增补版）》（法律出版社 2006 年版）封二，介绍谢老的著作时，提到谢老主编有《工业经济法》。然据笔者所知，《工业经济法》一书写成于 1985 年，系经济管理刊授联合大学和经济管理干部学院的教材，由王家福任主编、谢怀栻任副主编，经济管理出版社出版。是否此外别有同名著作，待考。

该“条例”草案（十月草案）。1992年7月31日台湾“立法院”通过并公布了“台湾地区与大陆人民关系条例”，共96条，该条例于1992年9月18日施行。

对于两岸的动态，谢老予以了高度关注，从1989年2月至1992年8月，谢老曾撰写文章，先后四评“两岸关系条例”及其草案。这四篇文章分别是:《两岸处理民事关系方式之比较》(发表在《瞭望周刊海外版》1989年4月17日)、《台湾“台湾地区与大陆地区人民关系暂行条例”(草案)评述》、《两岸关系立法应顺天理合人情》(发表于《大陆法律学者论海峡两岸关系暂行条例》，台北慰理法律出版社1989年版)以及《评台湾“立法院”通过的“台湾地区与大陆地区人民关系条例”》(发表在《瞭望周刊海外版》1992年8月10日)。前两篇文章针对的是二月草案，第三篇针对的是草案的“大陆工作会报”文本，兼及民间草案。此外，谢老还参加了对二月草案和十月草案的两次研讨会并作了发言，一次是1989年4月26日由全国台联和中国人民大学台湾法律问题研究所联办的“台湾两岸关系‘条例’(草案)研讨会”。另一次是1990年1月20日由全国台联、中国管理科学院台湾法律研究所和中国人民大学台湾法律问题研究所联办的“台湾‘行政院’‘台湾地区与大陆人民关系暂行条例’(草案)研讨会”。在这一系列言论中，谢老对于“条例”及其草案打破40年来的隔绝状态，将两岸关系及民事往来纳入“法律规范”给予称赞；对于草案许多条文中的限制文句，本着实事求是的态度，表示理解；但是，对于“条例”及其草案中无视法理、悖乎天理人情的规定（如对于大陆人民不动产权利和著作权之取得比对待外国人还要苛刻，如对于大陆人民继承方面的歧视和限制，如对于非常情况下的重婚不予除罪，只是“免予追诉、处罚”，又如违反《关于制止危害民用航空安全的非法行为的公约》，对于明知是大陆民用航空器而可以为“必要之防卫处置”等）则予以严厉的批评。

非特此也。谢老之所以如此看重台湾地区相关规定的研究，更是出于将来实现祖国统一的长远考虑。1988年10月，谢老在接受采访时表示：台湾是中国的一部分，台湾地区相关规定是在旧中国法的基础上发展起来的，属于大陆法系，本来就是中国法律的一部分。将来实现祖国统一后，台湾有些规定仍可保留。台湾地区现有的一些规定，只要对国家的主权和人民的利益没有损害，与促进两岸交往和祖国统一事业不相抵触的，就可以承认其有效。凡是依据这些规定作成的文书（如户口簿、结婚证书、合同文本、毕业文凭等），根据这些规定实施的法律行为（如遗嘱、结婚、离婚等）只要对国家的主权和人民的利益没有损害，也应采取灵活方式予以承认。当然，与促进祖国和平统一事业相抵触的台湾地区相关规定，是不应当承认的。[①] 如果没有充分研究，就不可能知道台湾地区的具体相关规定有无抵触，到时候应该承认什么，不应该承认什么，我们自己就会“胸中无丘壑”。另外，谢老清醒地意识到，随着国家由分裂走向统一，历史造成的“一个国家、四个法域”的现状必将彻底改变，对此，民法学者必须预为擘划。[②]

在新一波的中国民法法典化的过程当中，谢老在《从德国民法

---

① 《两岸法学交流势在必行——访中国社会科学院法学研究所研究员谢怀栻》，载《人民日报（海外版）》1988年10月25日第5版。

② 谢怀栻：《海峡两岸民事立法的互动与趋同》，载《谢怀栻法学文选》，中国法制出版社2002年版，第324页。

典百周年说到中国的民法典问题》[①]一文中给予我们更加明确的提示。德国票据法的统一（指 1848 年的 ADWO）、商法的统一（指 1861 年的 ADHGB）为德意志帝国的统一导夫先路，而帝国的统一又促成了德国民法典的制定。[②]德国民法典的制定实现了多少代德国人“一个帝国、一部法律”（Ein Reich–Ein Recht）的理想，由此造成的民族心理对于两德统一也不无助益。[③]有鉴于此，谢老认为，海峡两岸经贸和文化交流，带动了法学的交流与互动，我们在讨论民法典的时候，应求大同存小异，尽量吸收台、港、澳民商法中的某些因素，为以后“法律的统一”奠定基础。[④]而未来民法典应以德国五编制为基础，或在此基础上进行改进，[⑤]这也是服务于国家统一的伟大任务的。

---

① 2000 年 9 月笔者代表《中外法学》编辑部向谢老邀约，请他为“德国民法百周年与中国民法法典化”专号赐稿。开始，谢老并未同意。10 月 17—19 日，社科院法学所主办的“21 世纪物权法国际讨论会”在深圳大厦大鹏厅召开。谢老参加了 18 日、19 日的会议。可能是会议报告人的发言使谢老有所触动，中间休息时，他明确表示，邀稿之事，他会考虑。很快，11 月 1 日谢老电话告诉我文章已写就，并寄往编辑部。在这篇文章里，谢老谈到德国民法典与中国民法的关系、民法精神、法典化与国家统一、法律移植与自主性等问题。

② Köhler 教授说：“帝国的统一使得法律统一成为可能（die Reichseinheit machte die Rechtseinheit möglich）。”

③ 随着 1990 年 7 月 1 日货币和经济联盟的形成，随着德意志民主共和国（DDR）于 1990 年 10 月 3 日的加入，德意志联邦共和国的法律（当然包括民法典）根据两德统一条约也适用于前东德地区，不过，《民法典施行法》第 233—237 条对于法律过渡，予以专门规定。

④ 方流芳教授称之为“大中华的民法梦想”。见《回忆谢老》，载《谢怀栻先生纪念文集》，中国法制出版社 2005 年版，第 128 页。

⑤ 谢鸿飞：《“制定一部好的中国民法典”——谢怀栻先生访谈录》，载《谢怀栻先生纪念文集》，中国法制出版社 2005 年版，第 243—244 页。

台湾对于谢老来说具有特殊的意义。新中国成立后，谢老出境访问，不过三次。1979 年，谢老陪同当时的法学所所长孙亚明和党组成员王家福，作为中国法学家代表团成员访问联邦德国和南斯拉夫。1988 年 8 月 25—29 日，[①] 由香港中文大学当代亚洲研究中心中国法制研究计划[②] 和香港歌德学院共同举办的“中华人民共和国民法通则国际研讨会”，在香港中文大学举行。来自 12 个国家和地区的 50 多位专家学者（一说20余人）与会。谢老作为中国学者出席了研讨会。[③] 他说，这次会议将具有不同法律传统的亚洲、欧洲、美洲国家以及不同社会制度国家的学者集拢一起，就我国《民法通则》相互切磋探讨，既增进了对我国法律的了解，交流了学术成果，又促进了中外法学工作者的相互理解与沟通；特别是此次会议为海峡两岸的法学界同行提供了相互学习、交流的机会，令人高兴。

如果说前两次是学术之旅，那么第三次谢老以80岁高龄重临台湾，不妨说是怀旧之旅。1999 年 3 月 21—29 日，在阔别 53 年之后，谢老再一次踏上台湾的土地。由于具体情势不允许，这次谢老无法像 1945 年第一次去台湾时那样，从上海乘船跨越台湾海峡。其时，谢老年事已高，女儿谢英遂一路陪同，以便照顾。

这次重返台湾，除了应邀在母校政治大学演讲，与昔日同学餐叙，到台中会见家人之外，谢老还了结了一桩埋藏心底多年的心愿——祭扫

---

① 王泽鉴先生将这次研讨会的时间写作“一九八九年”（见《谢怀栻先生纪念文集》，中国法制出版社 2005 年版，第 227 页），有误。

② 该“研究计划”成立于 1981 年，系香港地区第一个正式研究中国法制问题的民间学术组织。

③ 会议收到论文 20 余篇。谢老提交的论文是《经济体制改革中国营企业的租赁合同与承包合同》。

母亲的坟墓。谢英回忆说："1988 年奶奶在台湾去世，父亲接到姑姑的来信后掩面而泣，说自己未能尽孝。"[①] 1989 年，谢老在《两岸关系立法应顺天理合人情》一文中，批评"条例"草案变相剥夺大陆人民继承权，是背弃天理人情的。谢老写道："有人会说大陆继承人对被继承人未尽赡养义务，未行'生养死葬'之道，或者对于遗产之形成无所贡献等等，但他们忘了最根本的一点，大陆继承人不是愿意如此的，他欲尽孝道而不可能，而应该负其咎吗？"行文至此，谢老特别在注释中写道："笔者老母在台去世，为人子而不能尽生养死葬之道，言之痛心！但是我应该负'不孝'之责吗？"笔端饱蘸着感情。十余年后墓木已拱，谢老终于能亲自来给母亲上坟，稍可平复心中积蓄已久的不安于万一。百善孝为先，怀旧之旅成就了谢老为人子的一片孝心。

五、六经注我

中华文化源远流长，抱元守一，却又兼收并蓄，细大不捐。佛法东来，虽自刘汉，惟晋设经场，翻译佛经，至唐代已蔚为大观。近代以来，变法图强，接引西学，译事尤不可缺。律例公法之类，必委曲推究，始能得其本来面目。谢老在法学方面的造诣不仅体现在他的著述中，而且也体现在他对于外国民法学重要作品的译介中。译介工作包括直接的翻译和间接的校阅。而要译介这些外国民法学文献，光是语言就涉及英、德、日、俄等四种外国语文。

谢老在大学毕业时，即已掌握了英、日、德三种外语，而在多年

① 谢英：《怀念父亲》，载《谢怀栻先生纪念文集》，中国法制出版社 2005 年版，第 11 页。

的“放逐”之后，对于译事，谢老居然尚能胜任愉快，其功力可见一斑。1979年之后，谢老将一些德文、英文作品翻译成中文，如海恩茨·休布纳的《德国民法中编纂法典的基本问题和当前的趋势》，格奥尔格拉茨的《匈牙利民法典的修改》以及康·茨威格特和海·克茨的《比较法导论》中的一部分。在这些零散篇什之外，谢老在1981年和2001年两度翻译《德意志联邦共和国民事诉讼法》，这不仅是绝大多数民诉法学者办不到的，更是绝大多数民法学者望尘莫及的。

此外，谢老还为多种重要的德文、日文的翻译作品担任了译校的工作，早些年的，如《捷克斯洛伐克社会主义共和国经济法典》，近些年的则更多，如德国拉德布鲁赫的《法学导论》，罗伯特·霍恩的《德国民商法导论》以及日本民法学家我妻荣的《债权在近代法里的优越地位》。校阅者要把关，要校正译者的错误。为此谢老花了极大的精力，担任起一字一句的德文、日文的校阅工作。2001年，谢老身患癌症，还一直坚持工作，并亲笔校对《德国民法总则导论》（拉伦茨著）一书，由于多个译者文风以及用语不一致，谢老的校对工作开展得十分困难，有许多部分，实际上是谢老重新翻译的，而且主要是在病榻旁完成的。他亲自改过的译稿往往是丹黄灿然。

谢老的俄文学习虽晚，但程度却丝毫不逊于德文和日文。新中国成立以后我们曾一度“以俄为师”。20世纪50年代初期，谢老先是在中央政法干校的俄文学习班上，师从孙亚明先生学习俄文。[①] 后来，谢老去琉璃厂旧书店买了一本俄文的《联共（布）党史》，一本词典和一本语法书，对照《联共（布）党史》的中文翻译本，一段

① 陈盛清：《缅怀半个多世纪友情的谢怀栻同志》，载《谢怀栻先生纪念文集》，中国法制出版社2005年版，第35页。

一段地背，一本书精读之后，也就熟悉了一门语言。[①]谢老在中央政法干校担任哲学教员，教授逻辑学，但他仍利用业余时间翻译外文法学资料。那时，他和李为共同翻译出版了苏联 A. B. 维涅吉克托夫的《苏联民法对社会主义财产的保护》（法律出版社 1957 年版）。被打成右派期间，谢老买来俄文版的《毛主席语录》，作为温习俄文的材料。1982 年法律出版社出版了格里巴诺夫和科尔涅耶夫主编的《苏联民法》的中译本，全书共 26 章，谢老翻译了其中第二章至第六章。

张中行先生认为“精译”要满足四个条件，一是精通外文，二是精通本国语，三是有足够的所译著作这一门类的学识，四是认真负责。《苏联民法对社会主义财产的保护》的中译本可以说符合上述四个条件，称得上是“精译”。这本著作中的很多观点对于理解 1949 年以后乃至当前的我国民法理论和立法都有重大意义。以下用两个例子来加以说明。

《民法通则》第 109 条规定：“因防止、制止国家的、集体的财产或者他人的财产、人身遭受侵害而使自己受到损害的，由侵害人承担赔偿责任，受益人也可以给予适当的补偿。”[②]该规定在法律教义学上之归属很成问题，因此教材或著作多数采取了回避的态度，正面回应的只是少数，而且见解分歧：有谓无过错侵权者[③]，有谓特种紧急避险

① 方流芳：《回忆谢老》，载《谢怀栻先生纪念文集》，中国法制出版社 2005 年版，第 129 页。

② 在新中国成立后第一次起草民法典时，该条规定的内容即有所反映。参见何勤华、李秀清、陈颐编：《新中国民法典草案总览》上卷，法律出版社 2002 年版，第 183 页、第 203 页、第 227 页、第 245 页。

③ 龙斯荣、吴宏泽主编：《实用民法学》，学林出版社 1992 年版，第 465 页。

者[①]，有谓第三人责任者[②]，有谓无因管理者[③]，有谓债的发生原因者[④]。虽然有些教材观点正确，但却并未从法理上予以释明。

要想正确阐明该规定，并妥当地评议诸种学说，法解释学上的讨论固然重要，但是比较法上的考察或许更为有益。在1940年9月6日第986号关于马尔齐尤克诉捷尔仁斯基铁路局案的裁定，以及1949年6月30日第36/743号关于倍齐可夫－冈恰林科诉“迪那摩”体育协会损害赔偿案的裁定中，苏联最高法院民事审判庭撤销了原审法院的判决，因为它认为，从宪法第131条出发，社会主义组织（捷尔仁斯基铁路局、“迪那摩”体育协会）应当对于因抢救公共财产而蒙受人身和财产损害的公民（马尔齐尤克）或其家属（倍齐可夫的妻子和两岁的女儿）予以赔偿，而不能基于《苏俄民法典》欠缺相应规范这种“形

① 李士伟、杜西川：《中华人民共和国民法通则实用简释》，光明日报出版社1987年版，第143页。

② 徐开墅、成涛、吴弘：《民法通则概论》，群众出版社1988年版，第219页。

③ 刘克希：《民法通则原理与实务》，重庆出版社1990年版，第322页。

④ 刘岐山、陈克聪、王明毅：《民法讲义》，法律出版社1983年版，第117页；佟柔主编：《民法原理》，法律出版社1983年版，第192页。这两本教材都出版于《民法通则》制定前，也都借鉴了1964年《苏俄民法典》第472条（关于对抢救社会主义财产时所受损害的赔偿之规定）。见中国社会科学院法学研究所民法研究室编：《苏俄民法典》，中国社会科学出版社1980年版。《民法通则》施行后，金平主编的《民法学教程》（内蒙古大学出版社1987年版，第240页）、马原主编的《中国民法教程》（人民法院出版社1989年版，第290页）、佟柔主编的《中国民法》（法律出版社1990年版，第308页）、谢邦宇和杨振山主编的《民法学教程》（中央党校出版社1999年版，第174页）、李开国和张玉敏主编的《中国民法学》（法律出版社2002年版，第502页）都持“债的发生原因说”。但都没有解释为什么“因防止、制止他人的财产、人身遭受侵害而使自己受到损害”时不可以适用无因管理之规定，也没有解释为什么受益人“可以”给予适当补偿时，“一定”会产生债的关系。

式上的理由”，对于尽了义务的公民或其家属漠不关心。对此，维涅吉克托夫认为，审判实践所承认的、社会主义组织应当补偿公民因防止危及社会主义财产的损害而使自己蒙受的损失这个理论给苏维埃民法加进了一个新的、社会主义社会所特有的债的类型。之所以如此，是因为这种类型的债务决不能和未受委托亦无法律上的义务而管理他人事务所产生的债等量齐观，盖以保护和抢救社会主义财产不是“管理他人事务”，而是“关怀自己的切身利益”，是对待公共财产的共产主义态度的表现①。这个例子表明谢老早年的译著对于我们解释既有的法律、建构我们自己的民法理论，不无意义。

《民法通则》第 134 条第 1 款罗列了 10 种承担民事责任的方式：“（一）停止侵害；（二）排除妨碍；（三）消除危险；（四）返还财产；（五）恢复原状；（六）修理、重作、更换；（七）赔偿损失；（八）支付违约金；（九）消除影响、恢复名誉；（十）赔礼道歉。”其中恢复原状到底是债法上的保护方法还是物法上的保护方法？恢复原状和赔偿损失究竟是什么关系？也是意见两歧。

多数学者认为，恢复原状和赔偿损失都是损害赔偿的手段②。少数

① ［苏］A. B. 维涅吉克托夫：《苏联民法对社会主义财产的保护》，谢怀栻、李为译，法律出版社 1957 年版，第 79—81 页。

② 1987 年以前的，如，中国人民大学法律系民法教研室：《中华人民共和国民法原理》上册，第 114 页；王作堂、魏振瀛、李志敏、朱启超：《民法教程》，北京大学出版社 1983 年版，第 119 页、第 422 页。1987 年以后的，如，郑立主编：《民法》第 2 版，北京大学出版社 1995 年版，第 702 页；李士伟、杜西川：《中华人民共和国民法通则实用简释》，光明日报出版社 1987 年版，第 166 页；谢邦宇、杨振山主编：《民法学教程》，中共中央党校出版社 1996 年版，第 321 页。

学者认为恢复原状可能是债权请求权，也可能是物权请求权。[①]这种观点在物权法草案（征求意见稿）中也有所反映，如草案第 39 条规定："造成不动产或者动产毁损的，权利人可以请求恢复原状；不能恢复原状或者恢复原状后仍有损失的，可以请求损害赔偿。"此处的恢复原状是物权请求权还是债权请求权？

如果理解为物权请求权，由于其不以对物的占有为前提条件，所以与草案第 38 条规定的所有物返还请求权（Rei vindicatio）无关，也与草案第 263 条以下规定的所有人—占有人关系（Eigentümer-Besitzer-Verhältnis）无关；它看似与草案第 40 条规定的排除妨碍请求权（Beseitigungsanspruch）同其功能，但实际上，因其根本上不以物之存在为条件，因而只是"冒牌的"物权请求权。

如果将该条的恢复原状理解为债权请求权，势必又和草案第 42 条的侵权损害赔偿请求权纠缠不清。尽管后者强调了"损害"的必要性，但仍然无济于事，因为前者所谓的"不动产或者动产的毁损"，不是损害又是什么呢？何况，和《民法通则》第 117 条第 2 款、第 3 款[②]相对照，草案第 42 条并无任何新鲜之处，如果不考虑归责原则问题的话；不同的是第 117 条关注的是物的损坏，而不是物的毁灭，或者对物的笼统的侵害，进而将物件损坏时损害赔偿的方法，进一步分成恢复原状（或者折价赔偿）、赔偿其他重大损失。将草案第 42 条与《民法通则》第

---

① 王利明教授认为，恢复原状在不同的场合有不同的内涵。在合同法上，适用于合同无效或撤销的场合，当事人可以请求恢复原状；在物权法上，恢复原状是一种物权请求权，借此可以使权利人恢复对物的原有支配状态；在侵权法上，行为人侵害他人财产后，通过修理、重作、更换等恢复原状（参见王利明：《民法总则研究》，中国人民大学出版社 2003 年版，第 298 页）。

② 《民法通则》第 117 条规定的所有物返还请求权。

117 条第 2 款、第 3 款串联起来，不难发现草案第 42 条不过是以“不完全法条”的形式，达到对《民法通则》第 117 条第 2 款、第 3 款准用的效果，而草案第 39 条和第 42 条本质上是一回事，却试图“假冒”物权请求权，这是无论如何都不能同意的。

维涅吉克托夫曾经指出：“对于社会主义组织在合同关系以外所遭受的损害予以赔偿，是保护社会主义财产的一个重要的债法上的手段。如果依照民法典（指 1922 年《苏俄民法典》——作者）第 59 条和第 60 条的规定所请求的财产在被告人处不存在的时候，就应该适用民法典第 410 条所规定的债法中的损害赔偿制度。这种损害赔偿有两种形式：恢复原状，即用同一种类的等价的财产来代替，或者是赔偿损失的形式，即赔偿社会主义组织由于它所有的财产被非法地毁灭、耗损或转让而遭受的损失。”① 换言之，损害赔偿和赔偿损失并非同一关系，而是包含关系。赔偿损失就是金钱赔偿。不论通过恢复原状还是经由金钱赔偿，都只是损害赔偿的方法而已。正如《德国民法典》第 249 条以下规定，损害赔偿（Schadensersatz）的基本方法是恢复原状（Naturalersatz oder–restitution，–herstellung），而在一定情况下恢复原状会转变为金钱赔偿或者为金钱赔偿所取代（übergang zu Geldersatz nach Fristsetzung und Geldersatz statt Naturalherstellung）。② 从这种意义上说，1922 年《苏俄民法典》第 410 条源自《德国民法典》第 249 条以下，我国民法上的用语恢复原状和赔偿损失则继受于苏俄。如《民法通则》第 134 条、第 117 条，《合同法》第 97 条、第 223 条都是在债权请求

① ［苏］A. B. 维涅吉克托夫：《苏联民法对社会主义财产的保护》，谢怀栻、李为译，法律出版社 1957 年版，第 78 页。

② *Medicus*, Grundwissen zum Bürgerlichen Recht, 1994, 170ff.

权的意义上来使用“恢复原状”一词的。这个例子或许可以表明，谢老早年的译著对于我们正在进行或将要进行的立法工作，多少还是有所裨益的。

对俄文的掌握，既拓宽了谢老法学研究的范围，也使他更加敏感和睿智。谢老曾经写过一篇《战后外国民法的发展》，文中“苏联民法和家庭法的发展”和“东欧社会主义国家的民法和家庭法”两个部分，直接得益于他对俄文材料的驾驭能力。

无论如何，苏联私法上的变革至少还是以宪法上的变革为基础的。反观中国的情况，眼下《物权法》草案之所以难产，不是因为草案没有在形式上写入“依据宪法”的字样，也不是因为不应该将“特殊保护”改变为“平等保护”，而是因为我们没有更多地关注财产的社会功能（这可以说是民法学界的“软肋”），因为改革开放以来的种种突破，我们都习惯于事后诉诸某种比宪法更高的权威，而不习惯于按照“法治”的精神，事先去修改宪法（这可以说是整个法学界的“集体无意识”）。因此，当有人搬出宪法文本较真时，《物权法》草案经过了六次审议，依然处境尴尬。现在回顾谢老的遗泽，我们不能不觉得谢老的可贵！

六、关于本书

《谢怀栻法学文选》的后记里有这样一段话：“我虽然在名义上说是从事法学工作若干年，其实……我从事法学研究和法学教育工作只能从 1980 年我进入中国社会科学院法学研究所算起。在这 20 年期间，参加的集体编著、译校作品，以及个人写作的作品，大都是些应付任务和人云亦云的东西，真正说得上学术著作的极少。”这是谢老理性而自谦的说法。时下声名显赫的衮衮诸公，鲜有不受益于谢老者，而谢老的文字总是下笔成趣，见地不凡，文风冲淡，笔力雄健，能企及者有几人？谢老说自己的东西是人云亦云，那是谢老有谦谦之风。之所以说这是理性的说法，是因为谢老并不将自己的作品与时人相比，而是从中国民法学百多年来的传承和发展的角度，在更为广阔久远的历史背景下，谢老觉得自己有创见、有发展的见解还不够多，他对自己还不满意。[①]我觉得谢老如此冷静地自我总结，其实是带着一点儿遗憾的：虽然只是20年，弹指一挥间，可是，为了帮助民法学界恢复元气，培根固本，为了介绍国外同行的最新成果，他倾尽了心力；倘若这20年里，少一些“任务”，或者从事法学教研的期间不是20年，而是40年或50年，他可以做得更多一些、更好一些。

在学习谢老有关民法经济法的著述过程中，笔者发现，谢老即使参加集体作品的写作，也那么有特点：第一，凡涉及外国法知识的部分，总是由谢老担当；第二，一般人知识修养不足以胜任者，也是由谢老承担；第三，凡是在上一个集体著作中已经写过的，谢老也从不“炒现饭”，在下一个集体作品中，他一定是“打一枪换一个地方”。正是谢老的博识、勇于担当，做事认真不苟且，才有了现在的这本《民法总则讲要》。

首先，这本《民法总则讲要》主要是将谢老散在几种集体作品中的，有关民法总则的内容聚拢来，组织在一起而形成的。民法总则是大陆法系（准确地说是德国法系）民法最抽象最核心的部分，因此，本书集中展现了谢老在民法总则这方面的心得。收录在本书中的第一章正确阐述《民法通则》以建立我国的民法学，第二章论民事权利体系，是谢老分别写于1987年、1996年的两篇重要的民法论文，都曾

① 谢老称自己是“未能继承师业的弟子”（梅仲协《民法要义·谢序》）。

经收入《谢怀栻法学文选》。第三章公民（自然人）和第五章民事法律行为，原为王家福主编的《民法基本知识》（人民日报出版社1987年版）中的第三章和第五章。第四章经济组织的法律地位，原为中国社会科学院法学研究所民法经济法研究室集体创作的《经济建设中的法律问题》（中国社会科学出版社1982年版）的第二章。第六章合同的订立，原为《合同法原理》（法律出版社2000年版）第二章，由谢老与其门弟子陈甦合写。第七章时效，原为谢老在中央党校和最高人民法院主办的“民法通则培训班”上的讲授内容，经记录整理收入《民法通则讲座》（1986年版），为该书的第十三讲。以上是关于本书各章的构成和来源情况。

本书各章，虽然多为《民法通则》颁行后写成，因而有一定的针对性。但由于写作年代不一，有的部分如第四章经济组织的法律地位写作年代较早，且只集中于企业法人，故不能简单地以《民法通则》之规定作为评价的标准；多数部分成文早于1988年，其时最高人民法院《关于贯彻执行〈中华人民共和国民法通则〉若干问题的意见》尚未出台，所以，谢老的有些观点与该意见中的规定不尽一致，实属正常。但越是不一致的地方，越值得玩味，孰优孰劣，读者自有判断。

其次，必须说明的是，由于这本《民法总则讲要》是编辑作品，所以，“忠实原貌”是编者遵循的基本原则。编者的职份只在于将谢老关于民法总则的一些论述，按照编者自己的理解，根据某种体系化的标准加以编排组织而已。所谓某种体系化的标准，指的是以法律关系为中心，也可以说是以民事权利为中心而展开的总则的体系，包含客观的民事法、主观的民事权利体系、权利主体、权利变动的基本法律事实——民事法律行为、影响请求权效力的基本法律事实——时效。这符合立法者在《民法通则》中安排材料的方法，也符合一般人的阅读习惯。

之所以在第二章论民事权利体系的前面加上第一章正确阐述《民法通则》以建立我国的民法学，是因为其中涉及民法的法源论和方法论的问题。谢老提示我们要想正确建立中国民法学，首先要以《民法通则》第2条作为法律根据，澄清何谓“中华人民共和国民法”？“中华人民共和国民法”指的是一个部门法，即实质意义上的民法，决不等于“中华人民共和国民法通则”，因此必须将婚姻法、继承法加进来，而且人身关系和财产关系是并列的，没有轻重之分，因此民法只是反映商品关系的片面看法就不攻自破了。法源论除了给定找法的范围外，本身并不能自动解决理解上的所有困难。因此谢老又通过三个实际的例证，提供给我们具有方法论意义的三种解决模式，对于制定法上有明文规定的如何正确阐述，对于不合理的规定如何弥补和纠正，对于缺乏规范的如何从理论上予以补充。

之所以在第五章民事法律行为之后加上合同的订立，这是民法的逻辑使然。歌德说过：“什么是最好的政府？那就是指导我们去治理我们自己的政府。”而民法就是我们治理我们自己的方法和规律。没有最好的民法，就造就不了最好的政府。最好的民法，就是最能够保障我们自由的民法。我们的自由固然需要意思表示来配合，但是仅有意思表示是不够的。仅有意思表示，没有自我治理能力的人，无法正确表达自我治理的想法的人，自我治理者的相关者乃至整个社会，都可能因此而遭受自由之累。所以需要法律行为，需要法律行为的效力要件（Wirksamkeitsvoraussetzungen des Rechtsgeschäfts）来调控。更重要的是，自由若不以自由来相互设限，那么，自由要么止于抽象，要么流于放任。所以，现实化、具体化的自由，一定是自由与自由的协调，一定要显现为意思表示与意思表示的协同，从这一层看，构成契约（我国的合同）之合意不妨也看作用以调控意思表示的工具，不妨也归入法律行为的效力要件。

可为什么偏偏各国民法上都不以合意为效力要件，而是以之为更为根本的成立要件呢？以自由限制和促进自由，以意思表示限制和促进意思表示，涉及的是限制者与被限制者的同质性，涉及的是限制的过程与解放的过程的同一性，因而是更为根本性的“调控”，因而是自由本身现实化和动态化的内在性“要求”。既然是内在性的“要求”，就不再是外在性的“调控”；既然是根本性的“调控”，就不再是参差不齐、可有可无的“要求”。于是自由与自由之间，起于相互限制，归于相互促进，看似对立，实为统一。换言之，自由到极致就是放任，放任就无法现实化，无法现实化的自由就不是真正的自由，所以放任就是不自由；真正的自由是可以现实化的自由，可现实化的自由就是不放任，不放任就是不自由，所以自由就是不自由。是的，自由就是不自由，两方面既对立又统一，这种内在性、根本性、限制者与被限制者的同质性、限制的过程与解放的过程的同一性，落实到制度层面便造成了一种非同寻常的超越性。于是我们看到，各国民法上的成年年龄可以不同，意思表示错误的效果可以不同，法律上禁止规范的内容可以不同，法律行为的形式要求也可以不同，但是，只要一国的民法是以“保障自由”“私法自治”相标榜，它就不能不将“私法自治”的桂冠乖乖地戴在“契约自由”或“契约原则”的头上。这也是为什么民法上除了侵权的构成要件外，更要有法律行为的成立和生效要件（尤其是契约的缔结和生效要件）。而刑法上仅仅讨论犯罪构成就够了。

当然，编者这样的安排，开始并非没有顾虑。毕竟谢老曾经主张，我国民法不承认广义的合同，《民法通则》第 85 条的合同应限制解释为产生债权债务关系的合同。为此谢老也特别地区别双方行为与合同：双方行为不等同于合同；合同是双方行为的一部分，并不是一切双方行为都是合同；合同是一个下级概念，双方行为是一个上级概念。而将合同的订立置于民事法律行为这一章的后面，显然给人以承认广义合同的印象，这样做岂不是违反谢老的主张吗？这的确是一个困难。好在谢老后来在合同的订立这一章里的一段说明，部分地打消了编者的顾虑。他说：

《合同法》第 2 条第 2 款规定：“婚姻、收养、监护等有关身份关系的协议，适用其他法律的规定。”这一规定将所谓的“身份契约”排除于《合同法》规定的“合同”之外。但是我国《合同法》也未规定《合同法》里的合同限于“债权债务合同”而排除所谓“物权合同”。因为第 2 条只说“民事权利义务关系”而不是说“债的权利义务关系”。从前学者解释《民法通则》时，认为通则将合同规定在第 85 条，而这一条是位于第五章“第二节　债权”之中，因而主张《民法通则》中的合同应限于债权合同而不包括物权合同。现在《合同法》第 2 条第 1 款给合同作的定义和《民法通则》给合同作的定义是大体相同的，但其上没有“债权”的限制，就难于对之作相同的解释。而且在《合同法》的最初草案中用的是“债权债务关系”，这个问题就更突出了。更成问题的是，《合同法》公布施行后，《民法通则》仍然存在有效，两个法律对“合同”这一概念的解释应该一致才好。这一问题的解决有待于有权机关的有权解释。

虽然谢老自己也承认，对于《合同法》第 2 条第 1 款的合同难以解释为“债权合同”。但有权机关的有权解释将来也许会将“物权合同”排除出去。所以编者的顾虑只是部分地被打消。真正使编者打消顾虑的，有以下三点。

第一，谢老生前是赞成物权行为的（毕竟担保法上有抵押合同、质押合同），只是主张物权行为的无因性与物权行为的独立性要分开。这样，按谢老的思想，有关合同订立的规则就不只适用于债权合同了。

第二，虽然谢老认为物权行为应该独立，但若有权机关对《合同法》第 2 条第 1 款的合同作出限制性解释，编者现有的安排也不会改变。因为即使那样，由于中国民法上关于意思表示的规则在《民法通则》（在那儿只是吝啬地提到意思表示的概念）和其他民事单行法中都是缺位的，更谈不上有双方行为订立的一般性规定。况且谢老也认为合同是双方行为的一部分，那么将有关合同订立的规定准用或者类推适用于其他的双方行为，总是有其必要性，甚至是最好的解决方案。

第三，谢老在讨论法律行为的分类时，已经打了“预防针”。因为他将财产行为和人身行为严予分别，指出了民法通则关于法律行为的规定适用于身份行为时是极其有限的。基于这些原因，编者以为在民事法律行为之后加上合同的订立这一章，并不违反谢老的可得推知的“意思”，而且对于读者的理解也不至于有何误导。以上是本书编辑思路方面的交代。再有，编者未能发现谢老关于“代理”的系统论述，因此这一部分只能空缺。这不能不说是一点遗憾。英美法上的代理范围极广，法律行为可以代理，事实行为可以代理，甚至不法行为也有代理的问题；而且法律行为的代理中，直接间接，无不兼赅。德国民法上则只认法律行为或类似于法律行为之行为的代理，而且以直接代理为限，排除法定的或意定的高度人身性行为代理的可能性；德国商法上只在行纪中对间接代理偶有涉及。而在代理权的授予和撤回、代理权范围的确定和解释以及表见代理等诸多方面，民法上的代理和商法上的代理又有不同，商法上对于经理权（Prokura）、代办权（Handlungsvollmacht）、代理商（Handelsvertreter）有特殊规定。此外，商业实践中还有所谓的行纪代理人（Komissionsagent）。而德国法和法国法对于代理权授予行为、代理权的授予行为与基础行为的关系等方面也有分歧。旧中国民法在采取民商合一体制时，对上述种种问题，并未能够妥善处理。因此，谢老不可能对代理法无所考虑[①]，很可能因为中国也是采取民商合一，兹事体大，未便遽下结论而已。我国台湾地区学者陈自强教授近来致力于此，且有大著面世，读者若能取而观之，或可聊补缺憾。以上是本书内容上的缺憾及其补救之道。

另外，关于本书的名称。《民法总则讲要》内容有关民法总则，无待烦言。但中国并无形式意义上的民法总则，只是民法通则贯通传统的总则和分则的主要内容，因此其中的相关部分构成实质意义上的民法总则，并为 1986 年以来的民法教材所采用。依理应该起名《中国民法总则讲要》，才更准确。尝闻谢老说中国的制定法，前面必缀以“中华人民共和国”之限定语，不言自明，又何必多此一举？称引反倒不便。如果是中国学者关于外国法的著作，到底是德国法、美国法，自有特予说明之必要，现在这本书既然是谢老关于中国民法总则的著作，当然不需特别标明。爰师其意，以符其志。

本书何以称讲要？其内容为谢老何时所讲？要者，清通简要也，即思想清明，闻识博通，文辞朴简，要言不烦。时人著书，不同于古人。古人著书，贵在清通简要。[②]时人著书，等而下之者，乘时射利，

---

① 据梁慧星先生告知，在合同法专家讨论会上，谢老提出可以打破传统狭义的代理概念，规定间接代理。所以，现行《合同法》规定间接代理，除了当时的外经贸部有关同志的坚持外，与谢老也有一定关系。

② 盖汉字本极简约，惟笔划多繁颐，倘下笔不慎，动辄万言，及至雇倩抄手，手书上版，鸠集刻工，雕于书版，赀费必巨，其时则追悔莫及。加之无著作权，非但稿酬无著，反而是“赔本儿赚吆喝”。

致鲁鱼亥豕，讹承谬袭，莫可究诘；上焉者，半为稻粮之谋，清通简要，体恤民力，均无从谈起；像谢老那样，文章不写半字空，盎盎存古道者几稀。讲者，讲论思辨也。谢老为文，喜用白话，却字斟句酌；抓住关键，倾其功力，常一语中的。观其文，如闻其言，得其意，豁然开朗。学而时习之，焚香展卷，每每如坐春风，不言而胜于言，此真讲辨也。

总之，谢老一生主要以民事法律科学研究和教育为职业、为志业，鞠躬尽瘁，死而后已。他为了民主政治而大声疾呼，为民主法治积极建言，竭尽绵薄。他追求自由，却被剥夺自由：即使在不自由的境遇中，他还要买来俄文版的“语录本”温习俄文，憧憬着春天到来时，可以在法学领域更自由地飞翔。他曾因言获罪，但到头来历史证明言者无罪。支撑起他自由、民主、科学信念的基础则是谢先生对于民族国家的热爱。这就是我所认识的谢老。

最后，要特别感谢谢英女士的信任和授权，感谢方流芳教授对于编辑工作的支持和指导，感谢陈甦研究员允许使用他和谢老合作撰写的《合同的订立》这一章，也要感谢聂鑫的提议和坚持、蒋浩的督促和宽容、杨剑虹的认真和讲求效率，感谢我过去的学生曹丽萍曾经帮助收集了大量的材料，感谢他 / 她们使更多的人有机缘得以接触到谢老的这本《民法总则讲要》，感谢他 / 她们帮我还了一份心愿。

2006 年 12 月 24 日　改定于北京大学燕北园[1]

① 本书再版时有删节。

第一章 ❙ 正确阐述《民法通则》以建立我国的民法学[①]

一、前言

《民法通则》公布以来，我国已有十余种论述或阐述《民法通则》的书籍出版，有的是专门阐述《民法通则》的，有的是结合《民法通则》而论述全部民法的。书的印数多在万册以上，也有多达 17 万册的（如《民法教程》）。这种现象说明我国民法学的繁荣昌盛，实在令人欣慰。

《民法通则》的制定是我国民事立法中的一件大事，改变了我国没有民法的历史（在这以前，《婚姻法》被认为是一个独立的部门法，《经济合同法》被认为属于经济法，都不属于民法）。《民法通则》虽然不是一个完全的民法典，但因其内容涉及民法的各个方面，《民法通则》在人大通过前，主持立法工作的同志又说明了我国民法的全部范围，

① 1987 年 5 月，中国政法大学与最高人民法院民事审判庭在北京联合召开"《民法通则》理论与实践讨论会"，纪念《民法通则》公布一周年。谢先生以此题作为会议上的发言。后本文被收入《民法与建立商品经济新秩序》（林亨元主编，吉林人民出版社 1990 年版）一书。——编者

这就使我国多年来法学界（包括民法学界）关于民法范围的论争得到初步澄清，至少从立法的角度说，得到初步确定。民法的地位得到最终的肯定。这一点，无论从哪方面看，都不能不说是一件振奋人心的事。

回想 1979 年前后风靡我国法学界的“大经济法小民法”乃至“民法取消论”的那些“理论”，我们不能不承认，在我国，由于种种原因，民法几乎在法学中失去地位。后来，也由于种种原因，民法重新恢复了一个部门法的地位。这一段曲折的历史，将来会载入我国的法制史，现在我们不必论述。

现在我们的任务是如何通过《民法通则》去建立我国民法的整个体系。这个任务应该由立法者和法学工作者共同完成。在立法者方面，我希望立法者不要把《民法通则》的制定看作我国民事立法工作的完成，而要继续努力，完善我国的民事立法。在法学工作者方面，我认为要尽量正确地阐述《民法通则》，通过理论的阐述建立我国的民法学。

因为《民法通则》是全部民法的“通则”，涉及民法的各个方面，所以对《民法通则》的正确阐述可以初步奠定我国民法学的基础。在《民法通则》有明文规定的地方，我们要正确地阐述它。在《民法通则》由于立法技术的关系，有不足之处时，我们要从理论上加以弥补或纠正。在《民法通则》没有规定的地方，我们如何从理论上加以补充。这些都是很重要的。

本文拟在这三方面，各提出一点意见，以供大家讨论。

二、从《民法通则》第 2 条看我国民法的体系

《民法通则》第 2 条规定：“中华人民共和国民法调整平等主体的公民之间、法人之间、公民和法人之间的财产关系和人身关系。”

对于这个条文，所有的著作都只注意其中所规定的调整对象，而没有对“中华人民共和国民法”做任何说明。

一个部门法的调整对象与这个部门法的意义和范围虽然有密切联系，但在逻辑上究竟是不同的概念，对调整对象的说明并不能代替对意义和体系的说明。我国现在并不存在一个名为“中华人民共和国民法”的法律，也不能把《民法通则》等同于“中华人民共和国民法”。因此，在讲到第2条时，对“中华人民共和国民法”作出必要和适当的说明，更显得必要。我认为这里所说的“中华人民共和国民法”是指我国的一个部门法（用传统的语言，是指实质意义上的民法）。在现在我国没有民法典（所谓形式意义上的民法）的情况下，这个部门法是由多种单行法律（《民法通则》《婚姻法》《继承法》《经济合同法》《涉外经济合同法》），许多行政法规（国务院公布的许多条例）和最高人民法院的一些规范性文件组成的。只有这样才能展示我国民法的整个体系。

可惜的是，在这一点，许多著作没有给以足够的注意或重视。多数只从立法经过或从立法方式的角度去说明，而没有从民法体系方面去阐述。至于有的著作把《民法通则》说成是我国的民法，那就更不对了。

关于这一点，有两点值得讨论。

第一点，有的同志沿袭过去的看法，今天仍旧认为，婚姻法应该是民法以外的一个独立的部门法。实际上，我国的情况与苏联完全不同。苏联的《民事立法纲要》（以下简称《纲要》）明文排除了家庭关系（第2条），因而苏联著作也说，苏联民法并不调整一切人身关系。我国《民法通则》并没有如同苏联《纲要》第2条的规定。《民法通则》第2条对人身关系也没有加以任何限制。再者，我国立法机关也对此有所说明。因此，我国今天不宜把婚姻法独立于民法之外。当然，在教学中和著作中将婚姻法分开是可以的（就是在有完整的民法典的国家，亲属法也无妨成为一门独立的课程，或写成一本单独的著作）。

第二点，有的著作过分强调“民法是商品经济的上层建筑”，只注重民法中的财产法部分。而不注重民法中的人身关系部分。这一点，如果说过去是受了苏联模式的影响，现在应该从苏联模式中解放出来了。我国《民法通则》第 2 条对财产关系和人身关系是并列提出的，没有轻重之分，显然与苏联不同。苏联《纲要》规定苏维埃民事立法调整财产关系，然后才提到“有关的人身非财产关系”（第 1 条）。这种规定不仅排除了婚姻法，而且把继承法放在附属地位（我国高等学校教材《民法原理》第 11 页关于财产继承编的说法也是这样），对人身权就更不重视。我国《民法通则》对人身权列了专节，以之与所有权、债权并列。我国有一个与《民法通则》并列的《继承法》。因此，我们不应该沿袭过去那种认为民法只是反映商品关系的片面看法。

这些问题，都应该在《民法通则》公布之后，引起我们的注意，重新予以考虑。

三、《民法通则》第 9 条中的理论问题

《民法通则》第 9 条中有两个理论问题值得研究。

（一）第 9 条中的“死亡”是否包括宣告死亡，宣告死亡是否使被宣告人的权利能力终止（消灭）？

这两个问题又归结到一点，宣告死亡同生理死亡（自然死亡）的法律效果是否相同？

在已出版的著作中几乎无例外地说，第 9 条中的死亡包括宣告死亡，宣告死亡使被宣告人的权利能力终止，宣告死亡和生理死亡发生同样的法律效果。

同时这些著作又都把《民法通则》第 24 条的规定加以重述。

为什么这些著作人都不认为这里存在矛盾呢？一个被宣告死亡的人在被宣告死亡期间（尚未撤销时）实施的民事法律行为有效，那当然是法律认为他具有完全的民事行为能力。一个具有完全民事行为能力的人可以没有权利能力（其权利能力已因宣告死亡而终止）吗？

《民法自学读本》（北京出版社 1986 年版）正确地指出："被宣告死亡并不一定是真正的死亡，也可能失踪人在事实上并没有死亡"，但仍然说："生理死亡和宣告死亡产生的法律效果是相同的。"[①]《〈民法通则〉200 问》（山东人民出版社 1986 年版）正确地指出："宣告死亡仅是在法律上结束了该公民在其最后居住地的民事法律关系，但该公民还可能在其他地方生存，甚至进行着民事活动，产生一些新的民事法律关系。"但仍然说："经人民法院宣告死亡的人，权利能力即行终止。"（第 34 页）其他的著作连像这样的正确部分也没有。

一个没有权利能力的人（在近代民法中根本不存在）却可以实施有效的民事法律行为（还可以自行向法院申请撤销对他的死亡宣告，即实施有效的诉讼行为），这在近代民法中是不可思议的。

因此，我们必须说：宣告死亡不能使被宣告人的权利能力终止，宣告死亡同生理死亡的法律效果不同，《民法通则》第 9 条中的"死亡"不包括宣告死亡。这样才能与第 24 条的规定在理论上符合起来。

① 杨振山、王遂起：《民法自学读本》，北京出版社 1986 年版，第 64—66 页。

为什么在我国的著作中会有这样显然矛盾（显然不能解释《民法通则》第 24 条）的理论呢？我查了一下苏联的民法教科书，原来那里一方面正确地指出："法院的判决对他的权利能力不发生影响，因为只要人活着，他就具有权利能力。"另一方面又说："宣告公民死亡所引起的法律后果实际上与自然死亡所引起的相同。"[①] 不过苏联的这本书的作者比较审慎一点，他在后一句话中加了"实际上"三字。

（二）人死亡后还有没有某些权利？

许多著作都说，自然人死亡后，"死者的一些人身权，如姓名权、名誉权、版权等"仍受法律保护。这种说法实际上间接地承认了人在死后（其权利能力已终止）还可以享有某些"具体的权利"。

于是由此得出两点：或者是，有些"具体的权利"可以离开权利能力而存在；或者是，人死后，其权利能力仍有一部分残存下来。这就涉及《民法通则》第 9 条的规定有没有例外（在制定《民法通则》时，曾有人提议，在第 9 条后加上"法律另有规定的除外"）。

对于这个问题也应该深入研究。侮辱死者或冒用死者的姓名在一定情况下确是违法的，有些国家和地区还在刑法中规定了"侮辱或诽谤死者罪"。但在刑法理论中，都认为这种罪的被害人是死者的亲属（主要是继承人），其所保护的是死者亲属的人格权（名誉权）。民法中也是一样，侮辱死者就是间接地侮辱了死者的亲属（继承人），侵害了死者亲属的情感，从而侵犯了死者亲属的人格权。所以此时法律保护的是死者亲属的人格权，并不是死者本人的人格权。换言之，死者并

① ［苏］格里巴诺夫、科尔涅耶夫主编：《苏联民法》上册，中国社会科学院法学研究所民法经济法教研室译，法律出版社 1984 年版，第 115 页。

不享有人格权，正因如此，侮辱了死者，在民事方面有权请求保护的人，或者在刑事方面有权提出告诉的人都只能是死者的亲属，当然不可能是死者自己。

至于版权（著作权）问题，也应该分析。著作权中的财产权部分当然可以继承，在著作人死后即归属于其继承人，不再为死者所享有。至于著作权中的非财产权部分（有的国家称为著作者人格权），许多国家也规定“专属于著作人，不得转让”（《日本著作权法》第 59 条）。苏联学者也认为著作人的“姓名权和作品的不可侵犯权不按继承转移”[①]。那么，法律又在著作人死后保护著作物的“不可侵犯性”（《苏联民法》用语）是保护谁的权利呢？《苏俄民法典》第 481 条明文规定：“作者有权按指定遗嘱执行人的办法指定在本人死后负责保护其作品不可侵犯性的人……在没有指定时，作者死亡后由他的继承人以及负责保护著作权的组织保护著作物的不可侵犯性……”《日本著作权法》第 116 条也规定：著作者死亡后，死者的遗嘱对于侵害著作者人格权的人可以提出损害赔偿的请求，著作者可以以遗嘱指定行使权利的人。可见著作人死亡后，其人格权部分已消失。只是法律另行授予死者的亲属或其指定的人一种保护著作物的不可侵犯性的权利。这种权利是法律特别赋予死者的遗属或他所指定的人的，不是死者本人还有什么权利。

因此，既不能认为自然人死亡后，权利能力还有一部分不消灭；也不能认为权利能力消灭了，还有某些“具体的权利”存在。这两种情形在近代民法中都是不可思议的。

---

① ［苏］格里巴诺夫、科尔涅耶夫主编：《苏联民法》下册，中国社会科学院法学研究所民法经济法教研室译，法律出版社 1986 年版，第 471 页。

以上关于《民法通则》第9条的两个理论问题说明，即使《民法通则》明文规定了的问题，我们也要慎重对待。

四、《民法通则》关于合同的定义

前面说到，《民法通则》在立法技术上有些不足之处（这一点不必讳言）。对于这种不足之处，我们不应听之任之，更不能将错就错，而应该从理论上去给以弥补或补正。例如第32条关于合伙财产的规定，第85条关于合同的规定都属于这一类。这里只讲第85条。

《民法通则》第85条给合同下的定义是："合同是当事人之间设立、变更、终止民事关系的协议。"这个定义是有语病的。如果合同是设立"民事关系"的协议，那么，结婚和收养是不是设立"民事关系"，是不是合同？协议离婚是不是终止"民事关系"，是不是合同？

我国与某些资本主义国家不同，不承认所谓广义的合同（包括《亲属法》上的合同如结婚收养等）。我国《继承法》中规定的"遗赠扶养协议"也不名为合同。我国与苏联也不同。苏联的民法不包括《婚姻法》，苏联民法的调整对象以财产关系为主，所以苏联的著作中可以说："民法合同是……确立、变更或终止民事权利义务的。"[①] 我国民法既然调整财产关系和人身关系，我国的"民事关系"当然就包括财产关系和人身关系。因此，我国对合同下的定义就不能笼统地说它是设立、变更、终止"民事关系"的。

好在我国《民法通则》第85条规定在"债权"一节中，第84条

① ［苏］格里巴诺夫、科尔涅耶夫主编：《苏联民法》上册，中国社会科学院法学研究所民法经济法教研室译，法律出版社1984年版，第434页。

又规定合同是产生债权债务关系的根据，所以我们在解释第 84 条时，完全可以对之作“限制解释”，就是把这一条中的“民事关系”解释为债权债务关系。这样就弥补了理论上的缺点。

可惜在已出版的一些著作中，讲到这一条时，只是重复条文，连加一点说明也没有。只有长征出版社的《中华人民共和国〈民法通则〉知识讲话》在讲到合同的特征时说：订立合同的目的是双方当事人设立、变更、终止债权债务关系（第 115 页），总算对通则的条文作了一点补正。

重视这一点不是没有意义的。只有明确这一点，才能为建立我国真正的（不是抄袭外国的）民法学打下理论基础。

五、关于身份权

以上是《民法通则》中已有规定的问题。现在再谈一个《民法通则》中没有规定的问题。

《民法通则》的条文中没有“身份权”字样，只规定了人身权。有些民法著作中特别指出人身权中有一类权利名为身份权。身份权是什么权，包括哪些权利？其说不一。下面举出几个有代表性的例子：

1. 身份权是基于自然人或法人相互间的某种关系、某个事件或某种行为而产生的地位、资格方面的权利，包括婚姻自主权、亲属权、抚养权、监护权、继承权、著作权、发明权、发现权等。①

2. 身份权是因民事主体的特定身份而产生的权利，包括知识产权

① 民法通则讲话编写组：《民法通则讲话》，经济科学出版社 1986 年版，第 238 页。

与监护权。

3. 身份权是公民和法人因一定的地位、资格或因进行一定的活动的结果而产生的，是他们为维持一定的身份所必需的人身权。包括著作权、发现权、发明权、监护权等。①

4. 身份权包括亲权、监护权。著作权、发明权也属于这一类，因为这些权利只有著作人、发明人本人才能享有。②

5. 身份权包括著作权、发明权、发现权、商标权、专利权中的人身权、监护权等。③

本文不拟详细地、逐一评论这些理论（那将需要很大的篇幅），只想指出一点，为什么我国《民法通则》明确地把人身权和知识产权分为两类，分别规定在两节，为什么我们还要把它们混在一起而冠以“身份权”的称呼？这种做法究竟有多么牢固的理论根据呢？

在这里，又出现了苏联民法理论的影子。《苏联民法》一书说：人身非财产权利分为与财产权利有关的（如著作权）以及与财产权利无关的。后者又可分为与人身（权利的享有人）有关的权利（如姓名权、商号权），由社会制度、它的原则和思想决定的权利（荣誉权和尊严权），以及由公民或法人取得的权利（命名权、肖像权）。④

这一段话充满了混乱和不科学性。所谓“有关的”“决定的”“取得的”都是一些含义广泛的字样。难道只有一个人的姓名权与他的人

① 陈汉章：《人身权》，法律出版社 1987 年版，第 12 页。

② 佟柔主编：《民法原理》，法律出版社 1986 年版，第 36 页。

③ 杨振山等：《中华人民共和国〈民法通则〉讲话》，中国政法大学出版社 1986 年版，第 179 页。

④ ［苏］格里巴诺夫、科尔涅耶夫主编：《苏联民法》上册，中国社会科学院法学研究所民法经济法教研室译，法律出版社 1984 年版，第 181—183 页。

身有关吗？某些债权债务都可能与权利人义务人的人身有关（在保险合同中，人寿保险的投保人的权利与他的人身无关吗？）。难道只有公民的荣誉权是由社会制度、原则和思想决定的吗？苏联的国家所有权、国营企业经营权都是由苏联的社会主义制度决定的。难道只有命名权和肖像权是公民“取得”的吗？有哪一种权利不是公民“取得”的（或是通过法律行为，或是通过一定的事实）？

真正要明确身份权的问题，首先应该明确民法中的“身份”一词的意义。如果著作人、发明人都是民法中所说的“身份”（因而他们享有的著作权和发明权应该属于身份权），那么，所有人、出卖人、买主、房客、房东，这不都是“身份”吗？这样，所有权、债权都成为身份权了。民法中所谓的“身份”有其特定的含义。法制史上有一句有名的话：“从身份到契约。”这句话中的“身份”才是民法中所说的身份。

本文不是专论身份权的。这里提出这个问题来，只是想说明一点。我们要建立我们自己的民法、民法学，必须立足于我国的法律，不按照我国的法律建立的理论不是我们所需要的。

《民法通则》有它的不足之处，我们不必讳言，但它是我们自己的法律。我们必须按照我们自己的法律建立我们自己的理论。不能让苏联民法中的人身非财产权改头换面地进入我国民法，破坏我们自己的法律体系。

六、结语

阐述《民法通则》，并建立我国的民法体系，是我国法学工作者的伟大任务。要完成这个任务，必须细微地、严肃地、科学地进行研究。但最重要的是要从各种束缚下解放出来，走自己的路。

第二章 | 论民事权利体系[①]

一、前言

民事权利是民法中带根本性的重要问题。不论主张在民法中应以权利为本位，或以义务为本位，或应对权利义务并重，都必须重视对民事权利的研究。这种研究，有了民法就已存在。随着时代的发展，民事权利的种类，各种权利的性质和内容都在发展，这种研究工作也应该随之发展，不应该停留在原来的水平上。今天我们需要审查一下，在原来关于民事权利的理论中，哪些过时了、陈旧了，今天应该抛弃或改正，哪些地方需要补充，这是摆在我们面前的任务。

在这种研究工作中，民事权利体系问题尤为重要。首先，民事权利（传统的“私权”）的种类很多，各种权利的性质千差万别，我们必须把各种不同性质的权利加以整理分类，使之成为一个比较系统、完整的体系。在这个体系里，不同的权利各得其所，各种权利的特点都能显示出来。这是建立民事权利体系的实益所在。其次，初学民法的人，对民法中的各种权利有一个整体的认识，就比较容易了解民法的

---

① 本文发表于《法学研究》1996 年第 2 期。

全貌。从这一点说，对初学民法的人，最好先让他了解整个民事权利体系，而不宜把各种权利作分散的讲授。

近年来，我国对民事权利的研究有很大的发展，对人格权的研究最为突出，对股权（股东权）和著作权的研究也受到重视。但是对各种民事权利只作分离的、孤立的研究是不够的，必须把各种权利放在一个整体（民事权利体系）中来研究，才更好些。对个别权利的研究与对整体的研究结合起来，研究才能深入。

要把各种民事权利组成一个体系，首先有个分类的问题。分类就要有一定的标准。一般民法书都讲到的普通的分类是：依权利的内容分财产权与非财产权；依其作用分支配权、请求权、形成权与抗辩权；依其效力所及的范围分绝对权与相对权；等等。在这中间，最重要的是第一种。可以说这是一种基本的分类。因为作为分类的标准，“内容”是最重要的了。依第一种分类构建的权利体系，对我们认识民事权利的整体情况和各种权利的特性，最为便利。所以通常讲的民事权利体系，首先指的是这样建立起来的体系。

这种分类以民事权利的内容为标准。所谓权利的内容是指因享有权利而受到保护的利益。随着社会发展，这种受保护的利益也在发展。某些“利益”不受保护了，这种权利也失去地位，如夫权；某些利益在社会生活中的重要性提高了，这种权利的地位也应提高，如人格权。此外，有的权利的性质应该重新确定，如知识产权；有的权利应该给予应有的地位，如社员权。这样，今天有必要对传统的民事权利体系加以审查，依照今天的情况，重建民事权利的体系。

民事权利的内容，即其保护的利益，极为复杂，而且随着社会的发展而不断增多，因而依这一标准对民事权利所做的分类，很难把一切民事权利网罗无遗。但不能因此而放弃这种分类，因为实在找不出一个更好的办法。现在只好仍用这种分类而把各种民事权利最大限度地网罗进去。[①]

依民事权利的内容对民事权利分类而建立民事权利体系，当然不是说不采用或放弃他种分类，也不是说依他种分类不能建立民事权利的体系。只是因为这种办法比较方便，特别对于初学民法的人最易理解与掌握，所以在论述民事权利体系时，大多先讲述这种体系，而后及于他种体系。本文则只讲述这种体系而不及于他种体系，特先说明。

二、民事权利体系的演变情况

在民法的历史中，民事权利体系经过了一个演变过程。对这一过程加以回顾，是有益的。但限于篇幅，不能作很详细的叙述，也不能对过去的各种体系逐一引述并进行分析或批评。

最初对民事权利只区分为财产权和非财产权（或人身非财产权）。在人格权还未受到重视，特别是一般人格权还未确立时，非财产权也只限于亲权、夫权、继承权等。后来才将人格权列入非财产权或人身权。后来又出现了新的权利，如无体财产权，将之纳入财产权的范围。

民事权利体系由财产权与非财产权构成，这个办法实行了很长的时期，甚至直到现在。在这个体系下，即使出现了新的权利，也把它纳入这二者之中。例如股权（股东权），将之归入财产权（股份所有权），有人将著作权作为身份权而归入非财产权。后来，随着现实的发展，股东权中的非经济因素（如表决权），著作权中的经济因素日益重要，简单地将这些权利归入财产权或非财产权都不妥当，于是就在财

① 不少学者都特别声明这一点，因为这一点确实难以避免。

产权与非财产权之外，建立一类混合性的权利。但整体来说，这种体系仍是建立在财产权与非财产权的两分法之上的。这样的民事权利体系在民法著作中是最常见的，直到今天仍为不少学者所采用。

在采用这种体系时，有一个很重要的问题，就是如何划分财产权和非财产权（或人身权）。起初，以有无金钱价值为标准来划分。后来，没有金钱价值的利益也可成为债权的内容（《德国民法典》第 241 条以“给付”为债的内容，对“给付”的解释，已不以有金钱价值为必要。《日本民法典》第 399 条则明定“虽不能以金钱估算者，也可以作为债权的标的”），只好放弃这个划分标准。以后转而采取能否为权利人所处分的标准，但这个标准也不是绝对的。于是有的学者先给非财产权（人身权）下定义，然后把财产权界定为“其他一切权利为财产权”。例如日本《民事法学辞典》中说：“凡是与权利人的人格和身分不可分地结合在一起的权利为人格权和身份权，总称为非财产权；其他一切权利为财产权。”[①]

又有的学者索性不用“财产权”“非财产权”这两个词，直接把私权划分为物权、债权与其他权利。例如日本学者穗积重远以作为私权内容的利益为标准将私权分为人格权、物权、能权（得有权）、债权、亲族权、继承权、无体财产权、社员权（《法律学辞典》第 1084 页）。但是在《日本民法典》中有许多条文里都明定了“财产权”一词（如第 163 条、第 167 条、第 205 条、第 264 条、第 362 条、第 424 条、第 555 条、第 710 条等），要回避财产权一词是不可能的。于是有的日本学者在划分私权时不用“非财产权”一词，但不能不用“财产权”一词。

---

① 参见日本《民事法学辞典》，[日]岩井万龟：《财产权》条，转引自谢怀栻：《论民事权利体系》，载《法学研究》1996 年第 2 期。

德国民法学者拉伦茨在“私权的各种类型”下面列举了人格权、具人身性的亲属权、对物支配权（物权）、无形财产权、债权、共同实施权（社员权）、形成权、无主物取得权、期待权、权利上的权利、反对权。这显然与单以“内容”（利益）为标准而作的分类有所不同，[①]所以说这是私权的“各种类型”。

把民事权利确切地加以分类而建立一个体系，其困难不仅在于不可能网罗无遗，也在于对各种权利不易定性。同一种权利，有人认为具有某种性质，应归入某一类，有人则认为应归入另一类。现在还有人认为股东权应该是财产权的一种，即其一例。这样，有人就不得不认为，有某些权利属于所谓混合型或边缘型的权利，以回避这个问题。

当然，确定一种权利的性质（属性）而将其归类，与一个国家的法律规定有密切关系。例如，英美法从前不承认著作权中的人身权为著作权法保护对象，有的国家明确规定著作权是财产权，学者就只好将著作权归入财产权。

不论多么困难、多么复杂，将纷繁的民事权利尽可能地分类，建立一个适当的体系，终究是必要的，不可回避的。这个道理是不言而喻的。因此，本文仍试图建立一个民事权利的体系。

三、一个民事权利体系的概观

本文试图在我国民法里，建立一个这样的民事权利体系。我国现在还没有民法典，但这并不妨碍建立一个民事权利体系。这个体系首先以民事权利的内容（被保护的利益）为标准，必要时也以其他方面

① ［德］拉伦茨:《德国民法通论》，王晓晔等译，法律出版社 2003 年版。

为参考，把民事权利体系划分为以下五个大类：（1）人格权；（2）亲属权；（3）财产权；（4）知识产权；（5）社员权。

本文尽可能地为每类权利寻求它的固有属性，使各类权利之间有所区别，而避免所谓“混合权利”（例如说“继承权”是财产关系与身份关系交错的权利，“著作权”是人身权和财产权的结合等）的说法。

这样的分类也并不是什么创新，只是在前人的基础上加以整理而成。这个体系打破了传统的两分法。这一点已不用再说，两分法实在无法确切地安置像知识产权和社员权这样的具有复杂内容的权利。

本文不用“人身权”“身份权”这些沿用已久的名称，也不用在我国沿用已久的“人身非财产权”（来自苏联）一词。“人身权”不能表示现在“人格权”的意义和范围。“身份权”一词里的“身份”有点中世纪法律用语的意味，用来表示现代的民事权利，很不确切，容易引起误会（正是由于这种误会，有人把“著作人”当作一种“身份”而将著作权归入身份权）。

把人格权单独列出并放在民事权利体系的第一位，这已是多数学者所采用的办法。其意义不必多说。

财产权的名称必须保留。在人类社会仍有赖于财产制度而存在和发展的今天，在市场经济正在我国建立和发展的今天，对这方面的民事权利必须予以重视。

知识产权离开财产权（摈弃“无体财产权”这个概念）和人身权（摈弃“著作人身权”这个概念）而独立，不仅因为它确有独立成为一个大类的价值，也因为在国际公约和国际组织中，它早已有了独立的地位，再不能使其附属于他种权利。

社员权应该独立，不仅因为公司法中的股权（股东权）已非财产权所能包容，还因为民法及个人法向团体法发展的形势要求这样做。

为了尽可能多地包容民法中的各种权利，有一些不具独立性质的权利（如选择权、解除权），有一些期待权（如继承开始前的继承权），虽然从实质上看，与一些独立的、实定的权利不同，仍将之归入整个民事权利体系之中。

四、人格权

人格权是民事权利中最基本最重要的一种，因为人格权是直接与权利者（权利主体）的存在和发展相联系的。对人格权的侵害就是对权利者自身的侵害。所以它在民事权利体系中应该居于首位。

人格权是以权利者的人格利益为客体（保护对象）的民事权利。对人格利益的认定，随着时代的发展逐步深入，所以人格利益的范围日益扩大，人格权的内容也日益丰富。

关于人格权，常常讲到个别人格权（特殊人格权）和一般人格权，这是在德国民法中，特别是在德国判例中使用的说法。这种说法说明的是德国人格权的发展，并不能作为我们讲人格权时对人格权的分类。所以我们不要这两个概念。

我国《民法通则》在“人身权”的标题下规定的人格权有生命健康权、姓名权（名称权）、肖像权、名誉权、荣誉权和婚姻自主权（第98条至第103条）。荣誉权是不是民事权利，值得研究。[①]婚姻自主权在单列一个自由权之后，就没有独立的必要。

我国学者讲的人格权，除《民法通则》规定的外，还有隐私权、

---

① 有学者认为荣誉权是身份权。参见王利明主编：《人格权法新论》，吉林人民出版社1994年版，第11页。

贞操权。[①] 有的学者主张单立“身体权”。[②]

人格权的内容十分复杂。随着社会发展，人权思想日益加强，法律所保护（或应受法律保护）的人格利益的种类范围日益扩大，人格权这个名称之下的各种权利几乎层出不穷。这一点，只要研究一下人格权的历史即可了然。在今天，人格权可以分为两类。一类是直接以权利人的人身为客体的，包括生命权、身体权、健康权；一类是以权利人的其他人格利益（精神上、心理上作为独立人格者而存在的利益）为客体的，包括姓名权、自由权、名誉权、肖像权、隐私权（个人秘密权）、个人尊严权、个人情报知悉权等。这并不能把人格权包罗无遗，随时可以有新的人格权出现，例如有所谓休息权、安宁权等。还有由人格权发展而来的环境权、家庭安宁权等。从前称生命权等为人身权，因“人身”二字意义过狭，不足以概括上述第二类，所以应称“人格权”。

人格权的特点有：（1）人格权是一种原始的权利，是与生俱来的。在这一点上，人格权与权利能力一样，始于出生、终于死亡。就人格权来说，无所谓权利的取得。就姓名权来说，权利人对某一姓名取得姓名权，也许从命名时，从使用时，但仍要说他一出生就享有专用姓名的权利。（2）人格权是专属权，或一身专属权。人格权由权利人专有，不得让与或继承，也和权利能力一样，不得抛弃，也不得由他人代位行使。（3）人格权是绝对权，具有排他性、对世性。人格权是可以对抗一切人的。人格权被侵害时，有像物权被侵害时一样的各种请求权。

---

① 参见王利明主编：《人格权法新论》，吉林人民出版社 1994 年版，第 11 页。

② 汤海庆：《生命健康权研究》，载《当前民法经济法的热点问题》，人民法院出版社 1994 年版。

根据这几点，人格权就可以与其他权利相区别。现在也还有人承认所谓“著作人格权”（著作人身权）。只要根据上述第一个特点就知道，著作人格权（或人身权）与人格权是完全不同的，“著作人格权”这个词应该不用。[①]

关于人格权，有一些问题值得研究：（1）并不是任何“人格利益”都可以上升为“人格权”。在什么情况下，人格利益应受保护，要取决于具体条件。（2）死者的“人格利益”能否作为死者的人格权而受保护。这个问题在名誉权中最为常见。（3）人格权受侵害时，有没有非经济的损害（精神损害），可不可以、应不应该以金钱赔偿为救济手段。这些都是热点问题。

法人的人格权的范围应如何确定，也是应研究的。

随着科学技术的进步，有一些新问题与人格权相关联，也应该研究。例如，出卖或捐赠人的器官（人体的一部分），妇女出租或出借子宫为他人养育胎儿，由隐名人的精子育成的子女应否知道他生理上的父亲是谁，某些人格权可否抛弃，远距离摄像机与窃听器的使用，等等。

五、亲属权

亲属权是具有一定的亲属关系（自然的亲属关系与拟制的亲属关系）的人相互之间享有的权利。亲属权是以由亲属关系而享有的利益为内容，以具有亲属关系的人为客体的。

从前称亲属权为身份权，但是现在已没有从前法律中的各种“身

① 另外，不能把人格权中的姓名权与著作权中的署名权相混。

份”（如贵族、商人、家长等）。而父母子女间、配偶间、其他亲属间的关系也与以前的身份关系大不相同。所以不宜再用“身份权”一词。

亲属关系的范围正在逐渐缩小，大家族逐渐变为小家庭。所以亲属权与人格权相反，有日益缩小的趋势。

亲属权的特点有：（1）亲属权仅在具有一定亲属关系的人之间存在，在亲属关系发生时发生，在亲属关系消灭时消灭。在亲属关系永不消灭时，则依法律规定而消灭（如父母对未成年子女的监护权在子女成年时消灭）。它既不像人格权那样具有对世性，也不像债权那样可以存在于任意双方之间。（2）亲属权也具有专属性，在归属上和行使上都具专属性，不得转让，不得处分，不得由他人代行，一般也不得抛弃（继承权可以抛弃）。国家对亲属权可以剥夺或限制。亲属权的专属性不是一律的，大体来说，纯粹的不带财产性质的亲属权的专属性强，带财产性的亲属权的专属性弱，视具体情形而异。（3）亲属权具有义务性。亲属权里被保护的利益不是权利人单方面的利益，不是只为权利人个人而存在的，而是为包括权利人自己在内的一定的亲属团体而存在的（如配偶间的权利是为配偶双方的利益而存在的，父母子女间的权利是为由父母子女构成的家庭的利益而存在的），因而权利人为了团体的利益有行使权利的义务，不得任意不行使甚至抛弃。这种义务性在一些国家的民法中多以明文规定，即使没有明文规定时，亲属权在性质上也具有义务性。但亲属权也不得滥用，对滥用亲属权的人，国家得限制甚至剥夺其权利。

亲属权既然只存在于具有一定亲属关系的人之间，对亲属权的分类，最方便的办法就是以亲属关系来分。如分为父母子女间的亲属权（亲权）、配偶间的亲属权（过去的夫权，现在夫妻相互间的权利）、其他亲属间的亲属权等。

亲属权以不具财产性（经济性质）、具有人格色彩的为多，如父母对未成年子女的命名权、教育权、惩戒权，配偶间的同居请求权等。但具有经济性质、涉及财产的也不少，如配偶间的扶养请求权、《日本民法典》中的婚姻费用分担请求权（第 760 条），又如继承权等。当然这种具经济性质的权利与债权在性质上仍是不同的。因此，有的学者特称这一类权利为身份财产权。

从权利的作用上看，亲属权有属于支配权的（如亲权人和监护人对未成年子女和被监护人的监护教育权、惩戒权等），有属于形成权的（离婚和终止收养权、亲生子否认权、认领权等），也有属于请求权的（配偶间的同居请求权、扶养请求权；亲权人对掠夺幼儿者的幼儿交付请求权，因侵害亲属关系而发生的各种请求权等），也有属于不得强制执行的（配偶间的同居请求权）。

继承权的性质值得研究。在实行当然继承的国家，继承开始后，继承人立即取得遗产上的各种权利，此时继承人所有的权利即为许多物权、债权等权利的集合，并无所谓另外的继承权。继承未开始时，所谓继承权只是一种期待权。当然，在一定情况下，这种期待权也受保护。可以依继承人与被继承人间的关系，分别称继承权为配偶间的相互继承权、父母子女间的继承权而将之划入各种亲属权之下。这样，就没有位于亲属权之外的与亲属权并列的继承权。

受遗赠权虽然规定在继承法里，由于遗赠不以有一定亲属关系为必要，遗赠为单方法律行为，受遗赠人仅系受益人，本无所谓受遗赠权。受遗赠人仅有向继承人（或占有遗赠物的人）请求交付遗赠物的权利。这种权利是一种财产权，属于债权。

至于继承法上的其他权利，如遗产分割请求权，即为遗产共有人（共同继承人）间的共有物分割请求权；继承回复请求权是真正继承人

（在继承开始后即为遗产的所有人）向无权占有遗产的人请求交付遗产的权利，与所有权人排除侵害、请求交付所有物相同。这些都属于财产权，不属于亲属权。

因此，通常所说的继承权与继承法上的各种权利并无另行存在的必要。过去将“身份权”划分为“亲属权”与“继承权”两大类的做法并不妥当。[①]

六、财产权

前面说过，财产权是很难界说的，但财产权又是现在（在人类发展的长时期内）很重要的民事权利，必须将之单列一类。在没有将知识产权和社员权从财产权和非财产权划出来时，通常说，以享受社会生活中除人格利益和身份利益以外的外界利益为内容的权利都是财产权。现在只好说，以可以与权利主体的人格和亲属关系相分离的生活利益为内容，而又不属于知识产权和社员权的权利，均属财产权。这当然不是一个好的定义。

在确认财产权只包括物权和债权的情况下，也可以说，财产权是通过对有体物和权利的直接支配，或者通过对他人请求为一定行为（包括作为和不作为）而享受生活中的利益的权利。

财产权的特点有：（1）财产权的主体限于现实地享有或可以取得财产的人。它既不像人格权，为一切人所享有，也不像亲属权，只要与他人发生亲属关系即享有亲属权。财产权的客体限于该社会制度下法律允许私人（自然人和法人）可得享有的。例如在我国社会主义制

① 过去本文作者也是这样讲的。

度下，土地属于国有（全民所有），不得为私有，因而土地即不得作为民事权利的私人财产权的客体。即使在债权中也有这种情形，所谓不融通物即指不得为交易客体从而不得为债权客体之物。因此，财产权的情形常因各个国家的社会制度而有所不同。历史上奴隶制下与资本主义制、现代资本主义制与社会主义制下的财产权的情况很不相同。在这一点上，财产权是与社会制度密切相关的权利[①]，与人格权亲属权大不相同。（2）财产权除极少的例外情形以外都是具有财产价值的，这种经济价值又是可以金钱计算的。通常讲到这一点，都以私人信函、爱人遗物（如头发）等也可为所有权的标的为例。就在这种情形下，当这些东西成为交易标的时也是有经济价值的。（3）财产权原则上都是可以处分的，不具专属性。可以处分，指可以转让、可以继承、可以抛弃；不具专属性，因而可以由他人代为行使。在一般情形下，权利的归属与权利的行使是可分的，例如未成年人的权利由法定代理人行使，破产人的权利由破产管理人行使，失踪人或禁治产人的权利由管理人行使等。当然，财产权中也有具专属性的。

财产权包括物权与债权两大类。

物权是直接支配物的权利，物也包括某些权利。物权具有排他的效力、优先的效力与追及的效力。物权包括所有权与限制物权。限制物权又分为用益物权与担保物权。前者包括地上权、地役权（从前还有永佃权与典权），都存在于土地（不动产）之上；后者包括抵押权、质权（质押权）、留置权，存在于动产、不动产与某些权利之上。此外还有矿业权、渔业权等。我国农村现有的承包经营权是否为物权，尚在讨论中。在物权法中还有物权取得权，如物权性的先买权、买回权，

① 物权也因各国的法律制度而不同。

我国现在没有。

关于物权的一个问题是，占有究竟该不该规定为占有权。

债权是请求他人为一定行为（作为或不作为）而得到生活上的利益的权利。债权与物权的差异在于其对人性（相对性），不具排他性（平等性），债权的可移转性不如物权。债权方面不存在物权法定主义而存在合同自由，因而债权很难分类，更无法列举。一般也不对债权加以分类。

债权有一些附属的权利。例如因合同而发生的债权的主要内容是债权人的给付请求权，但债权人还享有一些其他权利，如合同解除权、终止权、撤销权、选择权等。有学者将这些权利集合命名为“财产的形成权”，作为与物权债权并行的一类。不过这些都不是独立存在的，不宜将之另为一类。债权也可以包括一些由其转化形成的权利，如损害赔偿请求权。

无体财产权，从前被列入财产权。现在我们不用无体财产权这一概念而代之以知识产权，另立一类。

曾经有学者把社员权列入财产权（也有人将之列入非财产权），我们将社员权另列一类。

财产权在民事权利中最为古老。对财产权的研究做得最多，在此不详述。

七、知识产权

从前，特别在大陆法国家，把知识产权称为无体财产权，列入财产权之中（与物权、债权并列）。从“知识产权”一词在国际上流行，特别是“世界知识产权组织”成立之后，“知识产权”就完全取代了“无体财产权”一词。至于把知识产权从财产权中划分出来，则是因为知识产权有它的特点，与财产权大大不同。

知识产权是以对于人的智力成果的独占排他的利用从而取得利益为内容的权利。这个定义包括三点意思。（1）知识产权的客体是人的智力成果，有人称为精神的（智慧的）产出物。这种产出物（智力成果）也属于一种无形财产或无体财产，但是它与那种属于物理的产物的无体财产（如电气），与那种属于权利的无形财产（如抵押权、商标权）不同，它是人的智力活动（大脑的活动）的直接产物。这种智力成果不仅是思想，而是思想的表现。但它又与思想的载体不同。（2）权利主体对智力成果为独占的排他的利用，这一点，又似于物权中的所有权，所以过去将之归入财产权。（3）权利人从知识产权取得的利益既有经济性质的，也有非经济性质的。这两方面结合在一起，不可分。因此，知识产权既与人格权、亲属权（其利益主要是非经济的）不同，也与财产权（其利益主要是经济的）不同。

知识产权的特点有：（1）知识产权的客体是人的智力成果，既不是人身或人格，也不是外界的有体物或无体物，所以既不属于人格权也不属于财产权。另外，知识产权是一个完整的权利，只是作为权利内容的利益兼具经济性与非经济性，因此也不能把知识产权说成是两类权利的结合。例如说著作权是著作人身权（或著作人格权，或精神权利）与著作财产权的结合，是不对的。知识产权是一种内容较为复杂（多种权能），具有经济的和非经济两方面性质的权利。因而，知识产权应该与人格权、财产权并立而自成一类。[①]（2）知识产权属于绝对权，在某些方面类似于物权中的所有权，例如是对客体为直接支配

① 知识产权一词是约定俗成的。

的权利，可以使用、收益、处分以及为他种支配（但不发生占有问题）；具有排他性；具有移转性（包括继承）等。（3）知识产权在好几方面受到法律的限制。知识产权虽然是私权，法律也承认其具有排他的独占性，但因人的智力成果具有高度的公共性，与社会文化和产业的发展有密切关系，不宜为任何人长期独占，所以法律对知识产权规定了很多限制：第一，从权利的发生说，法律为之规定了各种积极的和消极的条件以及公示的办法。例如，专利权的发生须经申请、审查和批准，对授予专利权的发明、实用新型和外观设计规定有各种条件（《专利法》第22条、第23条），对某些事项不授予专利权（《专利法》第25条）。著作权虽没有申请、审查、注册这些限制，但也有《著作权法》第3条、第5条的限制。第二，在权利的存续期上，法律都有特别规定。这一点上，知识产权与所有权是大不同的。第三，权利人负有一定的使用或实施的义务。法律规定有强制许可或强制实施许可制度。对著作权，法律还规定了合理使用制度。（4）知识产权既具有地域性，在一定条件下又具有国际性。

知识产权包括哪些权利，也就是说知识产权再如何分类，既是一个理论问题，又涉及现在各国法律和国际公约的规定。《建立世界知识产权组织公约》（1967）第2条第8项规定，“知识产权”包括下列有关的产权：文学、艺术和科学著作或作品；表演艺术家的演出、唱片或录音片或广播；人类经过努力在各个领域的发明；科学发现；工业品外观设计；商标、服务标志和商号名称及标识；以及所有其他在工业、科学、文学或艺术领域中的智能活动产生的产权。[①]

根据这种规定，可以将知识产权分为两大类。第一类是以保护人

① 这个译文有可研究之处，但已被广泛使用。

在文化、产业各方面的智力创作活动为内容的，包括著作权和发明权；第二类是以保护产业活动中的识别标志为内容的，包括商标权、商号权等。前一类又可分为以保护和促进精神文化为主的著作权与以保护和促进物质文化为主的专利权。

但是实际上，在上述公约之前，1883 年的《保护工业产权巴黎公约》已经有了关于"工业产权"的规定，工业产权保护的对象有专利、实用新型、工业品外观设计、商标、服务标志、厂商名称、产地标志或原产地名称和制止不正当竞争。所以一般又把知识产权分为著作权与工业产权两大类，在工业产权之下又分专利权、商标权、商号权等。这种分法也有道理。工业产权是涉及"产业"的，著作权则否。

现在，由于科学技术的进步，人类智能产物应受法律保护的日益增多，知识产权的范围也逐渐扩大。例如受保护对象又增加了版面设计、计算机软件、专有技术、集成电路等，而且还在增加。所以知识产权现在是一个尚在扩大中的一类权利的总称。这也是知识产权的特点之一。

下面只指出知识产权中的一些主要类型：

（1）著作权。在我国，著作权用在广义时，包括（狭义的）著作权、著作邻接权、计算机软件著作权等，属于著作权法规定的范围。这是著作权人对著作物（作品）独占利用的排他的权利。狭义的著作权又分为发表权、署名权、修改权、保护作品完整权、使用权和获得报酬权（《著作权法》第 10 条）。把著作权分为著作人身权和著作财产权是不妥当的。[①]

（2）专利权。专利权是以保护促进物质文明的发展为目的而对受

---

① 参见谢怀栻：《论著作权》，载《版权研究文选》，商务印书馆 1995 年版。

到批准的发明进行独占利用的排他的权利。我国《专利法》规定的专利权包括发明专利权、实用新型专利权和外观设计专利权（《专利法》第 2 条）。专利权还包括专利申请权、发明人的署名权（《专利法》第 17 条）。

（3）商标权。商标权是商标注册人对注册商标进行独占使用的排他的权利，又称商标专用权（《商标法》第 3 条）。我国的注册商标包括商品商标和服务商标（《商标法》第 4 条）。商标是产业活动中的一种识别标志，所以商标权的作用主要在于维护产业活动中的秩序，与专利权的作用主要在于促进产业的发展不同。

（4）商号权。即厂商名称权，是对自己已登记的商号（厂商名称、企业名称）不受他人妨害的一种使用权。企业的商号权不能等同于个人的姓名权（人格权的一种）。

此外，如原产地名称、专有技术、反不正当竞争等也规定在《保护工业产权巴黎公约》中，但原产地名称不是智力成果，专有技术和不正当竞争只能由反不正当竞争法保护，一般不列入知识产权的范围。

著作权与专利权、商标权有时有交叉情形，这是知识产权的一个特点。

关于知识产权，有不少问题有待研究。

八、社员权

民法中社团的成员（社员）基于其成员的地位与社团发生一定的法律关系，在这个关系中，社员对社团享有的各种权利的总体，称为社员权。

社员权的权利主体是社员，其相对人是社团。社员只是社团的一分子。所以社员权与前面的各种权利不同，不是个人法上的权利，而是团体法上的权利。

社员权的特点是：（1）社员权以社员资格（地位）为发生的基础，与这种资格相始终。近代私法上的团体主要是依社员自己的意思组成的社团，所以社员权的发生归根结底决定于个人的意思。在这一点，社员权与亲属权有所不同。在社团成立需要国家干预的情形下，国家所干预的是团体的成立，与社员的权利无关。所以社员权仍属私权。（2）社团与其分子即社员在一定情形下，不是完全平等的，社员有时须受团体意思（决议）的拘束。因此，在这个范围内，意思自治原则受到限制，社员权的行使与效力也要受到限制。（3）社员权是一个复合的权利，包括多种权利，其中有具经济性质的，也有具非经济性质的。前者以求得经济利益为主，后者以求得非经济利益为主。这一点与知识产权类似。（4）社员权具有专属性，只可以随社员资格的移转而移转，一般不能继承。

社员权只与社员资格联系而与社员个人的人身无关，所以不能以之为人身权或身份权。社员权中具财产性质的权利，如利益分配请求权，在未经具体分配时，是一种抽象的总括的权利，不是债权。在已进行具体分配、分配额确定后，可以转化为债权。这种债权可以单独地转让或继承。

社员权包括非经济性的与经济性的。前者又称共益权，后者又称自益权。但这种名称不一定确切，如谓共益权是为团体的公共利益的权利，与实际并不相符。非经济性的权利包括社员出席社团会议的权利、选举和被选举的权利、发表意见的权利、表决的权利、参加社团活动的权利等。经济性质的权利包括社团设施的利用权、利益享受权等。在不进行经济活动的社团，社员权中经济性质的部分就不占重要地位；在进行经济活动的社团（营利社团），则正相反。在公益性社团，社员的社员权以非经济性的为主，而且权利不是“利己的”，具有公益的性质。

社员权中最重要的一种是营利社团法人（公司）里的社员权，即股东权。股东权中非经济性质的权利有会议参加权、决议权、选举权与被选举权、股东会决议撤销诉权、股东会决议无效诉权、董事会决议无效或撤销的诉权、股东会召集请求权等。经济性质的权利有股息分配请求权、剩余财产分配请求权、新股认购权、股份收购请求权等。这些权利又因公司种类而有不同。例如股份有限公司的股东还有股票交付请求权、股份转让权等。

现在，在我国社员权中，股东权是主要的。在其他社团中，社员权还不为人们所重视。不过随着社团的增多，特别是如各种俱乐部的设立，社员权将会日益得到人们的认识，受到人们的重视。

有的学者主张，社员权也包含社员的义务。不过在有的社团中，例如在股份有限公司中，股东在缴足股份金额（股款）后即再无义务可言。我国《公司法》规定股份有限公司股东必须在公司成立前缴足股款，这样，股东在取得股东资格（地位）即公司成立时，已无义务可言。

社员权是团体法中的概念，因此，社员权除由法律规定的外，由该团体（社团）的章程去规定（这与个人法中的权利，特别是债权，由当事人自行约定有所不同）。当然，章程也是全体社员制定的。但章程通过不以每个社员同意为必要，章程对每个社员（包括在通过时投反对票的社员）有拘束力。所以一个社团社员的权利义务，要根据章程去决定。这一点与人格权、亲属权截然不同，而与债权（根据当事人的约定）有点相似。

社团是由社员以其自由意思组成的，社员有加入的自由；当然也有退出的自由。股份有限公司股东的股份转让就是一种退出公司的方法。退出社团的权利也是社员权的一个内容。不过退社权应该属于社员权，还是属于人格权中的自由权，值得研究。

九、结语

民事权利体系并不是一个简单的问题。在民法研究中，值得一再反复地去讨论、研究。从近年我国关于股东权性质的讨论中可以看出，这方面的问题在我国远未解决。本文在已有的基础上提出一些问题，有的解决了，有的仍未解决，只是想借此说明，在民法基础理论研究中，我们还有很多工作要做，也值得去做。

第三章 ┃ 公民（自然人）

一、民事法律关系的主体

民法调整的财产关系和人身关系总称为民事法律关系。民事法律关系是民法上的权利义务关系。参加民事法律关系，享有权利承担义务的人，称为民事法律关系的主体，或民事权利义务主体，简称权利主体。

权利主体有两种，一是公民（自然人），二是法人。公民就是一切有生命的个人[①]，这种人是天生的、自然生成的，所以又名自然人。法人是法律所创设并承认的，所以名为法人。

公民和法人之所以能充当权利主体，是由于法律（民法）赋予他们一种资格（地位），这种使他们能充当权利主体的资格，称为民事权利能力，简称权利能力。

公民和法人是权利主体，具有权利能力，指的是同一回事，不过前一句是说明公民和法人在民法中的身份，后一句是说明公民和法人

① 过去把公民说成是有公民权的人，又把公民权说成是选举权。这种概念现在已经不用。现在说公民就是指一切有生命的个人。

有这种身份的前提条件。

公民和法人具有权利能力并不是从来如此的，在古代奴隶社会，奴隶虽然也是有生命的个人，但当时的法律就不承认他们有权利能力，他们只是“会说话的动物”，不能充当权利主体，只能充当权利的客体（作为奴隶主的所有物）。那时法律只承认奴隶主（包括自由民）具有权利能力。法人这种制度也不是从来就有的，而是到近代才形成并完备起来的。所以只是到了近代，权利主体才包括一切公民（自然人）和法人。

法人是依照法律的规定，经法律的承认才成立的，它的权利能力当然是法律所赋予的。就是公民的权利能力也不是“天赋”的，而是法律所赋予的。那种认为公民的权利能力或者某些权利是天赋的学说是不符合历史事实的。

赋予公民和法人权利能力的法律就是民法。

民法开始就规定这两种权利主体——公民和法人。《民法通则》第二章规定公民的权利能力、行为能力、住所、监护和宣告失踪、宣告死亡五个问题，还规定有关的两个问题：个体工商户和农村承包经营户、个人合伙。

二、权利能力

（一）权利能力的意义

权利能力（民事权利能力）就是公民（自然人）能充当民事权利主体，能参与民事法律关系从而享有民事权利、承担民事义务的资格。公民具有权利能力，就既可以享有民事权利，也可以承担民事义务。

所以权利能力一词包括享有权利和承担义务两方面的能力，不过通常简称权利能力。[①]《民法通则》第9条规定："公民从出生时起到死亡时止，具有民事权利能力，依法享有民事权利，承担民事义务。"这里只规定"公民"有权利能力，而没有对公民加以任何限制，可见在我国，一切公民（自然人）都具有权利能力。

一切公民都具有权利能力，就是说，今天不仅没有像古代奴隶那样完全没有权利能力的自然人，也没有像农奴那样权利能力受限制的自然人。每个公民都具有完全的权利能力，而且每个公民的权利能力都是平等的。对此，《民法通则》第10条有明文规定。也就是说，全体公民，不问性别、年龄、种族、民族、家庭出身、宗教信仰、职业、社会地位等，都具有同等的权利能力。公民的权利能力，不仅与他的年龄无关，也与他的健康状况、精神状态、聪明才智无关，所以婴儿、精神病人也具有与成年人、健康人同等的权利能力。没有任何人可以特殊。这一点是我国宪法所规定的公民在法律面前一律平等的原则（《宪法》第33条）在民法上的具体化。

权利能力是可以享有民事权利和承担民事义务的资格，所以应该把权利能力和具体的各种权利，例如财产所有权、债权等区别开来。权利能力是公民享有这些权利的基础，公民要享有这些权利必须先有权利能力。但是具有权利能力不一定也就有了这些权利，公民要享有各种具体的权利，除了必须有权利能力外，还需要有其他的条件，二者缺一不可。不过在二者中，权利能力是基础。例如，公民有了权利能力，就可以享有个人财产的所有权，但公民要在实际上享有某种个人财产的所有权，还要通过其他必要的事实或行为，例如继承或购进

---

① 以下讲"权利能力"，都包括义务的问题。这点必须注意。

某种个人财产。公民如果没有权利能力就根本不能继承或购进财产，这就是古代奴隶的情况。

至于具有权利能力的公民，可以享有哪些民事权利，承担哪些民事义务呢？这是一个具有权利能力的公民所可享受的权利和所可承担的义务的范围问题。从历史上看来，这个范围从古代到现代是随着社会经济和文化的发展而日益扩大的。就现在的情况说，这个范围要依照民法的规定来决定。这就是《民法通则》第9条中“依法”二字的用意所在。换言之，公民具有权利能力，就为他享有各种权利奠定了基础，但他究竟可以享有哪些具体的权利，如何取得这些权利，如何行使这些权利，以及可以承担哪些义务，都要由法律（民法）决定。[①]例如我国《宪法》规定土地属于公有，公民就不享有土地所有权。也就是说，在我国，每个公民都具有权利能力，但这个权利能力并不包括享有土地所有权的能力。有人习惯于西方所谓“私有财产属于天赋人权”的错误说法，就把这一点当作我国对于公民权利能力的限制，这是不对的。前面说过，公民的权利能力本来是法律赋予的，在这个权利能力的基础上能享有什么权利，不能享有什么权利，当然也是法律规定的。既然不存在什么先天的“权利能力”，也就不能认为法律对公民权利范围的规定是对于权利能力的限制。

再者，就是民法上规定的允许公民享有的权利，也不是每一个具有权利能力的公民在实际上能全部享有的。这是因为，要享有某种具体的权利还需要一些具体的条件，权利能力只为具有这些条件的公民提供享受的可能性。例如民法规定公民可以享有著作权、专利权，某

① 参考《瑞士民法典》第11条第2款：“凡人于法规范围内有为权利及义务主体的平等能力。”

个公民并没有著作也没有发明，当然就不能实际上享有这些权利。这是因为他不具备享有这些权利的条件（要有著作，有发明），并不是因为他没有享有这些权利的资格。所以这不是权利能力的问题。

再者，权利能力为享有各种民事权利提供可能，至于如何取得这些权利，如何“行使”这些权利，也需要其他的条件。例如婴儿和精神病人都有权利能力，但他们要取得具体的权利，要行使这些权利，就要依照民法的规定通过一些必要的方式。这些是属于行为能力问题，不属于权利能力问题。

民事权利能力是享有民事权利的资格，与享有政治上的权利的资格不同。对这两方面不可混同。我国《刑法》规定对某些犯罪人可以由法院判决剥夺他的政治权利，这与民事权利能力无关。一个被剥夺政治权利的人仍具有民事权利能力。我国《刑法》还规定对某些犯罪人可以由法院判决没收他的个人所有财产的一部分和全部。没收财产只是把犯罪人对于现有财产的所有权予以剥夺，与他的民事权利能力无关。一个被没收财产的人仍然可以享有其他各种民事权利，也可以在以后再享有个人财产所有权。

我国《民事诉讼法（试行）》规定有“诉讼权利能力”（第 44 条），这是充当民事诉讼当事人的资格，与民法上的权利能力不同，不可混同。

民法关于权利能力的规定是强行规定，任何人不得加以变更。任何人不得剥夺或限制公民的权利能力，公民自己也不得以任何方式抛弃或限制自己的权利能力。我国古代有所谓“卖身为奴”的，旧中国也有买卖奴婢、父母出卖儿女为奴婢的事，这些都是今天法律所不容许的。

至于国家可不可以剥夺公民的权利能力呢？从理论上说，公民的权利能力既然是法律所赋予的（不是“天赋”的），法律就可以剥夺或限制它。古代的法律确实有以法律剥夺公民的权利能力的事[①]，现在有的国家也有限制权利能力的规定。[②]但是我国民法没有这种规定，我国就没有这种情形。

（二）权利能力的始期

依《民法通则》第 9 条的规定，公民的权利能力从出生时开始。出生就是权利能力的始期。确定权利能力的始期在法律上有重要意义。

出生，在法律上有两个要件。第一，必须胎儿自母体全部产出，即分娩完成。这里所谓完成，不必问脐带已断与否，也不必问是自然出产还是人工生产（如剖腹产）。第二，婴儿须非死产，即婴儿有生命。这里所谓有生命不限于已哭出声，只要在医学上不是死产就可以了。至于婴儿在出生后继续生活多久，又可不论。即使只生活了很短时间又死了，只要在生下时是活的，就算出生。

这两点，特别是第二点，非常重要，因为它关系到权利能力的开始。如果一个胎儿生下来就是死的（死产），他就根本没有取得权利能力。如果一个胎儿生下时是活的（活产），只活了很短时间就死了，他就是在取得了权利能力后再死亡，也就是权利能力发生了，但以后又消灭了。在他取得了权利能力的期间就可以享有某种权利。这两种情形可以发生很不相同的法律后果。即以继承为例。如果一个男人死亡时，留下一个怀孕的妻子和一个父亲，之后胎儿在生产时就是死体，那么这个男人的继承人就只有他的妻子和他的父亲。依照《继承法》

---

① 不仅罗马法有剥夺权利能力的所谓“人格大减等”的制度，1804 年公布的《法国民法典》还规定有“民事死亡”制度，但到 1854 年就废除了。

② 参看《苏俄民法典》第 12 条第 1 款。

第 10 条，这两个继承人都属第一顺位，应各得遗产的 1/2。如果这个胎儿生下来是活的，是个男孩，死者就有了三个继承人——妻、父和子。这三个继承人都属第一顺位，应各得遗产的 1/3。如果胎儿生下来是活的，但活了很短时间就死了，那么，那个男人还是有三个继承人——妻、父和子，这三个继承人各得遗产的 1/3。如果那个刚生下的孩儿随后就死了，这个孩儿应得的 1/3 就应归他的母亲继承。结果就是，那个男人的父亲得到遗产的 1/3，他的妻子得到 2/3。以上三种情形各不相同，说明确定一个人的出生，即确定他的权利能力是否已经发生，是极为重要的。

我国现在新生儿出生，都应该报户口。不过报户口并不是民法上人的出生的必要条件。未报户口，并不影响于出生这个事实，从而也不影响于这个人的权利能力的开始。①

出生是极为重要的法律事实，所以对于一个人出生的确切时间如有疑义，应该用各种方法加以证明。出生证或户口簿是重要的证据，不过出生簿或户口簿如有错误，也可以用其他方法证明。

（三）胎儿利益的保护

公民的权利能力从出生时开始，胎儿（尚未出生）就没有权利能力。但是胎儿具有“将来的利益”，即胎儿一经出生即可取得权利能力而享有民事权利。对于胎儿的这种利益完全不加保护，会发生不合理不公平的后果，也不合乎人情。② 各国民法对胎儿利益的保护有不同

① 不报户口，违反户口管理法规，那是另一件事。

② 例如一个胎儿在父亲死后一天出生。在父亲死时（继承开始时），胎儿尚未出生，因此就不能继承遗产。这显然是不合理、不公平的。

的方式。有的国家在民法中规定胎儿以活着出生为条件有权利能力（如瑞士）。有的国家则在各个问题（如继承、遗赠、侵权行为）上特别规定保护胎儿的权利（如西德、日本）。

《民法通则》对这个问题没有规定。《继承法》第 28 条规定："遗产分割时，应当保留胎儿的继承份额。胎儿出生时是死体的，保留的份额按照法定继承办理。"这种规定就保护了胎儿的利益，也就承认了胎儿在继承遗产一点上与有权利能力的人相同。关于胎儿受遗赠也应该同样对待。不过这不是概括地承认胎儿有权利能力。第一，这种情形只限于继承和遗赠；第二，如果说胎儿有权利能力，胎儿不仅应该享有权利，还应该承担义务。所以我们只能说，我国法律在个别具体问题上保护胎儿的利益，还不能说胎儿就有权利能力。

（四）权利能力的终期

公民的权利能力在死亡时终止（消灭），死亡是公民权利能力的终期。

死亡在法律上系指人的生命的终结。只要生命终结，不问什么原因（自然死亡、自杀或被杀等人为死亡），在法律上都是一样的。不过在认定死亡事实的发生和死亡的时刻上，应依现代医学来决定。

死亡在法律上有重要的意义，它是权利能力消灭唯一的原因，也是权利能力消灭绝对的原因。所谓唯一的原因是说，公民的权利能力再没有其他的消灭原因。前面说过，近现代民法不承认剥夺权利能力的制度，因而也就不承认"剥夺"是权利能力的消灭原因。[①] 所谓绝

① 前面说过，古代法律承认生存中的人的权利能力可以因"剥夺"而消灭。至于宣告死亡的问题，下面再讲。

对的原因是说，公民的全部权利能力因死亡而绝对消灭。近现代民法绝不承认死者还有任何权利，还可以参与任何民事法律关系。古代认为人死后仍可以参与民事法律关系（例如所谓“抱灵牌结婚”就是承认死人还可以结婚），那完全属于封建迷信行为。

有时，法律在一定情况下，特别规定对死者的某种利益加以保护，准许死者的继承人或其他亲属以某种方式维护死者的利益，这并不是承认死者本人仍享有某种权利，而是赋予死者的继承人或其他亲属以某种权利。例如某些国家在死者的名誉受到毁损时准许死者的子女请求民法上的保护措施，这只是赋予子女以保护其死亡父母的名誉的权利，而不是承认死者本人有什么权利。如果死者本人还有名誉权，那就应该承认死者可以自己做原告，以死者的名义提起民事诉讼，这当然是荒谬的。又如通常说公民的著作权可以延续到死后若干年，这也不是承认著作人在死后还有权利能力，可以享有著作权。著作权包括作为著作人的人格权的部分（著作人人格权）和作为财产权的部分（狭义的著作权）。作为财产权的部分是可以继承的，在著作人死后当然归属于继承人。至于著作人人格权，也同前面说的对死者名誉的保护一样，法律也不承认它可以在著作人死后继续由死者享有。法律只规定著作人的家属可以为维护死者人格上的利益而行使某些权利而已。[①]总之，如果根据名誉权和著作权的某些特殊情况，以为人的权利能力（或者一部分权利能力）可以在人死后继续存在，是不正确的。

死亡的时刻极为重要，所以在一定情况下，法律对于如何确定死亡时刻，有规定的必要。例如数人（例如一父一子）在同一事故（例如火灾或地震）中死亡而无法确定各人死亡时间的先后时，有些国家

① 参看《日本著作权法》第59条、第60条、第116条。

的民法规定有“推定死亡”的制度。[1]《民法通则》关于此点没有规定。最高人民法院对于相互有继承关系的几个人在同一事件中死亡时，有推定死亡时间的规定。[2]

（五）外国人的权利能力

公民一词，本来指具有中华人民共和国国籍的人。但是《民法通则》第 8 条第 2 款规定：“本法关于公民的规定，适用于在中华人民共和国领域内的外国人、无国籍人，法律另有规定的除外。”而在权利能力这一问题上，我国法律还没有其他的规定，所以《民法通则》关于权利能力的规定，也适用于在中国的外国人（有外国国籍的人）和无国籍人（这里都只指自然人）。

这就是说，在中国境内的外国人和无国籍人，也和中国公民一样，从出生时起到死亡时止，具有民事权利能力，依法享有民事权利，承担民事义务。

关于外国人（包括无国籍人，以下同）的民事权利能力（在民法上的地位问题），有所谓平等主义与相互主义。平等主义就是承认外国人和本国人有同等的权利能力。相互主义就是以外国承认我国人在该国享有权利能力为条件也承认外国人在我国享有同等的权利能力。现代各国民法大多实行平等主义，我国也是如此。关于外国人在我国的权利能力，应说明以下几点。

第一，外国人在我国所能享有的民事权利和应承担的民事义务，

---

① 参看《瑞士民法典》第 12 条第 2 款，《日本民法典》第 32 条之二。

② 参看《最高人民法院关于贯彻执行〈中华人民共和国继承法〉若干问题的意见》第 2 条。

应该依照我国法律的规定。我国法律规定我国公民所不能享有的民事权利（如土地所有权），外国人当然也不能享有。我国法律也可以规定某些民事权利，即使我国公民可以享有，外国人也不能享有，或者要经过特别批准才能享有。

第二，我国法律特别规定外国人在中国可以享有某种民事权利，而我国公民不能享有同样的权利的情形也是有的。例如《中外合资经营企业法》规定，国家允许外国公司、企业和其他经济组织或个人同中国的公司、企业或其他经济组织共同举办合营企业。这里有外国的个人却没有中国的个人。这是一种特殊情况。

第三，如果有某一国家对中国公民实行歧视政策，不承认在该国的中国公民具有与该国公民同等的权利能力时，中国也可以对在中国的该国公民的权利能力加以限制。

第四，在发生战争或战争状态时，对于敌国公民的权利能力可以加以限制，属于对敌政策问题。①

三、行为能力

（一）行为能力的意义

具有权利能力的人只是可以享有权利和承担义务，所以婴儿和精神病人也具有权利能力，但是一个人不仅要能消极地享有权利和承担义务，而且还要能积极地通过自己的行为取得民事权利、行使民事权利和履行民事义务。而后一点，不是一切人都能办到的。例如婴儿、

① 关于外国人（包括无国籍人）在中国的地位问题，在国际私法中专门研究。关于敌国人的地位问题，在国际公法中有专门研究。

精神病人显然做不到这一点。可见法律只规定人的权利能力是不够的。

民法上把公民（自然人）通过自己行为取得民事权利、行使民事权利和承担民事义务、履行民事义务的能力称为民事行为能力，简称行为能力。这里所谓自己行为在一般情况下是指民法上的法律行为，而取得民事权利、行使民事权利和承担民事义务、履行民事义务则是法律行为的效果，所以行为能力也就是公民实施有效法律行为的能力。行为能力中最常见的就是订立合同的能力。

对于行为能力一词也有一种较为广义的解释，即把侵权行为也包括在“自己的行为”之中，这样，行为能力就是公民通过自己的行为取得权利、行使权利、承担义务、履行义务以及承担侵权行为责任的能力。但是《民法通则》第二章中规定的行为能力不能如此解释，因为《民法通则》第 12 条规定限制民事行为能力人的“其他民事活动由他的法定代理人代理”，显然不能说“限制民事行为能力人进行侵权行为时由他的法定代理人代理”，所以《民法通则》第 11 条和第 12 条里的“民事活动”应该只指法律行为。对于承担侵权行为责任的能力，另称之为责任能力，应该把它与行为能力区别开来。

行为能力与权利能力相同，是民法所规定的属于公民（自然人）的一种特性（资格），这种特性不是天赋的，而是与生俱来的。行为能力的制度，各国不完全相同，都由民法规定。我国《民法通则》第 11 条至第 14 条规定了我国公民的行为能力制度。这些规定和关于权利能力的规定一样，都是强行规定，当事人不得加以变更。不仅任何人不得剥夺或限制他人的行为能力，公民自己也不得抛弃自己的行为能力。

前面说过，我国和一般国家一样，法律中没有剥夺公民权利能力的规定。对行为能力就不同。民法中有由法院对公民的行为能力加以剥夺或限制的规定。这就是法院宣告患精神病的公民为无民事行为能力人或限制民事行为能力人的制度。如果某一公民本来有完全行为能力，因其患精神病，法院依法宣告他为无民事行为能力人，就是剥夺了他的行为能力；法院依法宣告他为限制民事行为能力人，就是限制了他的行为能力（《民法通则》第 19 条）。应当注意，对于公民的行为能力，只有法院可以依照法律所规定的条件加以剥夺和限制，其他机关和个人没有这个权力。这种剥夺和限制是为了保护该公民的利益而采取的措施，而且在该公民的精神病痊愈之后，应即宣告恢复他的行为能力。

权利能力的作用是消极的（享有权利、承担义务），行为能力的作用是积极的（行使权利、履行义务），所以行为能力就不是任何人都能具有的。只有在实际生活中能够行使权利和履行义务的人才有行为能力。但是什么人具有这种能力呢？民法对此有具体的规定。

《民法通则》依照公民的民事行为能力的状态把自然人分为三种。第一种是完全民事行为能力人，第二种是限制民事行为能力人，第三种是无民事行为能力人。这三种人在行为能力方面是不同的。

（二）完全民事行为能力人

完全民事行为能力人就是具有完全行为能力的人，他的行为能力不受任何限制，因而他可以自主地、独立地进行一切民事活动，实施一切民事法律行为，不必要经过任何人的同意或允许。《民法通则》第 11 条第 1 款规定：“十八周岁以上的公民是成年人，具有完全民事行为能力，可以独立进行民事活动，是完全民事行为能力人。”第 2 款规定：“十六周岁以上不满十八周岁的公民，以自己的劳动收入为主要生活来源的，视为完全民事行为能力人。”

1. 成年人，即一般说的成年人，是在身体和智力各方面已达成熟阶段，具有足够的判断能力，可以自主地独立地处理自己事务的人。怎样才算成年人，如果要按照每个人的具体情况（身体和智力的发达情况）去决定，是不可能的。所以民法规定了一个统一的固定的标准。这个标准就是18周岁。既说周岁，就不是我国旧有的虚岁。年龄的计算应该依公历，不应依阴历。

2. 除成年人外，在我国还有许多虽未满18周岁而实际上已经独立从事生产活动、独立谋生，因而也有足够的能力可以自主处理自己事务的人。对于这些人，如果不赋予他们完全的民事行为能力，会使他们在实际生活中有很多不便，也不切合他们生活上的实际情况。所以《民法通则》又规定16周岁以上不满18周岁的公民，以自己的劳动收入为主要生活来源的，也具有完全民事行为能力。只要本人从事劳动并以其劳动收入为主要生活来源就可以，不问劳动的种类（例如在工厂当学徒、从事农业劳动，或经营工商业、服务业），至于在劳动收入外还接受一些他人（如父母）的补助也无妨。

完全民事行为能力人可以独立地进行任何民事活动，他可以与人签订合同，可以与人组织合伙，也可以与人共同设立公司，都完全由自己作主，不需要他人的同意或许可。

（三）限制民事行为能力人

限制民事行为能力人具有有限制的民事行为能力，他在一定范围内与完全民事行为能力人相同，可以自主地独立地进行民事活动，而在其他方面则不能自主地独立地进行民事活动。

《民法通则》规定的限制民事行为能力人有两种（第12条第1款和第13条第2款）：

1. 10周岁以上的未成年人，即已满10周岁未满18周岁的人（不包括16周岁以上以自己的劳动收入为主要生活来源的人)。这种人可以进行与他的年龄、智力相适应的民事活动，在进行这些活动时，与完全民事行为能力人相同。什么行为属于与他的年龄、智力相适应，要根据具体情况，即根据行为人和行为两方面的情况决定。例如一个12岁的初中学生与一个17岁的高中学生的情况不同，他所能独立进行的民事活动的范围也就不同。

10周岁以上的未成年人进行上述范围以外的民事活动时，他的行为能力就受到限制，也就是说，他不能自主地独立地进行这种活动，而要由他的法定代理人代理，或者征得他的法定代理人的同意。由法定代理人代理是说完全由法定代理人进行这种活动(如签订合同)，不必通过未成年人，也不必经未成年人同意。征得法定代理人的同意是说仍由未成年人自己进行这种活动，但要得到其法定代理人的同意。这种同意包括事前的许可和事后的追认。

2. 不能完全辨认自己行为的精神病人。这种人可以进行与他的精神健康状况相适应的民事活动。这种人有精神病但尚未严重到完全丧失对行为后果的辨别能力，对某些行为(简单的、日常生活上的行为)尚能辨别认识其后果，对另一些行为(复杂的、重大的、需要一定智力才能认识的)则不能辨别。对这种人，民法根据他所为的行为的性质区别对待。在他进行那些他能辨认的行为时，他和完全行为能力人一样，可以独立进行；在他进行那些他不能辨认的行为时，他就不能独立进行。至于哪些行为是他能辨认的，哪些行为是他不能辨认的，则以他的精神健康状况为标准，因而也要根据各个人的具体情况决定。

这种人进行那些根据他的精神健康状况为他所不能辨认的行为时，由他的法定代理人代理进行，或者征得他的法定代理人的同意后进行，与前一种未成年人相同。

至于这些人的法定代理人是谁，《民法通则》规定是他们的监护人（第 14 条）。

（四）无民事行为能力人

无民事行为能力人完全没有民事行为能力，因而完全不能独立地自主地进行民事活动，也就是说，他不能独立地进行任何民事法律行为。可见，无民事行为能力人与完全民事行为能力人正相反，而限制民事行为能力人则介乎二者之间。

《民法通则》规定的无民事行为能力人有两种（第 12 条第 2 款、第 13 条第 1 款）：

1. 不满 10 周岁的未成年人。《民法通则》规定不满 10 周岁的未成年人为无民事行为能力人，而没有其他规定，所以不论该未成年人的具体情况（如聪敏程度）如何，均为无民事行为能力人。

2. 不能辨认自己行为的精神病人。这是指患有精神病已完全丧失对自己行为后果的辨认和判断能力的人。

这两种人既然不能自己进行任何法律行为，就应该由他们的法定代理人代理进行。他们的监护人是他们的法定代理人（《民法通则》第 14 条）。

（五）精神病人行为能力的限制、剥夺和恢复

在上述无民事行为能力人和限制民事行为能力人中，10 周岁以上和不满 10 周岁的未成年人都是确定的、明显的。至于精神病人虽然也是客观存在的，但一个人究竟是否患有精神病，其所患精神病的严重程度却不像人的年龄那样是明显确定的事。因此，判断某一

精神病人的疾病情况，决定他是无民事行为能力人还是限制民事行为能力人，法律有必要规定一种方法。这就是《民法通则》第 19 条规定的宣告制度。

1. 宣告某一精神病人为无民事行为能力人或限制民事行为能力人

首先应由精神病人的利害关系人向法院提出申请。利害关系人包括精神病人的配偶、近亲属以及该精神病人的所在单位（例如精神病人的原工作单位，其住所地的居民委员会、村民委员会）。法院受理后应该进行程序方面（提出申请的人是否有资格，法院有无管辖权等）和实质方面（该公民所患的病的性质和程度）的审查，必要时请有关专家作出鉴定，然后作出判决，依具体情况，或者宣告该精神病人为无民事行为能力人，或者宣告其为限制民事行为能力人。①

对公民的行为能力的剥夺或限制是一件极其重要的事，所以法律规定有严格的条件（在实质方面和程序方面），法院对于这种事件也要极其慎重地处理。这是我国充分保护公民的民事权利和利益的表现。

2. 行为能力的恢复

《民法通则》第 19 条第 2 款规定，被人民法院宣告为无民事行为能力人或者限制民事行为能力人的，根据他健康恢复的状况，经本人或者利害关系人申请，人民法院可以宣告他为限制民事行为能力人或者完全民事行为能力人。这就是对于民事行为能力被剥夺或被限制的公民，恢复其民事行为能力的规定。原来之所以要剥夺或者限制精神病人的民事行为能力是因为他患有精神病，不能辨认或者不能完全辨认自己的行为，如果他的病已痊愈，或者病情减轻，当然就应该全部地或者部分地恢复他的行为能力。这就是由人民法院宣告他为完全行

---

① 关于法院办理此类案件的程序，参见《民事诉讼法（试行）》第 136—139 条。

为能力人（病已痊愈的）或者宣告他为限制民事行为能力人（病情减轻的）。

恢复公民的民事行为能力也要依照一定的程序办理。首先要由公民本人（这时公民本人已经病愈或者病情减轻，可以自行申请）或者利害关系人申请，再由法院审查（必要时也应该请有关专家鉴定），最后由法院以判决方式撤销原判决（宣告他为无民事行为能力人或者限制民事行为能力人的判决），作出新判决，在新判决中宣告他为完全行为能力人（行为能力的完全恢复）或者宣告他为限制民事行为能力人（行为能力的部分恢复）。①

及时而慎重地恢复公民的民事行为能力，是我国关心并保护公民权利和利益的表现。

（六）身份方面的行为的行为能力问题

关于行为能力的规定，主要适用于财产方面的法律行为。在身份行为方面情形不同。因为身份方面的各种行为（如结婚、离婚、收养等）应该尊重当事人本人的意见，由本人自行决定，不应该由他人为之决定或由他人代理进行。所以《民法通则》中关于行为能力的规定，能否适用于身份方面的行为，要另行规定。我国法律和有关文件在这方面有如下几种规定。

1. 法律对于某些行为另有规定的，依其规定。例如《婚姻法》第5条中规定：“结婚年龄，男不得早于二十二周岁，女不得早于二十周岁。”这就是在婚姻方面关于行为能力的规定。依这种规定，男满22周岁，女满20周岁，就有结婚行为能力（结婚能力），不达到这个年

① 参看《民事诉讼法（试行）》第140条。

龄的就没有结婚能力，因而不能进行有效的结婚行为。[①] 又如关于收养问题，最高人民法院《关于贯彻执行民事政策法律若干问题的意见》第 27 点规定合法收养关系的条件是：经生父母、养父母同意，有识别能力的被收养人也同意，又办理了合法手续。这里说“有识别能力的被收养人”而不说成年、未成年或有无行为能力，可见在收养问题上，不以年龄为准而只注重识别能力。这两种规定都是对于《民法通则》关于行为能力的特殊规定。

2. 法律明文规定对某种身份方面的事项可以适用有关行为能力规定的，依其规定。如《继承法》第 6 条规定无民事行为能力人和限制民事行为能力人行使继承权和受遗赠权问题，第 18 条关于无民事行为能力人和限制民事行为能力人不能作为遗嘱见证人的规定，这里的无民事行为能力人和限制民事行为能力人就应该依照《民法通则》的规定去认定。

四、住所

（一）住所的意义

民法上的住所指公民（自然人）经常居住的地点，是他生活和活

① 结婚能力属于行为能力问题，不属于权利能力问题。因为，第一，没有权利能力的人所为的行为不能发生任何法律效果，而且绝对地不能发生法律效力，不达结婚年龄同居的人，因发生“同居关系”而发生某些法律效果，如男女双方的扶养关系，对所生子女（非婚生子女）的抚养关系、继承关系等，而且一到婚龄并登记后就由不合法变成合法。第二，公民的民事权利能力一律平等，而结婚年龄男女不一致，可见这不是权利能力问题。第三，古代奴隶没有权利能力，也就不能自行结婚，如果我们把关于婚龄的规定作为权利能力问题，未达婚龄的男女就在结婚方面与古代奴隶相同，是说不过去的。苏联 20 世纪 50 年代的教科书中说婚龄是权利能力问题，20 世纪 80 年代的教科书已对此作了纠正。

动的中心点。在现代社会里，一个人不可能终生只在一个地方生活，他的居住地常会变动，但在一个时期中，他总有一个作为生活活动的中心的地点。这个地点在民法上称为住所。

在一般情况下，每个人都有由他自己选定的住所。但对某些人，他的住所不是由他自己选定的。例如未成年的子女的住所就是他的父母（或与他同居的父或母）的住所。被判处徒刑的人的住所就是他劳动改造的地点。

住所在民事法律关系中具有重要意义。民法中有一些问题都与一个人的住所有关。例如《民法通则》第 16 条和第 17 条规定未成年人或精神病人的监护人在一定条件下可以由未成年人或精神病人住所地的居民委员会、村民委员会指定，或者就由该居民委员会、村民委员会担任。在这种情况下，决定公民的住所就很重要。

（二）一般情况下的住所

《民法通则》第 15 条规定，公民以他的户籍所在地的居住地为住所。所以在一般情况下，公民的住所必须具备两个条件：第一，这是他的户籍所在地；第二，这是他经常居住的地方。公民只要经常居住在他的户籍所在地，即使他暂时要离开（如旅行、出差等），这地方仍是他的住所。

（三）特殊情况下的住所

在特殊情况下，公民不在他的户籍所在地居住的，就以经常居住地为住所（《民法通则》第 15 条）。我国有人长期不在他的户籍所在地居住，这时，户籍所在地就不是他的生活中心，应该以他实际上的生活活动中心地为住所。

五、监护

（一）监护的意义

民法上既然规定公民中有一部分是无行为能力和限制行为能力的人，对于这一部分人，就要规定一种保护他们的制度。监护就是在生活方面、财产方面对无民事行为能力人和限制民事行为能力人加以保护的制度。国家设立监护制度，一方面是保护那些身体、智力、健康方面有欠缺的人的权利和利益，另一方面也是为了保护国家和社会的利益。因为这部分人如得不到保护，任由他们的权利和利益受人侵犯，社会公共秩序和社会主义道德都将受到影响。

在监护的法律关系中，一方是监护人，另一方是被监护人。《民法通则》规定的被监护人有未成年人和无民事行为能力或者限制民事行为能力的精神病人。这两种人都是在民事行为能力方面有欠缺的人，把他们置于监护人的监护之下，使监护人在民事活动中充当他们的法定代理人（《民法通则》第 14 条），从而使他们能进行各种民事活动。所以监护也就是对被监护人的民事行为能力加以补充。从这一点说，监护制度是行为能力制度的补充。

《民法通则》规定的监护人有公民（自然人）和组织两种。公民包括与被监护人有一定身份关系的人和关系密切的朋友，组织包括被监护人的父、母所在的单位，被监护人所在的单位，被监护人住所地的居民委员会、村民委员会以及民政部门。由组织担任监护人时，没有其他条件。由公民担任监护人时，这个公民除了具备法定的与被监护人的关系外，尚需有监护能力。所谓监护能力，指适于担任监护人的资格。在一般情况下，这种资格包括：第一，要具有完全的民事行为能力；第二，要具有可以胜任这个工作的能力；第三，要具有做好这个工作的服务精神和道德品质。只有具有监护能力的人才能既做好这个工作，又能为被监护人谋福利。

欠缺监护能力的人不能担任监护人，已经担任监护人而丧失监护能力的人不能再担任监护人。

（二）未成年人的监护人

《民法通则》第16条规定了未成年人（包括无民事行为能力和限制民事行为能力的未成年人）的监护人。未成年人的监护人依未成年人的情况而不同，分为下列四种：

1. 未成年人有父母的，父母是监护人，这种监护人是当然的监护人，用不着由任何人或任何机关指定，也不需要任何人的同意，而且，只要有父母，就不需要其他的监护人（父母没有监护能力时除外）。父母与未成年子女的监护关系从子女出生时起当然发生，直到子女成为完全民事行为能力人时止。父母都存在并且都有监护能力的，父母两人共同监护。父母一方死亡或一方没有监护能力时，由生存的一方或有监护能力的一方单独监护。父母担任监护人是权利也是义务，父母不能不负这个义务。

2. 未成年人的父母均已死亡或者都没有监护能力的，由具有监护能力的祖父母、外祖父母、兄、姐担任监护人。这些人当然不能都担任监护人。他们可以协商确定，由一人或二人担任监护人。这样确定的监护人也不需要其他人的同意。这些人担任监护人也是权利和义务，但他们的这种义务较之父母的这种义务略有不同，他们在有正当理由时可以不担任。

3. 没有以上两项监护人时，与被监护人关系密切的其他亲属、朋友可以担任监护人，不过要有两个条件：第一，要本人（担任监护人的人）愿意（这就是说，担任监护人不是义务）；第二，要经被监护人的父、母所在的单位或者被监护人住所地的居民委员会、村民委员会同意。

在依前面第 2 项和第 3 项可以担任监护人的人中，如因多数人都要担任而发生争议时，由被监护人的父、母所在的单位或者被监护人住所地的居民委员会、村民委员会在近亲属中指定。如果其他人对指定不服的，可以向人民法院提起诉讼，由人民法院裁决。

4. 上述的监护人都没有时，由被监护人的父、母所在的单位或者被监护人住所地的居民委员会、村民委员会或者民政部门担任监护人。

（三）精神病人的监护人

《民法通则》第 17 条规定精神病人的监护人。精神病人经宣告为无民事行为能力人或者限制民事行为能力人后，应该首先由他的配偶担任监护人。在没有配偶、配偶没有监护能力或者有其他重大原因（例如配偶远在异地无法履行监护职责）时，由被监护人的父母、成年子女，或其他近亲属担任监护人。这些人担任监护人不需要其他人的同意。

没有上述监护人时可以由与被监护人关系密切的其他亲属、朋友担任，但是，第一，要担任监护人的人愿意；第二，要经被监护人所在的单位或者他的住所地的居民委员会、村民委员会同意。

在上述除配偶以外的可以担任监护人的人中，如因多数人都要担任而发生争议时，由被监护人的所在单位或者住所地的居民委员会、村民委员会在近亲属中指定。如果其他人对指定不服的，可以向人民法院提起诉讼，由人民法院裁决。

没有上述监护人时，由被监护人所在的单位或者住所地的居民委员会、村民委员会或者民政部门担任监护人。

（四）监护人的权利和义务

监护人的职责是保护被监护人的人身、财产和其他合法权益，充任被监护人的法定代理人（《民法通则》第 14 条、第 18 条）。

监护人依法履行这种职责，是他的权利。这种权利与监护人作为被监护人的法定代理人代行的被监护人的权利有区别，是属于监护人自己的一种权利。这种权利受法律保护。

监护人为保护被监护人的人身和财产可以实施他认为适当的必要的一切行为（包括法律行为和事实行为），但是除为被监护人的利益外，不得处理被监护人的财产（《民法通则》第 18 条）。

监护人不履行监护职责以致被监护人的权益受到损害，应负法律上的责任。监护人如利用其监护人的地位或权限侵害被监护人的权益，更应负法律上的责任。这种责任当然包括赔偿财产上的损失在内。

监护人可以将其监护职责范围内的某项事务在一定期间内委托他人，但不能将全部监护事务交给他人，因为这样做，在实际上就是不履行自己的职责。

监护人的权利义务在担任或被指定为监护人时开始，在被监护人成为完全行为能力人时终止。

监护人在任职期间如有不履行监护职责或有其他不适于担任监护人的情形时，人民法院可以根据有关人员或者有关单位的申请，撤销监护人的资格。

监护人在终止其监护资格时，应向已取得完全行为能力的被监护人或向新的监护人办理必要的交接事务，如交清财产等。

六、宣告失踪和宣告死亡

（一）宣告失踪和宣告死亡制度的意义

任何人在生活中都与他人存在各种法律关系。如果一个人长期离开他原来生活的地方而下落不明，这些法律关系就会受到影响。与他有各种关系的人也会受到影响。他自己的财产无人照管，他对国家和对他人的义务无人履行。为了对这种状态进行必要的处理，民法上有对公民宣告失踪和宣告死亡的制度。

宣告公民失踪就是对于下落不明已满两年的人由法院宣告他失踪，使他人管理其财产的一种制度。

宣告公民死亡是对于下落不明已满四年的人由法院宣告他死亡，以结束其原有的一切民事法律关系的一种制度。

《民法通则》规定了宣告失踪和宣告死亡两种制度，但是并未规定这两种制度之间有什么必然的联系。所以这是两种互相独立的、没有必然联系的制度。对于一个下落不明的人宣告他失踪之后，即使已满四年期间，也不一定需要宣告他死亡。对于一个具备了宣告死亡条件的人，可以不经过宣告失踪而直接宣告他死亡（换言之，宣告死亡并不以宣告失踪为前提）。

（二）宣告失踪

《民法通则》第 20 条规定，公民下落不明满两年的，利害关系人可以向法院申请宣告他为失踪人。下落不明，是指对于他原来居住地方的人或者对于他的家庭，他的所在不明。两年的期间应该从上述的人们最后知道失踪人的音信时算起，不过在战争期间下落不明的，此期间从战争结束之日起计算。

我国《民事诉讼法（试行）》中没有关于法院宣告公民失踪的规定，只有关于宣告公民死亡的规定，因为这两种宣告甚为近似，宣告公民失踪可以准用关于宣告死亡的规定办理。

宣告公民失踪的法律效果是失踪人的财产由他的配偶、父母、成年子女或者关系密切的其他亲属、朋友代管。代管有争议的，没有以上规定的人或者以上规定的人无能力代管的，由人民法院指定的人代管（《民法通则》第 21 条第 1 款）。宣告公民失踪的法律效果只限于这一点。对于除此以外的其他方面不产生影响。这是宣告失踪与宣告死亡的不同。

失踪人的财产既有人代管，失踪人应该履行的财产方面的义务，如他所欠税款、债务和应付的其他费用，就应该由代管人从失踪人的财产中支付（《民法通则》第 21 条第 2 款）。这是为了保护国家和其他债权人的利益，以免税款、债务等长期无人负责。

因为宣告失踪制度主要是为了保护失踪人的财产，使其不致散失或受到其他损失，并使失踪人的债权人能及时受到清偿，所以除了与失踪人有身价上关系的人外，与失踪人有财产上关系的人，也属于《民法通则》第 20 条所说的利害关系人，都有权向法院提出宣告失踪的申请。例如失踪人的配偶、子女当然可以申请，就是失踪人的债权人也可以申请。

被宣告失踪的人如果重新出现或者下落已明，例如回家或寄信回家或通过其他方式与家人取得联系，他本人或利害关系人都可以向人民法院申请，法院应即撤销原来的失踪宣告（《民法通则》第 22 条）。失踪宣告经撤销后，失踪人恢复其对自己财产的管理，代管财产的人当然解职，应将属于失踪人的财产交还原主，还应向之报告管理情况。

（三）宣告死亡

《民法通则》第 23 条规定，在一定条件下，人民法院可以宣告公民死亡。

宣告失踪的制度只解决了公民财产的管理问题，此外别无效果。如果一个公民失踪多年，以他为中心的一切法律关系都将长期处于不稳定状态。例如他的配偶不能再婚，他的继承人不能继承遗产，他立的遗嘱不能生效，这些对于许多人都是不利的。因此民法又规定了宣告死亡制度，以进一步解决有关的问题，使一些长期处于不稳定状态的法律关系得以确定。

只在有下列情形之一时，利害关系人[①]才可申请人民法院宣告公民死亡：（1）公民下落不明已满四年的；（2）因意外事故下落不明，从事故发生之日起满两年的。战争期间下落不明的，下落不明的时间从战争结束之日起计算（《民法通则》第 23 条）。

人民法院办理申请宣告死亡的案件，依照《民事诉讼法（试行）》第 133 条与第 134 条进行。

宣告死亡时，法院应在判决中确定死亡的时刻。

宣告死亡发生死亡所应有的一些法律后果。例如继承开始、配偶可以再婚等。但是宣告死亡毕竟不是真正的死亡（生理死亡），所以在法律效果上也与真正死亡有所不同。前面讲过，人的权利能力终于死亡。宣告死亡并不能使该公民的权利能力终止，只能使该公民以住所

---

① 可以申请宣告公民死亡的利害关系人，与可以申请宣告公民失踪的利害关系人相同，限于与被申请人因一定身份关系或财产关系而有法律上利害关系的人。

为中心的民事法律关系告一结束。因此该公民如仍生存生活在另一地方，他仍享有权利能力，可以参与民事活动。如果他是有民事行为能力的人，其所为各种法律行为是有效的（《民法通则》第24条第2款）。

生理上死亡的人是不可复生的。被宣告死亡的人却有可能“下落已明”，例如他回到原住所地或者有了音信。这时他本人或者利害关系人可以申请人民法院撤销对他的死亡宣告（《民法通则》第24条第1款，《民事诉讼法（试行）》第135条）。被宣告死亡的人的“死亡”是由法院“宣告”的，又可以由法院“撤销”，这正表明，宣告死亡与真正死亡（生理上的死亡）是不同的，所以宣告死亡在学术上称为“拟制死亡”。

被宣告死亡的人如果回到原住所地，因为他的权利能力仍然存在，所以不待撤销死亡宣告即可享权利负义务并进行法律行为。但由于他原有的财产已被处分（继承），所以法律规定他有权请求返还财产。依继承法取得他的财产的公民或者组织应当返还原物；原物不存在的，给予适当补偿（《民法通则》第25条）。这是撤销死亡宣告在财产方面的效果，即原则上应该恢复原状。不过取得财产的人是根据人民法院的判决取得财产的，他如将财产处分是合法的。所以如果财产业经处分而不存在（不论是消费掉还是作了有偿或无偿的处分），就只需给予适当的补偿。所谓适当，通常指以其在死亡宣告撤销时尚存的利益为限进行补偿。

至于身份上的行为，例如婚姻问题如何处理，比较复杂。较为合理而又较为现实的办法是，如果公民被宣告死亡后，其配偶再婚时，前婚姻关系即行消灭；如死亡宣告又经撤销时，后婚姻仍有效，前婚姻并不因而恢复。但如公民被宣告死亡后，其配偶并未再婚，原婚姻关系并不消灭，因而死亡宣告经撤销时，原婚姻关系继续有效，原来的配偶间并不需办理复婚或再行结婚的手续。

最后必须说明的是，死亡宣告虽然较失踪宣告有广泛得多的效果，但是它仍然只是民法上一种旨在解决一定范围内的民事法律关系的制度。它既不是一个人的真正死亡（生理上的死亡），也不是解决被宣告死亡人的一切法律关系的制度。除了民事法律关系以外的其他的法律关系，例如被宣告死亡人的工作职位问题、选举权的行使问题、刑法上的问题等，都应该依照民法以外的其他有关法律解决，不能由宣告死亡的制度来解决。

七、个体工商户和农村承包经营户

《民法通则》在“公民（自然人）”一章的最后部分，规定了“个体工商户、农村承包经营户”和“个人合伙”两节。这两节并不属于民事权利主体的范围，不过因为它与我国进行经济体制改革后公民的民事活动有关，是当前我国在发展有计划的商品经济中公民民事活动的重要一环，所以也附属于公民的权利能力、行为能力等问题之后。

（一）个体工商户

《宪法》第 11 条第 1 款规定：“在法律规定范围内的城乡劳动者个体经济，是社会主义公有制经济的补充。国家保护个体经济的合法的权利和利益。”在个体经济存在的原则下，我国公民能经营法律所许可的工商业（包括服务行业）。我国经营工商业的公民，大多是以单门独户的形式存在的。《民法通则》第26条规定，公民在法律允许的范围内，依法经核准登记，从事工商业经营的，为个体工商户。

《民法通则》对个体工商户作了如下规定：

1. 个体工商户可以起字号（第 26 条）。

2. 个体工商户的合法权益，受法律保护（第 28 条）。

3. 个体工商户的债务，个人经营的，以个人财产负担；家庭经营的，以家庭财产承担（第 29 条）。

（二）农村承包经营户

我国实行农村经济体制改革以来，在农村里广泛实行承包经营制。《民法通则》第 27 条规定，农村集体经济组织的成员，在法律允许的范围内，按照承包合同规定从事商品经营的，为农村承包经营户（第 27 条）。

《民法通则》对农村承包经营户作了如下规定：

1. 农村承包经营户的合法权益，受法律保护（第 28 条）。

2. 农村承包经营户的债务，个人经营的，以个人财产承担；家庭经营的，以家庭财产承担（第 29 条）。

八、个人合伙

（一）个人合伙的意义

合伙是一个有久远历史的制度，我国很早就有这种组织。在近代民法中，虽然公司制度广泛存在，合伙制度仍然有重要地位。合伙是不同的民事权利主体联合起来进行一定事业、完成一定工作的组织。作为合伙的成员不限于公民，也可以是法人。我国现在由公民和法人进行联营而采取合伙形式的组织，也为数不少。由法人（公司）与法人（公司）进行联营而采取合伙形式的组织也有。

《民法通则》所规定的“个人合伙”则专指公民与公民组成的合伙，所以是一种特殊种类的合伙。

个人合伙是指两个以上公民按照协议，各自提供资金、实物、技术等，共同经营，共同劳动的组织（第 30 条）。

这里说的个人合伙是一种组织，它由两个以上的公民组成。这种组织的成员称为合伙人。合伙人的最多数没有限制，最少是两人。一个公民不能组成合伙。合伙的成员减成一人时，合伙组织也就不复存在了。

作为合伙组织的存在前提，合伙人之间要订立协议。这个协议称为合伙合同。合伙组织是按照合伙合同组成的。所以合伙合同是合伙组织的基础，合伙组织是合伙合同的产物。合伙合同应以书面方式订立。合伙合同的主要内容包括各合伙人的出资数额、盈余分配、债务承担、入伙、退伙、合伙终止等事项（第 31 条）。各合伙人的出资，除现金外，也可以是实物、技术（包括劳务）等（第 30 条）。实物和技术应该如何计价，由合伙人自行决定。

合伙人必须共同经营、共同劳动，所以如果有合伙人不参加经营或不参加劳动，只投入资金而分配利益，这种组织不是《民法通则》所规定的个人合伙。

合伙人如何分配利益（盈余），是平均分配，或按各人投资的比例分配，由合伙人自行约定，《民法通则》没有规定。

（二）合伙财产

合伙人在组织合伙时按照合伙合同投入的财产以及合伙在经营中积累的财产是合伙财产。合伙财产同各合伙人自己所有的其他财产是划分开来的，有相对的独立性。[①] 合伙并非法人，所以合伙财产属于全体合伙人共有。全体合伙人对于他们共有的合伙财产进行统一的管理和使用。至于具体的管理方式可以自行约定。在合伙合同终止、合伙解散前，各合伙人不得任意出让其份额，也不得请求分割。个别合伙人依合伙的规定退伙时，其在合伙财产中的份额如何处理，应依合伙人的协议办理。

（三）合伙事务

个人合伙组成后可以起字号并依法经核准登记，在核准登记的经营范围内从事经营（第 33 条）。

个人合伙的经营活动，由全体合伙人共同决定。每个合伙人有执行合伙事务和监督合伙事务的权利，各合伙人原则上都可以对外代表合伙，但为便利起见，合伙人可以推举负责人（第 34 条）。负责人在对外活动中是其他合伙人的代理人。因而合伙负责人和其他合伙人的经营活动，全体合伙人都应该承担民事责任。

（四）合伙债务

合伙不是法人，所以合伙所负债务就是全体合伙人的债务。不过合伙究竟有合伙财产，这种合伙财产与各合伙人的个人财产有所区别。各合伙人的个人财产完全属于各人所有，合伙财产属于全体合伙人共同共有，因此，合伙负有债务时，应先由合伙财产清偿；合伙财产足

---

① 合伙财产是一个统一的整体。《民法通则》第 32 条虽然对合伙的财产分为两款规定，但不能解释为合伙财产可以分为性质不同的两部分。可以参看《苏俄民法典》第 436 条第 2 款。

以清偿时，债权人不得向合伙人要求从其个人财产受清偿。

在合伙财产不足清偿合伙债务时，各合伙人应以自己的个人财产承担清偿责任。各合伙人对外负连带责任（第35条）。至于各合伙人内部相互间对债务如何承担责任，可以按照出资比例，也可按照约定。如某一合伙人因负连带责任而超过其应承担的数额偿还了合伙债务时，可以向其他合伙人求偿（第35条第2款）。

（五）合伙人的退伙与入伙

合伙虽然不是法人，但具有一定的团体性。合伙人退出或加入而不影响合伙组织的存在。合伙人退伙，其他人加入合伙，均应依照合伙合同办理。

（六）个人合伙的解散

合伙组织是根据合伙合同而组成的，所以合伙合同终止时，合伙组织就应解散。

合伙解散后，对于合伙财产应该进行清算。清算目的是结束一切事务（结束一切法律关系），处理债权债务关系，在有剩余财产时进行分配。这一切应该按照合伙合同或全体合伙人的协议办理。

第四章 | 经济组织的法律地位[①]

一、经济组织和经济组织法人

经济组织的法律地位，是指经济组织的权利主体性，即法人资格。从事经济活动的经济组织是不是权利主体，具备法人资格与否，是我国经济建设中一个极其重要的法律问题。

作为权利主体的经济组织，并非自古即有。它是社会生产发展到一定阶段的历史产物。马克思主义认为，经济活动是人类社会生活的基本活动。在社会发展的不同阶段，人们进行经济活动的方式各异。原始社会生产力极其低下，人们只能以原始群、氏族为基本单位进行集体生产活动。随着生产工具的改进、生产力的发展，出现了以家庭为单位的生产活动和个体劳动者。不过，在整个社会发展进程中，个体劳动只占次要地位，社会生产总是在不同程度上由社会成员通过一定形式有组织进行的。在奴隶社会就出现过奴隶制大庄园和奴隶作坊

① 本文作于1981年，是谢先生为中国社会科学院法学所民法、经济法研究室集体创作的《经济建设中的法律问题》（中国社会科学出版社1982年版）所撰写的第二章。——编者

等经济组织形式；在封建社会也有过地主庄园和行会作坊等经济组织形式。但是，这些经济组织，往往只是奴隶主、封建地主或作坊主人财产所有权的客体，并非现代意义上的作为权利主体的经济组织。作为权利主体的现代经济组织，只是在资本主义生产关系产生以后才出现的。这种经济组织到了资本主义社会，伴随着资本主义商品经济规模的扩大，生产社会化程度的提高，资本集中过程的加剧而不断发展，现在已经达到相当完善的地步。它的形式由普通商号和合伙到各式各样的公司，越来越繁多；它的结构从独资公司、无限公司、两合公司到股份公司，越来越复杂；它的规模由一国范围内的大公司到跨国公司，越来越庞大；它在资本主义经济生活中所起的作用，也越来越重要。

人类社会发展的历史告诉我们，任何社会的经济活动都是通过一定的经济组织形式进行的，各个时代社会经济状况与该时代经济组织形式密切相关。封建社会宗法式自然经济，是与封建地主庄园和小手工作坊相适应的。而资本主义社会高度发达的商品经济，则是与独立自主和具有高度能动性的作为权利主体的各种公司的活动紧密相连的。一定社会的经济组织是否发达和完善，对该社会经济的性质和发展水平有很大影响。

但是，人们对社会经济组织这种重要性的认识有一个过程。直到资本主义社会，人们才逐渐认识作为权利主体的经济组织的作用，并自觉地运用各种经济组织形式。这就是资产阶级利用民法上的法人制度去组织公司的过程。到了垄断资本主义时期，资产阶级更是运用国家的力量对各种经济组织进行控制、干预和调节，并通过各种经济组织谋求本阶级的经济利益及政治利益。历史上资产阶级运用经济组织以达到经济和政治目的的例子很多，最著名的如英国利用“东印度公司”侵略印度，日本利用“南满铁道株式会社”侵略我国。

这种对经济组织的认识和利用，必然要求从国家立法上对经济组织加以调整和干预。在资本主义的法律体系里，原来只在民法典中有关于合伙的规定，之后由于公司组织形式的普遍运用，相应地形成了“公司法”。第一次世界大战之后，又形成了“经济法”。政府调整和干预各种经济组织及其有关活动的立法，在各国经济立法中占了相当大的比例。从私法性质的“公司法”到兼有公法性质的“经济法”的发展，正是资本主义国家一步步认识和利用作为权利主体的经济组织的表现。

同资本主义社会相比较，我国的经济组织则更加复杂而且数量众多。这是因为，我国的经济是在社会主义公有制经济占统治地位的前提下，多种经济成分并存的计划经济，也就是国家计划指导下的社会主义商品经济。并且，由于生产力水平和生产社会化程度都不高，因而各种经济组织规模较小并且为数众多。我国的工业经济组织远未达到资本主义国家的垄断组织那样的规模。农村经济组织则更加分散。因此，有计划地促进我国经济组织的发展，对于我国社会主义经济建设具有重大的意义。

我国正在逐步进行的经济体制改革，其主要内容之一就是扩大企业自主权和尊重农村社队的自主权，目的正在于承认经济组织是权利主体，给予经济组织一种内在的动力，使之能在一定范围内进行独立自主的经营管理活动。近年来各地进行经济体制改革试点的成功经验已经证明，发展社会主义经济必须首先把经济组织本身“搞活”，使之成为独立或相对独立的权利主体，成为整个社会主义经济机体的一个具有活力的细胞。而要使经济组织成为独立的权利主体，就必须实行法人制度。

法人制度，就是从法律上对经济组织权利主体性的确认。所谓权利主体，即法律上能够享受权利、承担义务的主体，也就是由国家法律确认的非自然人而能享受权利、承担义务的主体。因此，法人也就是按照法定程序组成的、有一定组织机构和独立财产、能以自己的名义参加经济流转，取得权利，承担义务，并能在法院起诉、应诉的组织。法人的种类很多。在资本主义社会里，就有以一定的地域为要素的地域性自治团体，有以自然人为要素的各种社会团体，有以一定的财产为要素的基金会（旧称财团），有以人和财产的结合为要素并以营利为目的的经济组织（旧称营利社团，即公司）。在社会主义社会里，也有依靠国家预算拨款、实行预算包干的国家机关；有人民群众依法自愿结合起来、从事非经济活动的团体；有由国家投资、实行经济核算制的国营企业；有劳动者按自愿原则组织起来、实行独立核算、自负盈亏的集体经济组织。这些不同类别的法人尽管各不相同，但是都有一个共同点，即它们都可以作为独立的权利主体享受权利和承担义务。现在我们只讨论其中的一种，即经济组织法人。

经济组织之所以成为法人，并非人们的主观臆造，而是商品生产和商品交换高度发展的结果，是适应商品经济客观需要的一种不以人的主观意志为转移的带有规律性的社会现象。经济组织法人制度的实质在于：通过国家法律规定使经济组织以独立主体资格进行商品生产和商品交换，以满足商品经济的要求。只要社会还没有完全取消商品生产，只要社会经济还继续以商品经济的形态存在和发展，经济组织法人制度就有它存在的客观必然性。

资本主义经济组织法人制度，是资本主义商品经济的产物。在封建社会末期，商品交换的规模越来越大，个人经营商业，一方面力量有限、资金不足，另一方面风险较大。于是产生了合伙。合伙能在一定程度上解决资金不足的问题，但不能完全解决风险的问题。后来逐渐出现了一种新的组织，这种组织与其成员个人在法律责任上分离开来，这就是各种公司组织。公司的特点在于它是与其成员个人有所区别的另一主体。这一点与合伙完全不同。至于公司的独立性则视公司的类别而有程度上的区别。这种逐渐独立的主体为资产阶级国家的法律所承认，就成为法人，即所谓营利法人，或经济组织法人。资产阶级在夺取政权后的初期，由于对封建行会束缚的余悸尚存，一度对经济组织法人持否定态度。因而他们的法学家曾把这一制度视为法律上的“虚构”而予以反对；就是被恩格斯称为“典型的资产阶级社会的法典”的 1804 年《法国民法典》也不肯明白承认经济组织法人制度。但是经济规律是无法抗拒的，资本主义商品经济的发展迫使资产阶级在这个问题上不得不改变态度。他们的法学家转而承认法人的“实在”性质，而誉之为法律上的一个伟大发现。以后的各国商法典和民法典都详尽地规定了普遍的法人制度，并不以经济组织法人为限。而经济组织法人，则愈益成为一个复杂而精巧的制度，愈益受到资产阶级的重视。

经济组织法人制度一旦为资产阶级所重视和充分利用，对资本主义商品经济的发展就起了积极的促进作用。其一，它加速了社会资本的集中，促进了经济联合，推动了资本构成的变革和生产力的发展。马克思曾经把它称为加速“社会积累的新的强有力的杠杆”[①]。过去由个别资本家不能兴办的事业，现在已可以由股份公司完成了。其二，它缩小了资本家经营中的风险，最大限度地扩大了剥削的范围。运用经济组织法人制度，资本家可以选择对己最有利的途径进行投资，获取最高的利润。其三，这种制度使经济组织由原来从属于资本家个人

① 《资本论》第 1 卷，人民出版社 1972 年版，第 689 页。

（或至多一个家族）的组织变为具有独立生命力的权利主体，法律上独立于资本家个人之外，减少了经济组织对资本家（股东）个人的依赖性或从属性，使经济组织得以无限期地存续下去，并以它自行选择的最好的方式经营下去，取得业务上的成功。

无产阶级夺取政权，创立了社会主义公有制经济以后，还要不要运用人民的国家政权建立和健全自己的经济组织法人制度呢？马克思主义法学对这一问题的回答是肯定的。这不仅是科学社会主义理论的要求，也是社会主义实践的需要。早在1922年，列宁在结束了军事共产主义时期以后，为了纠正当时否定商品生产的错误做法，更好地进行社会主义经济建设，就在他亲自主持制定的第一部社会主义民法典中，确立了社会主义的法人制度。我国作为人民民主专政的社会主义国家，为了卓有成效地进行社会主义现代化建设，也必须建立自己的经济组织法人制度。

第一，这是社会主义商品经济的要求。我国现阶段的经济，是社会主义的计划商品经济。由于还存在两种不同形式的公有制，存在少量的个体经济，全民所有制企业内部相互间也存在物质利益的差异，我国在相当长时期内还要大力发展商品生产，以促进整个国民经济的发展。价值规律不仅在流通领域和消费领域中起作用，而且在生产领域中也起作用。国家对整个国民经济实行以计划经济为主、市场调节为辅的方针；国家在公有制经济基础上实行计划调节的同时，还必须发挥市场调节的辅助作用。社会主义经济组织的绝大部分产品，包括绝大部分生产资料在内，都是作为商品进入流通领域的。经济组织必须以商品生产者或商品所有者的资格进入市场从而进行商品交换。因此，在法律上承认并确立经济组织的这种资格，就必须建立经济组织法人制度。使经济组织成为有充分权利能力的法人，就是理所当然的了。国务院《关于开展和保护社会主义竞争的暂行规定》(1980 年 10 月 17 日)中指出:要“尊重企业相对独立的商品生产者的地位”。而只有承认经济组织为法人,才能做到这一点。否则,经济组织的相对独立的商品生产者地位得不到保障,社会主义的商品生产和商品交换都将徒有虚名,难以顺利进行。

第二,这是社会主义经济组织相对独立性的反映。32 年来,我国社会主义建设虽然取得了很大的成就,但生产力水平还很低,生产社会化的程度也不高。在这种情况下,希望在我国建立全国规模的、高度集中的社会经济管理中心,来直接管理和经营全社会的生产、交换、分配和消费,把农、工、商一切经济活动纳入统一的核算体制,是不切合实际的。实践证明,在我国当前的生产条件下,经济组织仍然是国民经济的重要环节,必须承认并尊重经济组织的一定的独立自主性。也就是说,要在保障全国根本经济利益一致的前提下,承认并保障经济组织相对独立的经济利益,以便其独立自主地进行经济活动。这就从客观上要求我们实行法人制度,明确规定社会主义经济组织的权利主体资格,使经济组织在法律上取得独立存在的资格和独立发展的能力,使其可以在法律规定的范围内积极地从事独立自主的经营活动,以其自己的名义和财产取得权利、承担义务,并对自己的债务负责而无须国家为之分担责任。这样的法人制度不仅有利于经济组织本身,也有利于国家。一方面,经济组织可以摆脱多年来的从属和依附地位,无所作为的状态,克服吃大锅饭的弊端,一变而为一个具有固有的内在动力的能动组织,在国民经济中主动发挥作用;另一方面,国家也不必再像过去一样,为企业的亏损进行无休止的补贴,为全国千千万万个经济组织的具体经济活动去制订详尽无遗的计划。这样,国家就可以集中力量加强对宏观经济的管理,经济组织则能够在国家计划指导下充分发挥主动精神，千方百计改善经营管理，力争最佳经济效益，使整个社会主义经济建设顺利进行。

第三，这是巩固和发展经济改革成果的需要。我国当前正在进行的经济改革，是关系到社会主义经济建设前途的大事。扩大和尊重经济组织的自主权是这次经济改革的重要内容之一。现在我国已经允许国营企业对国家拨付给它的固定资产享有一定的处分权，并已开始实行国营企业以税代利的试点工作。经济改革的实践，已经以相当尖锐的形式把建立和健全法人制度的问题提到我们面前。因为经济组织的自主权，如果不得到法律的确认，不得到法律的保障，就是一句空话。所以必须从立法上明确规定经济组织的法人地位，才能最终改变其对于上级行政机关的依附地位，保证经济组织的自主权。这样，不仅经济组织能够独立自主地、放手地经营自己的业务，而且具有抗拒外来非法侵害（包括来自上级的“平调”和瞎指挥）的能力。因为当经济组织仍然是其上级行政组织的附属机构时，它是无法抗拒这种侵害的。经济组织在取得法人地位后，如果受到这种侵害，它就可以以独立的民事主体资格，通过诉讼程序请求法律保护或取得损害赔偿。因此，如果我们不顺应客观需要，建立、健全经济组织法人制度，我国经济改革已经取得的成果，就不能巩固和发展，试点企业已取得的自主权，也会因缺乏法律保障而逐渐流于形式。

第四，这是社会主义经济联合的要求。走联合之路，组织各种形式的经济联合体，是调整国民经济和进一步改革经济体制的需要，是我国国民经济发展的必然趋势。为了推动经济联合，1980 年 7 月国务院专门发布了《关于推动经济联合的新行规定》。经济联合的形式是多种多样的，其中组织联合企业、专业公司是重要的形式之一。按行业、按地区组织专业化协作，用专业公司这种形式把各个分散的企业组织起来，是高速度、高水平地发展工业的客观要求。在这一方面，我国在20世纪60年代初期已作过一些尝试。党的十一届三中全会以来，各种形式的联合企业、联合公司又逐步发展起来。实践证明：它们可以扬长避短，发挥优势，提高经济效益，加快生产建设步伐；有利于把地方和企业的物力和财力吸引到国家建设急需的方面来；有利于按照经济规律沟通横向联系、打破地区封锁和部门分割；有利于按照专业化协作原则改组工业，避免以小挤大，重复建厂，盲目生产。但是，由于管理体制不合理，组织联合企业往往遇到困难。主要的是参加联合的各单位分属各个部门，它们的上级主管机关在它们联合之后，仍然利用其行政权力干扰联合体，使联合体不能健全地发展。要使经济联合得到正常发展，就应该赋予联合体以法人资格，使其合法权益得到保障，并使经济联合的地位能够稳固下来。另一方面，由于法人在组织上必须遵循一定的规章制度，联合企业组成为法人，其内部组织也必然要得到一定调整，参加联合的各企业组织间的关系能够明确固定下来，也就有利于联合体的巩固和发展。这都说明法人制度对于经济联合是十分必要的。

现在，法人制度在各公有制国家亦已普遍实行，各国以法律确认经济组织为法人，明确规定其权利、义务和责任。[①] 我国经济立法早在新中国成立初期就使用了法人这一概念。1950年9月27日政务院财政经济委员会发布的《机关、国营企业、合作社签订合同契约暂行

---

① 参看《苏联民事立法纲要》第11条；《苏俄民法典》第23条、第24条；苏联《社会主义国营企业条例》第2条；《南斯拉夫宪法》第45条；《联合劳动法》第37条；《匈牙利民法典》第28条、第31条、第39条、第43条；《捷克斯洛伐克民法典》第18条、第19条；《捷克斯洛伐克经济法典》第17条、第18条；《德意志民主共和国民法典》第11条。

办法》第5条规定，“合同或契约之签订，必须以法人为对象，以其主管人为代表，不得以个人为对象，并不得因主管人变动，而拒绝履行合同”。但是，究竟哪些经济组织是法人，至今没有明确的法律规定。我国1979年颁布的《中外合资经营企业法》规定，“合营企业的形式为有限责任公司”，但因我国现在还没有颁布民法和公司法，所以这种有限责任公司的法律地位也还不够明确。因此，通过制定民法及其他有关法律而在我国尽快确定经济组织法人制度，对于经济体制改革工作，对于完善社会主义法制，促进社会主义经济建设，对于发展国际经济合作，都具有重大意义。

二、我国经济组织法人的特征和种类

我国经济组织法人，是我国社会主义商品经济的产物，具有明显的社会主义性质，与资本主义国家里的经济组织法人（公司等）有本质上的不同。

第一，它们的基础不同。资本主义经济组织法人，是建立在资本主义私有制基础之上的。资本主义国家里公司的资本来源于资本家私人。虽然在资本主义国家中也有国营公司或部分资本属于国有公司，但是资本主义国家及其政府是属于资产阶级的，因而国家对公司投资，只能够并且是为了加强公司的经济力量，减少公司的风险，不能因此而改变公司的资本主义性质。在现代一些资本主义国家，千万名企业职工也可以占有公司股票，成为名义上的“股东”，但公司的绝大部分股权仍然控制在垄断资本家手中。与此相反，我国的经济组织法人是建立在社会主义公有制的基础之上的。它的资金或来源于国家投资（政府拨款），或来源于劳动人民的集资，具有鲜明的社会主义性质，与资本主义经济组织法人迥然不同。

第二，它们的组成人员不同。资本主义国家里的公司由投资者即资本家组成。资本家以投资的形式设立公司，他们既是公司的组成人员即股东，又是公司财产的实际所有人（公司财产法律上的所有人是作为法人的公司本身）。我国经济组织法人的组成人员，在国营企业是全体职工，在集体企业和农村社队是全体职工和社员。国营企业的财产属于国家所有，并不属于职工。资本家成为法人的成员是通过投资而取得成员（股东）资格的。我国国营企业职工对于企业完全没有投资，而是通过“劳动”成为企业法人的成员的。我国集体企业现在一般已没有成员的投资（有一些供销合作社和信用合作社还保有社员投资），农村社队里的社员投资，有的已经返还，有的已没有重要意义。因此，可以说我国经济组织法人里的成员都是通过劳动而成为该组织的成员的。这一点又决定了资本主义经济组织以股东为其权力者，以股东会为其权力机关；而我国经济组织法人则以职工（或社员，即劳动者）代表大会为其权力机关[①]。

第三，它们的设立方式不同。资本主义国家里的经济组织法人，由资本家发起设立，最后向国家登记而取得法人资格。资本主义国家的法律，对经济组织法人，只规定必要的条件，凡符合条件的，均可成立，采取所谓“准则主义”。我国的经济组织法人，主要是由国家设立的或由国家批准设立的。不论国营企业还是农村社队，都是无所谓“发起设立”的。只有极少数经济组织，是依照法律规定设立的，例如经济联合体、个人集资设立的企业以及中外合资企业等。

第四，它们的目的和利益的归属不同。资本主义经济组织是以榨

---

① 见《国营工业企业职工代表大会暂行条例》。

取剩余价值、追求最大利润为目的的。马克思、恩格斯曾经指出："资产者、资产阶级社会的一切成员被迫结合成'我们'、法人、国家，以便保证他们的共同利益，并把由此获得的集体权力赋予——由于分工需要这样做——少数。"[①]资本主义经济组织法人，是一种为资本家服务，以更巧妙的方式攫取剩余价值，保障资本家取得最大利润而只承担最小风险的精巧制度。资本主义经济组织取得的利润通过各种形式（股息、红利等）源源不断地流入资本家的腰包。我国社会主义经济组织法人的目的，则在创造社会财富，扩大社会主义积累，满足人民的物质和文化生活的需要。它所取得的利润或归于国家（以税利的形式），或归于经济组织本身（利润留成），但最终都归属于人民。这里根本没有对劳动者的剥削，也不会发生少数人对社会财富的无偿占有。

我国社会主义经济组织法人同其他种类的法人（如机关、团体、事业单位等）一样，具有：①经国家认可的一定的组织；②具有一定的目的和任务；③有自己的独立财产；④通过自己的代表行使权利、承担义务；⑤依法成立，有的并须进行登记等共同点。但是经济组织法人又有与其他种类法人不同的地方。

在社会主义社会里，经济组织与其他社会组织一样，其目的都是为人民服务，满足人民不断增长的物质和文化生活的需要。不过经济组织在实现这一总目的中肩负着自己特有的职责，这就是要通过自己的经济活动，为社会主义国家创造日益增多的财富，提供日益增多的积累，加速社会主义建设的进程，巩固和发展社会主义制度。经济组织要达到这一总目的，就必须实行严格的经济核算，善于运用自己的

---

① 《马克思恩格斯全集》第 3 卷，人民出版社 1972 年版，第 413 页。

资金，力求取得最好的经济效益，创造尽可能多的利润。同时，我国现在的经济既是社会主义的商品经济，这就要求经济组织以商品生产者的资格从事经济活动。作为一个商品生产者，每个经济组织都必须讲成本核算，创造利润，才符合人民和社会的要求。因此，我国经济组织法人为实现其不断满足人民日益增长的物质和文化生活需要的总目的，必须使自己具有营利的特点。如果一个经济组织不能创利，或者反而亏损，这种经济组织不仅不能完成其满足人民需要的任务，反而白白消耗社会主义国家的财富，不仅无益于社会主义经济的发展，而且损害了社会主义经济。这种情况绝不是国家设立经济组织的本意，更不是国家建立经济组织法人的目的所在。

当然，国家并不要求一切组织都要营利，我们通常所说的企业单位和事业单位就是以是否营利作为划分的标准。所谓“企业化”指的就是从不以营利为目的改为以营利为目的。也不是一切从事经济活动的组织都是营利的。我国的银行，特别是作为国家中央银行的人民银行，并不需要营利。我国的军工企业和一些为特殊目的而设立的经济组织（例如为改造罪犯而设立的工厂、农场，为教育青少年而设立的技艺传授场所等），均不需要营利。关于这些经济组织的法律性质和法人资格，国家通过特别法加以规定，例如银行的法人地位就由《银行法》规定。另外还有一类经济组织，例如某些为科研目的设立的生产企业，并不以营利作为唯一任务或主要任务。国家为了人民的整体利益，还允许一些经济组织发生政策性亏损。对于这些企业，法律上也应有特别的规定。

强调经济组织法人的营利性这一特征，具有十分重要的意义。我国过去不注重这一点，认为经济组织是否创利是无关紧要的，许多经济组织长期处于亏损状态，给整个国民经济带来极大的危害。近年来经济界已经开始强调经济效益问题和“企业化”问题。① 从经济方面说，是经济效益问题；从法律方面说，则是经济组织法人的任务问题。一个经济组织法人，如果失去营利性这一特征，就失去了国家设立这个法人的意义。因此，国家应用法律明确规定，营利性是经济组织取得法人资格和经济组织法人存在的必要条件。经济组织法人丧失这一条件时，国家就要依法取消其法人资格，或对它采取其他法律规定的措施，这样，经济组织法人制度就有助于纠正我国长期存在的，不讲经济效益、任意开办企业及企业连年亏损无人过问的情况。

我国的经济组织法人，可以分为两大类，即企业法人和农村社队法人。

企业法人是国营经济和集体经济中那些从事经济活动的组织。这些组织是我国社会主义经济建设中的主导力量。企业法人包括的范围很广。依所有制性质的不同可以再分为国营企业和集体企业。所谓集体企业，是指那种真正“自愿结合、自筹资金、自负盈亏、劳动分红”的企业组织。至于我国现有的被称为“大集体”的企业，实际上带有地方国营性质。② 依经济组织所从事的经济活动的不同，又可分为工业企业、农业企业（国营农场、畜牧场等）、商业企业、交通运输企业、建筑企业、服务性企业等。这种分类又随经济发展而增加，如地质勘探企业、科研设计企业、旅游企业都是比较新的企业类型。

农村社队法人，指我国农村人民公社、生产大队和生产队。我国现在的生产队是基本核算单位，当然应享有法人资格。生产大队和人

① 参看《人民日报》1980 年 8 月 4 日社论《民航要走企业化的道路》。

② 参看薛暮桥：《经济结构和经济体制的改革》，载《红旗》1980 年第 14 期。

民公社，分别作为核算单位，拥有一定的财产所有权，从事一定的经济活动，也应享有法人资格。而公社或生产大队所举办的企业如加工厂及机器拖拉机站等，即通常所谓“社队企业”，则应以是否进行独立核算作为标准，加以区分。如果是独立进行经济核算、自负盈亏，则应享有法人资格，并归入集体企业法人一类，否则不能成为独立的法人，只能是属于农村社队法人的内部组织（我国正在进行农村经济组织改革的试点工作，将来的农村基层经济组织，在法律上仍应和生产队一样，具有法人资格）。

企业法人和农村社队法人的区别，不在于工业和农业的差别，例如国营农场经营农业，仍属于企业法人。两者的区别在于，法人组成人员的成分及其与法人所在地域的关系。企业法人是由一定的人员和一定的财产组成的。而农村社队法人，除了一定的人员和一定的财产之外还要加上一个要素，即一定的地域。并且农村社队法人的组成人员即公社社员，与法人所在的地域有密不可分的联系。一个生产队（大队、公社亦同）是被限定在一个特定地域之上的，既不能任意设置，也不能向别处迁徙。生产队的社员都是世代生长在这块土地之上的，当然，生产队的社员可能有个别人迁出或迁入，但不影响这种特殊关系。因此，农村社队法人在性质上属于所谓地域性团体一类法人。而企业法人则不同，企业法人本身与所在地域没有密切的联系，其组成人员与法人所在地域也没有这种关系。企业法人与农村社队法人的这一区别，影响到两类法人的成立方式和法人组成人员的加入方式各不相同。

除了企业法人和农村社队法人之外，我国还有少数其他形式的经济组织法人。例如，中外合资经营企业，及近年来新出现的极少数的私人合股经营的公司。这些经济组织的法人性质，应由法律详细规定。

三、经济组织法人的成立

经济组织法人的成立，不仅指该经济组织本身组织起来，例如一个工厂建成投产，或一个生产队组成，而且还指该经济组织取得法人资格。因此，经济组织法人的成立，不仅须具备一定的必要条件，例如要有财产，有组织等，而且还要依法律的规定履行必要的程序。要件和程序，是有关经济组织法人成立的两个法律概念。不同类型的经济组织法人的成立，法律应规定不同的要件和不同的程序。至于不具备这些要件也未履行这种程序的经济组织，即使它也进行经济活动，也不能成为经济组织法人。例如普通的合伙，某些带有行政性质的经济管理机关，或其他未依法定程序办理法人登记的经济组织等就不是经济组织法人。这些经济组织的法律地位问题，应由法律另行规定。

在分别叙述各种经济组织法人成立的程序和要件之前，有两个问题应该讨论。

第一个是法人的规定问题。民法中的法人制度，最初虽然是由习惯逐渐形成的，但是现代各国，法人资格的赋予要有法律的明文规定。因为法人的人格（权利能力）是法律赋予的，没有法律的明文规定，当然也就没有所谓法人的人格。这与自然人的情形不同。自然人的法律人格是随其出生而当然取得的。所以，资产阶级法学中有“天赋人权”之说。但实际上，自然人的人格也是由法律规定的，例如奴隶社会的奴隶就没有人格，只是“会说话的工具”，封建社会的农奴也不具有完全的权利能力。近代法律承认自然人一经出生即取得权利能力而不须履行任何手续，仅对外国自然人的权利能力常有限制。而对于法人，则必须由国家法律明确规定何种组织是法人，并且规定其取得法人资格的程序。只有合乎法律规定的要件并履行法律规定程序的组织才算法人，才能享有法人的资格。现在世界上大多数国家，都是如此。例如苏联、南斯拉夫、匈牙利等国的法律，均明文规定某类组织是法人，并规定相应的程序。我国因为法制尚不健全，特别是作为规定自然人和法人权利能力的基本法——民法，还未颁布，有关法人的规定还很不完备，急需在立法中明确加以规定。

第二个是有关法人登记问题。在建立了法人制度的国家，均有法人登记制度。法人必须履行了登记手续，才能成为法人。法人登记是国家准许经济组织取得权利能力的表示。经过登记，国家发给法人某种“执照”或证明文件，法人才可以从事各种经济活动，与其他的法人或自然人发生法律关系（例如签订合同）。同时，登记也便于国家有关机关随时对法人进行监督。还可以使社会公众特别是与法人发生经济关系的个人和单位随时了解法人的有关情况。例如，在同某一企业签订合同前，可以通过查阅该企业登记册，了解该企业拥有多少资产、生产能力及经营情况。可见，法人登记制度对于维护经济领域的法律秩序有重要意义。各国对法人登记均非常重视，并以法律规定公司非经登记不得成立。登记机关或为法院，或为专门设立的登记机关，或为主管部门。法律还规定，公司登记后如发现其登记事项有违法或虚伪情节，法院可以撤销其登记即取消其法人资格，并处罚其负责人。《匈牙利民法典》和《捷克斯洛伐克经济法典》对此就有专门规定。

法人登记应与营业登记相区别。法人登记是国家对企业是否符合法人条件加以审查，最后赋予它法人资格的表示。营业登记是主管部门考虑业务及其他方面的要求，准许企业公开营业的表示。企业在履行法人登记后，即取得法人资格，但还应该办理营业登记。就是非法人的组织例如合伙及个体营业者，亦须办理营业登记。我国现在由工商行政管理局办理的企业登记，尽管属于营业登记，而在实际上也发生法人登记的效力。但这在法律上却没有明确的根据。因此，对于法人登记和营业登记问题，我们必须尽快作出明确的法律规定。

（一）国营企业法人的成立

国营企业法人的成立，须经以下程序：

1. 主管部门的决定和审批。在西方国家，公司是由资本家设立的，所以设立公司的第一步是发起。我国国营企业是由国家直接设立的，如果说有发起人，那就是国家。国家主管经济工作的各部门，认为在其部门里有必要设立企业时，都可以在其权限范围内作出决定。主管机关作出决定的权限和手续，应该依法令的规定。具体的审批权限和审批条件，均应由有关的行政法规作出详细规定[①]。

2. 拨给资金或进行基建。主管部门决定设立经济组织并经批准后，就应拨给资金，包括固定资产和流通资金。这种资金由国家预算划拨，以后就成为企业法人的财产，成为法人从事经营的资金。如果需要进行基本建设的企业，则应依基本建设程序办理。基本建设完成后，应核定企业的全部固定资产，加上国家拨给的流动资金，作为企业的资金，列入资产负债表。

3. 任命领导人和调配职工。企业领导人由主管部门依法定程序任命。企业职工由主管部门会同劳动部门调配，或依法定程序进行招考、选拔或培训。企业领导人再依其权限进行企业的组织工作。我国现在

① 外国在这方面的立法，以《捷克斯洛伐克经济法典》为例，该法典第42条规定："国家经济组织，由有关部长经省国民委员会和工会同意后设立。国民委员会所领导的国家经济组织，由有关的国民委员会经上级国民委员会同意或有关部和工会同意后设立。"

在某些企业中，实行选举企业领导人。这些企业领导人的选任，应依照有关法令办理。

我国现在有少数的经济组织和企业，设有由国务院任命的董事会、监事会、董事长等。这些经济组织和企业（如中国银行、中国国际信托投资公司等），一般均由专门的法令加以规定。

4. 制定企业章程。每个企业都应该有自己的章程，规定本企业的名称、地址、隶属关系、任务（营业范围及目的）、资金总额、组织、领导人、职工的权利义务等事项。章程应依照法律规定制定，经企业职工大会或职工代表大会讨论通过，并经上级批准。章程是企业的最高行动准则。

企业的主管部门可以为某一类企业制定标准章程或示范章程，但各企业仍应根据本企业的具体情况，在标准章程规定的原则之下，制定本企业的章程。章程内容分为法定事项与任意事项。法定事项是法律规定必须记载的事项，任意事项为企业自己规定的事项。

章程不得轻易修改。因为章程中某些内容的修改，对于企业有重大影响。例如修改章程中关于企业任务的规定，将导致企业经营方向和范围的变化，就是现在所说的“转产”。因此，修改企业章程，应经企业职工大会或职工代表大会通过，并经上级主管部门批准。这些都要由法律规定或由章程本身加以规定。

5. 登记。如前所述，登记是企业取得法人资格的必经程序，也是法人成立的最后一道手续。许多国家规定法院为登记机关，因为赋予经济组织以法人资格是创设行为，而不应该是一种普通的行政行为。但也有的国家规定由其他机关办理法人登记。我国应由法律规定法人登记机关及登记办法。

登记机关在接到登记申请后，应对法人所应具备的各种条件进行调查，特别应着重调查章程法定事项，审查是否有违法或虚伪情形。如果发现有违法或虚伪情形，在尚未办理登记时，登记机关应拒绝登记，在已登记之后，则应依法定程序撤销其登记。经撤销登记后，企业即丧失法人资格。

企业依此程序登记完毕，企业法人才算正式成立，即可依法再办理营业登记而正式营业，从事其经济活动。

国营企业法人本身应具备下列要件：

1. 企业必须拥有一定的财产，即由固定资产和流动资金组成的总资金，资金总额必须规定在章程中，它是企业存在和发展的物质基础，也是以后企业计算盈亏的标准。国营企业的资金是由国库拨给的，但在企业法人成立后，此项资金即成为与国库严格分开的法人的财产。因此，企业有自己独立的资产负债表。

2. 企业必须有一定的组织。企业必须具备一定的组织，有自己的机关（权力机关、管理机关等），有自己的代表者（经理、厂长），有各种职能部门和劳动者。一定的组织是企业完成其任务所必需的。

3. 国营企业法人是一个权利主体，在法定范围内享有权利，承担义务。

4. 国营企业必须有一定的任务和业务范围。

5. 国营企业必须是一个独立的经济核算单位。

总之，国营企业法人是由国家设立的，以全民所有制财产为基础的，有一定的组织、一定的任务并进行独立经济核算的一种经济组织法人。

（二）集体企业法人的成立

集体企业法人成立的程序与国营企业法人稍有不同。

1. 发起设立或组织设立。集体企业是由劳动者集资设立的，所以想要设立集体企业的劳动者应该先就设立企业进行讨论，经大家同意后，再就企业任务、资金数额、筹集方式等取得一致意见，并据以拟定企业的章程草案，作为设立企业的根据。这是与国营企业的设立不同的。实际上我国现在的集体企业多数是在有关部门，例如街道办事处的领导下，组织一些劳动者讨论设立的。至于现在所谓的“大集体”企业，实质上是一种地方国营企业，仍由地方主管部门拨款建立，因此这些企业的设立程序，应依照国营企业法人的设立程序办理。

2. 申请批准。筹组集体企业的劳动者在拟定章程草案，并就企业的主要事项如资金、任务、组织等作出决定后，应向主管部门申请批准。主管部门对于筹办中的企业加以调查，认为企业的成立符合国家的需要，符合劳动者的利益而又具备必要的条件（例如足够的资金等）时，即可批准其设立。

3. 召开职工大会或职工代表大会，通过章程。筹办中的企业得到设立批准后，筹备人即可召开职工大会或职工代表大会（或者就是原来发起的劳动者，或者再加上后来参加的劳动者），筹集资金，通过章程，建立企业的组织并选出企业负责人。

4. 登记。集体企业同国营企业一样，须进行法人登记，取得法人资格。

集体企业法人在资金来源及组成人员上与国营企业法人不同。集体企业法人是由劳动者自行集资设立、有组织、有一定任务、进行独立核算的一种经济组织法人。

（三）农村社队法人的成立

我国的农村社队法人，与集体企业法人有所不同。现在，我们只讨论农村社队法人的几个特殊问题。

1. 农村社队法人是以一定的地域和居住在该地域上的农业劳动者为基础的，因此没有法人设立的问题。只在过去公社化时有过划分的问题，今后也还可能发生个别社队的改划或改编问题。改划或改编，应由有关社队社员大会讨论决定，并由上级人民政府批准。

2. 农村社队法人的资产主要是土地和其他生产资料，一般不发生由国家拨给资金的问题。

3. 农村社队法人在社员问题上也有其特点。凡是生长、居住在生产队地域上的劳动者都是社员。因此凡是依法迁入这个地域定居的劳动者，例如因结婚及其他原因迁入的，以及社员的子女都当然取得社员资格。也只有在迁出这个地域时才丧失社员资格。国营企业可以开除其职工，而生产队却不能开除其社员。

4. 农村社队法人取得法人资格不须经过登记程序，只是依照法律规定而成为法人。

5. 农村社队法人的任务是以经营农业为主，同时进行林牧副渔多种经营。

农村社队法人也应该有自己的组织和章程。现在我国有《农村人民公社工作条例（试行草案）》，以后还应通过国家立法程序，制定《农村社队标准章程》或《农村人民公社法》等有关法规，作为我国农村社队法人的法律规范文件。

可见农村社队法人是由一定地域和居住在该地域上的农业劳动者组成的，以农业为主的同时进行多种经营、实行独立核算的一种经济组织法人。

四、经济组织法人的权利能力和行为能力

（一）经济组织法人的权利能力

权利能力是指作为权利主体享受权利负担义务的能力。权利能力也包括作为诉讼法（包括调解、仲裁）上的主体而起诉和应诉的能力。法人具有权利能力，但受两种限制。其一，性质上专属于自然人的权利能力，法人不能享有；其二，设立法人的法律可以对法人的权利能力加以限制[①]。

经济组织法人的权利能力，自法人成立时发生。何时算法人成立，依法律的规定。凡法律规定法人的成立须经登记的，登记后才算法人成立，才取得权利能力。

经济组织法人所能享受的权利的范围，原则上应按照法人的种类和它的任务（营业范围和目的）而定。这种范围可以由法律加以限制。我国现在所说的“扩大企业自主权”，就是指扩大企业所能享受的权利的范围。

经济组织法人的权利和义务应由法律详细作出规定。其应有的权利至少有下列几项：

1. 一定的财产所有权。经济组织为进行所经营的业务，必须有一定的财产作为物质基础。法人的财产除了是法人存在和发展的基础外，又是它对自己债务负责的基础，还是它信用的基础。所以在章程中和在登记时均必须明确记载法人所拥有的资金总额。法人财产的所有权

① 例如《苏俄民法典》第 26 条第 1 款规定，“法人依照其规定的活动目的享有民事权利能力”，这是一般法律对于法人权利能力作限制规定的例子。

主体是法人本身，而不是组成法人的成员，也不是设立法人的机关。

在我国的几种经济组织法人中，农村社队法人财产（包括土地、生产资料及流动资金）完全属于法人所有，集体企业法人的财产也属于法人所有，都不成问题。在理论上和实践上成为问题的，是国营企业法人对其财产的所有权问题。因为国营企业的财产都是国家财产，即全民所有财产，企业法人对之能否享有所有权呢？我们认为，企业既然是法人，就应该承认它对自己的财产（包括国家拨给企业的财产以及企业在经营中自己取得的财产）享有法人所有权。不过企业法人的这种所有权具有相对性质，企业法人的财产归根结底是属于国家所有的。

经济组织法人对自己的财产享有所有权，因而对自己的财产依法能加以处分。

2. 经营上的自主权。经济组织法人在法律和章程规定的范围内，有经营上的自主权，不受任何方面（包括上级主管部门）的非法干涉。这就改变了我国过去的情况（经济组织完全按照上级指示而活动）。这种经营上的自主权包括在法律和章程规定范围内的计划权，进行大修理及技术更新的权利，决定自己生产技术和工艺规程的权利，产品自销权，在法定范围内的价格决定权，向银行贷款的权利，运用自有资金的权利等。

3. 管理上的自主权。经济组织法人在管理工作上，依法律和章程的规定有权决定自己的组织和机构，招工，任命管理人员，并对职工（社员）有一定的奖惩权利等。

4. 分配上的自主权。经济组织法人在法律规定的原则下和一定范围内，有权对自己的收入进行分配。包括决定积累的比例，决定职工的工资和资金，决定职工福利基金的使用等。

5. 对外关系上的自主权。经济组织作为法人有权以自己的名义在法律规定的范围内对外进行各种必要的活动，例如参加经济流转，即购置财产、销售产品、申请贷款，以及在法院起诉应诉等。

总之，经济组织法人在它的任务范围内，依照法律的规定可以独立自主地从事各种活动，不须事无巨细都要请示上级或等待上级的指令。当然，由于目前我国生产力水平较低，企业管理水平也不高，经济组织的权利究竟要如何规定才适当，这是我们在经济体制改革中所应逐步解决的问题。

经济组织法人的义务和责任：

1. 经济组织法人的首要义务，是根据自己的业务范围，在国家计划指导下，在经济核算的基础上进行经济活动，以最小的成本获得有益于国民经济、有益于人民生活的最大经济成果，不断使自己在扩大再生产的基础上发展壮大，为社会主义经济建设作出贡献。

经济组织法人要进行扩大再生产，当然要获得利润。但是作为社会主义的经济组织必须在国家政策和计划的指导下去获取利润，而不能因追求本企业利润违反国家的政策和计划，损害国家和人民的利益。在任何情况下，企业的利益都要服从国家的利益，这是社会主义经济组织法人在本质上不同于资本主义营利法人之处。经济组织法人的活动，主管机关应依法予以监督。法人如果违反法律或章程，主管机关或其他监督机关可以提请法院处理，情节严重的，法院可以撤销法人登记，剥夺其法人资格。

2. 经济组织法人必须履行它对国家所负的经济上的义务。经济组织法人必须依法向国家纳税或上缴利润。企业法人还必须按国家计划提供计划调拨或计划供应的产品。农村社队法人，则应交售各种农副产品。

3. 经济组织法人应负责保护自己的财产，使之不受侵犯和不受损失。并在经济核算基础上，合理使用资金，节约能源和原材料，求得最大的经济效益，为国家和人民提供优质产品和最好的服务。

4. 经济组织法人应严格遵守法律，接受银行、财税机关、工商行政管理局、主管机关及其他有关机关依法对它的监督。

5. 经济组织在不能偿还自己的债务时，以自己的全部财产对债权人负责。法律应规定经济组织在不能偿还债务时的清理办法。国家不能容许任何经济组织长期亏损，耗尽国家拨给它的资金，更不能由国家任意给予补贴。经济组织法人对自己的债务应由它自己完全负责，国家不能替它负责，上级机关也不能替它负责。至于集体企业法人在不能偿付债务时，其组织成员应该如何负责，应依法律和章程的规定处理。

（二）经济组织法人的行为能力

经济组织法人的行为能力，包括法律行为能力、侵权行为能力和诉讼能力。

经济组织法人具有权利能力，是说它具有享受权利和承担义务的能力，至于它要取得具体的权利和承担具体的义务，要通过一定的法律行为。经济组织法人实施一定的法律行为的能力，称作法律行为能力。

经济组织法人实施法律行为，由它的代表进行。什么人可以做法人代表，要由法律和章程规定。一般地说，法人代表是负责经营业务的人，如企业的经理或厂长，农村社队的主任或队长。代表的选任、代表权的限制等，都必须在法人章程中加以规定，还要在登记时登记清楚。法人代表对外代表法人实施各种法律行为，例如签订合同，在银行设立账户，签发支票等。法人代表为此种行为时，是以法人的名义，而不是以自己的名义。这样就通过代表把法人的行为与个人的行为区别开来。

法人代表实施法律行为，其方式依行为的种类有所不同。有些行为，法人代表可以自己决定；有些行为，须经法人的权力机关如职工代表大会、社员大会议决；有些行为，并须经上级主管机关批准。这些都应由法律或章程详细规定。

法人的法律行为也同自然人的行为一样，不得违反法律的强制性规定，否则即为无效。法人的法律行为，也要受自己章程的限制。如果法人的法律行为违反了章程的规定，特别是违反了它的业务范围和目的时，其行为也无效。在这两种情形下，法人代表都要负法律上的责任。

经济组织法人除了具有法律行为能力外，也具有侵权行为能力，即法人侵害他人（包括自然人和法人）的权利或合法利益时，也构成侵权行为，应负赔偿责任。这时可以采取两种办法，一种是，赔偿的责任完全由法人负担，至于法人代表如有过错，则依法人章程，在内部解决法人与其代表间的问题。另一种是，由法人与其代表负连带责任。究竟我国采取以上何种办法，应由法律规定。

法人具有诉讼能力，即诉讼法上的行为能力。这就是说，法人可以用自己的名义起诉或应诉，充当民事诉讼中的原告或被告，及实施各种诉讼法或其他程序法上的行为，例如参加诉讼、申请强制执行、申请调解和仲裁等。这些行为当然也是通过法人代表进行。这些问题，应由我国的有关法律作出规定。

最后，经济组织法人也可以成为行政法或刑法上违法行为的主体而受行政制裁或刑事制裁。这种情形是指经济组织法人本身受制裁而不是充任法人代表的自然人受制裁。当然，法人毕竟与自然人不同，不能对它适用身体刑，一般做法是对法人处以罚款或罚金。我国刑法还没有处罚法人的规定。但是现在我国对企业已经实行行政法上的制裁措施，例如罚款、勒令停业。在外国立法中，也有对法人施以刑事制裁的规定。

五、经济组织法人的组织与管理

（一）经济组织法人的组织

经济组织法人是集体，是由一定的成员组成的。经济组织法人的成员一般是单个的自然人，但复杂的经济组织法人，其成员也可以是法人或者非法人的经济组织。可见经济组织法人的组织问题，是一个很重要的问题。

我国的经济组织，特别是国营企业，长期以来主要采用行政方式领导和管理企业经济活动，以致严重限制和束缚了经济组织在商品生产和商品交换中的主动性和机动性[①]。建立经济组织法人制度，必须由法律对经济组织法人的内部组织体制作出规定，以保证经济组织法人能够独立自主地从事经济活动，发挥其作用。

我们认为，我国经济组织法人的社会主义性质决定了经济组织本身必须是劳动人民当家作主的团体。只有经济组织里的每一个成员，即每一个劳动者都当家作主，都能发挥积极性和主动性，作为法人的整个经济组织才能具有活力，才能发挥作用。这就是说，搞好我国经济组织的首要条件在于实行民主，民主办社，民主办企业。“认真搞好民主管理”[②]，是我国经济组织的重要组织原则。若干年来的实践经验，都已反复证明了这一点。

---

① 参看马洪：《关于改革工业企业领导制度的探讨》，载《人民日报》1980年11月20日。

② 国务院批转国家经委《关于扩大企业自主权试点工作情况和今后意见的报告》，载《国务院公报》1980年第14号。

我国经济组织法人的民主原则，与资本主义国家企业所谓工人参加管理的制度，有本质上的区别，不能把两者混为一谈。在资本主义社会，企业的主人是资本家，而工人则是资本家雇用的劳动者，管理企业是资本家的私事。工人只有服从资本家的命令进行劳动的义务，并不具有任何管理上的权利。这是由资本家同工人之间的雇佣关系决定的。近年来在资本主义国家的一些企业里，实行所谓吸收工人参加管理、参加决定的制度，是出于资产阶级从政治上和经济上的双重考虑，即为了缓和劳资矛盾和最大限度地榨取剩余价值。但在我国，劳动人民是国家的主人，也是各经济组织的主人，工人管理企业，社员管理生产队，是由社会主义生产资料公有制决定的。管理经济组织，对该经济组织的成员来说，既是一种权利，也是一种义务，完全不存在所谓“吸收”职工“参加”管理的问题。

我国农村社队，一向实行社员大会或社员代表大会的民主制，在国营企业或集体企业也有职工大会或职工代表大会的民主制。现在我国已公布了《国营企业职工代表大会暂行条例》，今后的任务是要切实保证其实施。

我国经济组织法人应具备下面三种机关：

经济组织法人的权力机关，或称决策机关。农村社队法人的权力机关是社员大会或社员代表大会。企业法人的权力机关是职工大会或职工代表大会。

经济组织法人的执行机关，是由权力机关选出或经上级任命的经理（或厂长、主任、队长），或者是一个实行集体领导的组织，例如董事会或理事会。法人执行机关对内管理法人的全部工作，对外代表法人。执行机关由权力机关选出并对权力机关负责，可由权力机关撤换。执行机关依照法律接受上级主管部门的领导。

经济组织法人的监察机关，是由法人权力机关选出的一个常设机构。

当然，这些机关的权限、行使职权的方式及详细的组织问题，均应由法律和章程加以规定。

（二）经济组织法人的财务管理

经济组织法人的管理包括生产管理、计划管理、供销管理、物资管理、财务管理等。这里只讲其中的财务管理。经济组织法人的财务管理必须贯彻经济核算的原则。

西方国家的公司法用了很多法律条文规定法人的财务管理制度，甚至连会计制度、记账方法都严格加以规定，务求清楚、明确和详尽。我国关于经济组织法人的法律，也应对企业或社队的财务工作严格加以规定。这不仅是为了防止弊端，而且是为了确保企业财产，并使之不断增值，完成法人的任务。在经济组织法人的财务管理方面，法律应重点规定以下几点：

1. 经济组织法人必须具备法律所规定的各种财务账簿，严格按照规定的会计制度准确记载经济组织的一切财务活动，并进行核算。

2. 经济组织法人的执行机关应在每个营业年度终结时，对全年财务收支进行核算，造具法律规定的各种报表如营业报告书、资产负债表、财产目录、损益计算书等，并提出关于盈利分配的建议，交给监察机关审查后，提交权力机关讨论通过。

3. 经济组织的各种财务记录，应该由监察机关定期审查。年终的财务报表，应报主管机关审查，并按法律规定的方式在组织内部公布和向社会公布。

4. 经济组织应按照法律的规定分配并使用自己的盈利或利润留成。

5. 经济组织应该随时接受法人监察机关、上级主管机关的检查。

6. 经济组织的各级人员如果在财务工作上有违法情事，应负民事和刑事责任。

经济组织法人是从事经济活动的，财务管理十分重要。有了正确的经营方针，还必须有良好的财务管理，才能保证经济组织法人很好地完成任务。

（三）职工的权利和义务

我国经济组织的职工（社员）具有两重身份，一方面是企业或社队的主人，另一方面又是工作人员（劳动者），所以在当家作主之外，同时要接受组织的管理。

职工在经济组织内享有各种权利。这些权利也可以相应于职工的两重身份而分为如下两类。

作为经济组织的主人，职工（农村社队的社员）享有的第一类权利包括：

1. 通过职工大会或职工代表大会、社员大会或社员代表大会行使的各种权利，如提案权、表决权、选举权、被选举权等。

2. 对经济组织的一切活动有监督权。在必要时，依照法律或章程的规定请求召开职工大会（职工代表大会）特别会议的权利。

3. 有向上级主管机关或者法院反映经济组织的违法情况，请求上级主管机关或法院进行检查处理的权利。

职工（农村社队的社员）享有的第二类权利包括：

1. 从事劳动的权利，受到劳动保护的权利。

2. 按劳分配和生活福利的权利，如享受公费医疗、住房、子女补助、领取劳动报酬等权利。

3. 休息和休假的权利，如定期休息和特别休息（离职休养）、探亲假、女职工的产假和例假等权利。

4. 受伤、致残、年老退休时受照顾的权利。

5. 接受技术文化教育，如学习培训和进修的权利。

职工负有以下义务：

1. 遵守劳动纪律和各种规章制度，服从管理、调度，努力劳动，完成任务。

2. 爱护国家和集体的财产，节约原材料，为国家和集体创造财富。

3. 在经济组织中担任一定职务。

职工的权利和义务应该在经济组织的章程中详细规定，其在劳动法上的权利和义务除国家法律规定外，如经济组织有特别规定，也应规定在法人章程中。职工违反劳动纪律或违反其他义务，经济组织可以依照法定程序予以处分，直至开除。但农村社队法人不能开除其社员，前已述及。

职工在权利受到侵害，或者在受处分时，可以依照法律规定提出申诉。许多国家设有专门的劳动法院受理职工的申诉，审理职工与经济组织之间的纠纷。我国也应建立相应的机关处理这些问题。

六、经济组织法人的整理、变更和解散

（一）经济组织法人的整理

在资本主义国家，营利法人不能清偿其债务时，有宣告破产的制度。近几十年来，资本主义国家为了避免或预防公司破产，保护债权人的利益，法律规定了所谓“公司整理”办法。这种制度规定，在公司有破产

之虞时，利害关系人可以向法院提出声请，请求法院对公司宣告整理。经法院宣告整理的公司，依法定程序由法院指定专人负责，在法院监督之下对公司财务进行整理，使公司逐渐恢复正常，或作其他的处理。这种制度主要是为了保护债权人的利益，同时也可以起到防止公司破产，减少各种社会问题（例如工厂倒闭引起大批工人失业）的作用。

我们这样的社会主义国家，不能采用西方的“破产”制度。国营企业和农村社队由于种种原因而亏本或减产的情形虽然不少，但过去都是由国家解决。这种办法固然体现了社会主义制度的优越性，但经济组织不能为国家提供积累，反而长期亏损，消耗国家财富，对社会主义经济建设极为不利。所以我们在建立经济组织法人制度后，就必须认真考虑对于亏损的经济组织如何处理的问题。

在实行法人制度以前，企业没有独立的经济地位和法律地位，只是上级行政组织的附属机构，因此在企业发生亏损时，可以由国家财政弥补，一切由国库负担。实行法人制度以后，经济组织作为法人，是一个独立的主体，与上级行政组织在经济上各自独立，互不负担对方的经济责任。经济组织法人独立地负担经济责任，可以促使经济组织改善经营管理，更好地完成任务。近年来各地扩大企业自主权试点的成功经验说明，只有在扩大企业权利的同时也使企业承担相应的责任，才能促进经济的发展。因此，在赋予经济组织法人地位的同时，法律必须规定对经营不善、发生亏损的经济组织法人进行“整理”的制度。

对经济组织法人进行整理，须由法律规定一定的条件，主要是企业在财务上发生困难，无法继续营业，企业自己或利害关系人向法院提出申请。这里所谓利害关系人，应包括企业的债权人、银行、上级主管机关或企业职工。法院接到申请后，经过审查，并征得企业上级主管机关同意，宣布对企业进行整理。

对企业进行整理，应由法院选派负责整理人。负责整理人可以由企业职工或企业以外的人担任。负责整理人依照法律的规定，拥有对企业内部和外部事务进行监督、干预、调整和处分的权力。由于整理工作关系到企业职工、债权人及整个社会的利益，因此，全部整理工作应在法院及企业上级主管机关的严格监督之下进行。整理的结果，或者是恢复了企业正常状态，继续营业；或者是对企业的原状加以某种改变，例如缩小营业范围、改变经营方向或转产、合并等；或者是宣告企业停闭。这些都直接关系到法人的存续、变更或消灭，因此，最后应由法院和上级机关作出决定。

（二）经济组织法人的变更

经济组织法人的变更，指法人的合并、归并、分立或营业的改变即转产。

经济组织法人有合并必要时，应该同法人成立时一样，经上级主管机关批准后，由准备合并的各方订立合并的合同或协议，对各项条件如财产的处理、债权债务的转移、人员的安排均作出协议，然后向法人登记机关进行登记。登记后，原各个法人因合并而消灭。合并后的新法人因合并而成立。合并前各个法人的一切权利义务转移给合并后的新法人。

一个经济组织法人归并于另一个经济组织法人时，也要经主管机关批准，然后进行法人变更登记。登记后，一个法人消灭，其一切权利义务转给并入后的法人。

经济组织法人分立时，依同样程序办理。原法人的权利义务，依照分立的协议分别转给分立后的法人。

经济组织法人营业改变即转产时，也应向法人登记机关登记。

所有以上情形，在法人内部也要依一定程序办理，例如，经职工大会或职工代表大会讨论通过，并修改章程等。

（三）经济组织法人的解散

法人的解散就是法人权利能力的终止，即法人消灭。在我国经济组织法人中，农村社队法人不发生解散的问题。国营企业法人和集体企业法人都有解散的问题。

企业法人在下列情况下解散：

1. 企业的职工大会或职工代表大会决议停业时，法人解散。这种情形多发生在集体企业。

2. 企业的业务无法进行或继续该项业务对社会经济已无利益时，企业可以自行停业或由上级主管机关的决定而停业，法人解散。

3. 企业的业务为法律所禁止，或者企业从事违法的业务时，可由上级主管机关决定或由法院命令停业，法人解散。

4. 企业经营不善，经整理无效，由法院、上级主管机关决定，或企业自己决定停业，法人解散。

法人决定停业，应依法定程序进行资产清理，结束一切债权债务关系后，向法人登记机关办理法人解散登记。法人登记机关经过审查，办理登记后，法人才算解散。

经济组织法人是社会生产力的基本单位，是国民经济的细胞，与国民经济有密切关系。所以从经济组织法人成立直至解散，都必须由法律加以规定。只有在完备的法制管理和监督之下，经济组织法人才能发挥其应有的作用，促进社会主义经济建设的发展。

第五章 | 民事法律行为

一、民事法律行为的意义

（一）民事权利主体的行为

《民法通则》第二章和第三章规定的是民事权利主体的问题，民事权利主体（包括自然人和法人）具有权利能力，能享有权利和负担义务，在他具有完全行为能力时，就能取得权利、行使权利、负担义务、履行义务。一个具有完全行为能力的人取得权利、负担义务主要通过自己的行为。所以“行为”是权利主体取得权利负担义务的一个重要环节。《民法通则》第四章规定的“民事法律行为和代理”，就是关于“行为”的问题。

人的行为，包括自然人的行为和法人的行为，是极其复杂，多种多样的。有些行为并不引起任何法律上的效果，有些行为则会引起法律上的效果，能够引起法律效果的行为也是多种多样的。有的行为可以引起民法上的法律效果，例如，自然人订立遗嘱、结婚离婚，自然人和法人订立合同等；有的行为可以引起刑法上的法律效果，例如，犯罪行为。有的行为可以引起其他法律上的效果。

这里所说的人的行为包括自然人的行为和法人的行为，不过法人的行为和自然人的行为有些不同。有些行为是只有自然人能做的，例如，结婚、离婚，这是法人不能做的；有些行为则是自然人和法人都能做的，如签订合同。今后讲到人的行为时，在不必要时就不特别区分自然人的行为和法人的行为。

自然人的行为必须是有意识的，是在正常的精神状态下作出的。无意识的行为，例如精神病人的行为、婴儿的行为，不属于这里所说的行为，当然不能发生法律上的效果。

可以引起（发生）民法上的法律效果的行为称为民事行为。民事行为也有不同的种类，首先是合法的民事行为（合法行为）和违法的民事行为（违法行为）。合法行为是符合法律规定而为法律（民法）所容许的行为，例如一个公民（自然人）订立遗嘱的行为，公民或法人订立合同的行为。违法行为是违反法律而为法律（民法）所不许可的行为。属于违法行为的主要有民事侵权行为（《民法通则》第 117 条以下所规定的）和债务不履行的行为（《民法通则》第 106 条以下所规定的）。

在民法上，特别把这种合法的民事行为称为民事法律行为，简称法律行为。

（二）民事法律行为

从上面的论述可知，民事法律行为是可以发生民法上的法律效果的行为。民法上的法律效果主要表现为民事权利和民事义务的设立（发生）、变更和终止（消灭），所以《民法通则》第 54 条规定："民事法律行为是公民或者法人设立、变更、终止民事权利和民事义务的合法行为。"下面把民事法律行为的特点加以分析。

1. 法律行为是发生（引起）民法上法律效果的行为

民事法律行为可以引起民法上的法律效果。可以引起民法上的法律效果的原因（根据）有许多种，其中最普遍最主要的是民事法律行为。民法上的法律效果主要表现为民事权利和民事义务的设立（发生）、变更和终止（消灭）。权利和义务是一致的，权利的发生、变更和消灭也就是义务的发生、变更和消灭，所以我们只要讲权利这一方面就可以说明问题。

权利的发生指权利归属于某一主体，从主体这方面说，就是权利的取得。主体取得一种权利包括两种情形，一是权利从无到有，权利人独立地取得这种权利。例如我发明了一件东西（发明行为本身是事实行为，不是法律行为），根据专利法，我向专利机关提出申请（申请是法律行为），经过批准后，我就取得了发明专利权。二是权利从这个主体移转到另一个主体，原来那个主体的权利终止了，新的主体的权利发生了，也就是说，原来的权利人丧失了他的权利，新权利人取得这种权利。例如在上面的例子中，我把我的发明专利权转让给另一个人（《专利法》第 10 条），这就是我的权利的丧失和另一个人（受让人）的权利的取得。在以上两种情形下，权利人取得权利都必须要有权利人的行为。这种行为就是法律行为（在上例中就是申请行为和转让行为）。

权利的变更指权利内容的变更，例如有人向我借了 200 元，还了 100 元后，我的权利（金钱返还请求权）发生了量的变化（由 200 元缩小为 100 元）。又如我买了一种货物，卖主因不能交货答应赔偿我若干元，这时我的权利发生了质的变化（由货物交付请求权变为损害赔偿请求权）。在这两个例子中，权利的内容（也是义务的内容）的变化也必须要有权利人（和义务人）的行为（在前一例子中这种行为是部分清偿，在后一例子中这种行为是双方对损害赔偿的约定）。这种行为就是法律行为。

权利的终止（消灭）和权利的发生相对应，也分为两种情形。一种是权利绝对地消灭。例如我的一副眼镜不能用了，我配了一副新的，就把旧的抛弃了，我对旧眼镜的所有权也就消灭了。另一种是我把我的眼镜卖给或赠送给他人。我的所有权消灭了，他人取得了所有权。在这两种情形中，所有权的消灭都必须要有权利人的行为（在前一例中是抛弃行为，在后一例中是买卖或赠与行为）。这种行为就是法律行为。

总之，这种使权利发生、变更和消灭的行为就是民事法律行为。

这里要说明的是，并不是权利发生、变更和消灭的一切情形都要有民事法律行为，都以法律行为为必要，换言之，法律行为并不是权利发生、变更和消灭的唯一原因。例如我把我的眼镜遗失了而永久没有找到，我对眼镜的所有权消灭了。遗失就不是法律行为。不过法律行为是权利发生、变更和消灭的最主要最普遍的原因。

2. 权利主体（公民和法人）之所以实施法律行为，其目的就在于引起民法上的法律效果，亦即民事权利的发生、变更和消灭

这是法律行为的一个重要特点。所以也可以把法律行为定义为：法律行为是以设定、变更和消灭民事权利和义务为目的的行为。例如在上面的几个例子中，所有那些法律行为都是具有这个目的的。权利人（或义务人）正是为了达到这个目的，才实施这个行为。例如我之所以申请专利，目的是取得专利权。其他也都如此。

我“抛弃”我的眼镜和我“遗失”我的眼镜，这两件事在法律上的意义是不同的。因为抛弃是一种法律行为，抛弃这个行为的目的在于放弃所有权，使我对眼镜的所有权消灭，或者说，我丧失了所有权，这种“丧失”是我有意使其发生的。而遗失这个行为则不同，我并不

是因为要使我丧失所有权而遗失眼镜，因遗失而丧失所有权不仅不是我的意愿而且是违反我的意愿的。因此，在法律上说，遗失不是法律行为（称为事实行为）。

这一点与前面的第一点不完全相同。第一点是说法律行为可以引起民事法律效果，这一点是说法律行为必然要引起民事法律效果。

至于为什么法律行为会引起一定的法律效果呢？这是因为行为人在作出行为时，具有希望（要求）引起一定的法律效果的意思（意愿、意欲）并且把这种意思表示出来，这种行为有一个专门名称——意思表示。在任何法律行为里都必须包含一个或几个意思表示。法律行为之所以能引起法律效果，正是因为法律行为的行为人有这种意思表示，所以意思表示对于法律行为是必不可少的，是法律行为的核心。从这一点就可以说，法律行为是以意思表示为要素的一种行为。

通过前面“抛弃”和“遗失”两个行为的不同，我们可以看出法律行为（抛弃行为）的特点就在于，行为人希望发生一定的法律效果（内心的意思）并把这种意思表达于外（表示的行为），法律也就符合于（依照）行为人的这一愿望而给予这种法律效果。民法在许多情况下按照行为人的意愿而赋予他的行为以一定的法律效果（行为人所希望的法律效果），这是《民法通则》第4条规定的民事活动中的自愿原则的表现。自愿原则是民事法律行为中的一个重要原则（也有例外）。像在侵权行为中就谈不到自愿原则。

法律行为和意思表示两个概念在很多情况下是一致的，但有时并不一致。在一个法律行为只由一个意思表示构成时，二者是一致的。例如在上面抛弃所有权这个例子中，抛弃既是意思表示，又是法律行为。有时一个法律行为由两个意思表示构成，这时意思表示与法律行为就不是一件事，意思表示只是法律行为的构成要素之一。例如在各种合同行为中，订立合同是一个法律行为，其中就包含两个意思表示，即合同双方当事人各有一个意思表示（一个称为要约，一个称为承诺）。只有在这两个意思表示达到一致（合意）时，法律行为才成立。有时一个法律行为在一个或两个意思表示之外，还要有其他的要素。这些情况比较复杂，不去详谈。

3. 法律行为是合法行为

法律（民法）之所以按照行为人的意思使其发生一定的法律效果，是因为行为人在意思表示中的意思（意愿）是合法的，符合法律的规定，是法律所允许的。这一点也是民事法律行为的特点。

人（公民和法人）的行为能发生什么样的法律效果是法律决定的，也就是说，这种法律效果是法律所赋予的。有时法律所赋予的法律效果是和行为人的意思（意愿）一致的，是行为人所希望的，有时恰巧相反，不是行为人所希望的。前者就是法律行为的情形，后者则是侵权行为和其他行为的情形。

法律行为的行为人之所以能得到他所希望的效果，是因为他的意思表示的内容是合法的，所以法律行为也必须是合法的，才能发生法律行为应有的效果。不过这并不是说每个人所作的每一个法律行为当然都是合法的，只是说法律行为应该是合法行为，只在其合法时才能发生其应有的效果。因此在一定的情况下，某种行为表面上看来是法律行为，特别在行为人的主观认识上是法律行为（他希望发生一定的法律效果），而实际上因某种原因，这种行为是无效的，这时就出现了“无效的法律行为”“无效的合同”这样的名称。这种概念在逻辑上是矛盾的，但它也反映了现实中的一种情况，所以被沿用下来了。这一点应该注意。同样的用语还有“未登记的婚姻”“不合法的婚姻”等。

二、民事法律行为的种类

民事法律行为可以根据各种不同的标准分类。最普通的几种分类如下。

（一）单方法律行为、双方法律行为和共同法律行为

依作为法律行为要素的意思表示的数与形态，可以把法律行为分为单方法律行为（单方行为）、双方法律行为（双方行为）和共同法律行为（共同行为）。

1. 单方行为

由一方当事人的意思表示成立的法律行为名单方行为。一方当事人可以不是一个人，但只能是一方。一个人所为的意思表示当然只有一个。就是几个人时，他们的意思表示也是完全一样的（内容完全一样）。由一方当事人发出的意思表示无须得到他人的同意即可发生效力。

单方行为也有不同的情况。有时一个人作出意思表示就成立法律行为，例如，遗嘱人订立遗嘱只要依法定方式订出遗嘱（作出意思表示），无须将遗嘱内容通知任何人（包括遗嘱所涉及的继承人或受遗赠人），更无须经过任何人的同意。这是只由一个人作出而且无须向关系人表示的单方行为。又如，几个共同所有人（共有人）把他们的共有物抛弃，这是由几个人作出的没有对方当事人因而无须向其他人表示的单方行为。再如，当事人订立经济合同后，如发生法律所规定的情况，一方当事人可以解除经济合同（《经济合同法》第27条第1款第2项、第3项、第4项、第5项的情形），这种解除行为只由一方当事人作出意思表示并通知对方当事人即可生效（无须对方当事人同意），

这是有对方当事人而且需要向对方当事人表示的单方行为。

单方行为如果是无须向关系人表示的，行为人可以撤销或变更自己的行为，例如遗嘱人可以撤销或变更自己所立的遗嘱（《继承法》第 20 条）。

有些单方行为如果涉及他人权利或利益，只限于法律所规定的情形才能成立。例如上面说的一方当事人解除经济合同。

有些单方行为不仅限于法律所规定的情形，而且必须通过法院或仲裁机关才能作出。例如《民法通则》第 59 条所规定的变更或者撤销有重大误解的行为或显失公平的行为。

2. 双方行为

双方行为是双方当事人各自为内容不同的意思表示，且双方的意思表示达到一致而成立的行为。双方的意思表示的内容不相同，但双方都接受了对方的意思，这称为意思表示一致，也就是协议。例如在买卖行为中，一方的意思表示是卖（交出货物，取得价金），另一方的意思表示是买（支付价金，取得货物），两个意思表示的内容不同，可是双方都接受了对方的意思表示，这样就是达成了协议。

双方行为需要具有相对立的双方当事人和两个内容不同的意思表示，而且要在双方的意思表示一致时（达成协议）才成立，这是和单方行为显然不同的地方。

双方行为，就其本义而言，凡是发生民法上的法律效果的都属之。例如结婚、离婚都是一种双方行为，继承法中规定的遗赠扶养协议（《继承法》第 31 条）也是一种双方行为。

有人把双方行为等同于合同，那就缩小了双方行为的内涵。合同是以发生债的关系为目的的一类双方行为，例如经济合同法所规定的各种合同，《民法通则》第 85 条所规定的合同。所以我们应该区分这两个概念：合同是双方行为的一部分，并不是一切双方行为都是合同。合同是一个下级概念，双方行为是一个上级概念。不这样区分双方行为和合同两个概念而把合同等同于双方行为，就必然要得出这样的结论：结婚也是一个合同，这是不对的。[①]

3. 共同行为

由多数当事人作出内容相同的多数意思表示，这些意思表示结合在一起而发生这些当事人所共同希望的效果，这样成立的法律行为是共同行为。例如，公司董事会就选举某人为董事长一事作出决议，这种决议行为属于共同行为。这时每个行为人（董事会的成员）都有一个意思表示，其内容是相同的（都希望选某人为董事长），这些意思表示结合为一个总的意思（董事会的团体意思），也就是形成一个决议。作出决议是共同行为。

共同行为有两种情形。一种是所有的意思表示都相同而形成决议（全体一致通过）。另一种是多数意思表示相同而形成决议（多数决议通过）。在这两种情形下，共同行为（决议）对于全体成员都有拘束力。即使在多数决议的情况下，决议对于未到会的成员或到会而表示不同意见（投反对票或弃权）的成员也有拘束力。

共同行为与双方行为显然是不同的。双方行为的两个意思表示有不同的内容，各方的意思表示必须完全为对方所接受，有一方不接受（不同意），双方行为就不能成立。

---

① 在《民法通则》第 85 条合同的定义中只说“民事关系的协议”，似乎合同以发生一切民事关系为目的，因而就可以将之等同于双方法律行为。但是《民法通则》是把合同（第 85 条）列在“债权”一节之中的，可见合同只是关于债权债务关系的协议。

（二）财产行为和人身行为

依法律行为所发生的效果的不同性质，可以把法律行为分为财产行为和人身行为。民法调整财产关系和人身关系（《民法通则》第2条）。法律行为所发生的效果是关于财产关系方面的属财产行为；效果是关于人身关系方面的属人身行为。

1. 财产行为。财产行为是设立、变更和消灭有关财产的权利义务的行为。《民法通则》规定的有关财产的权利有财产所有权和与财产所有权有关的财产权、债权和知识产权。知识产权（主要如著作权）中有一部分关于人身的权利（如署名权），但主要仍属于财产权。所以关于这些权利的法律行为都属于财产行为。例如取得所有权、转让所有权、取得债权等的行为都是财产行为。

2. 人身行为。人身行为是设定、变更和消灭有关人身的权利义务的行为，包括有关人身权的行为，有关身份关系的行为，有关继承的行为。继承的行为也会发生财产的效果，有关身份关系的行为也可以发生财产的效果（例如结婚也发生财产上的关系）。不过在前者，财产的效果必须附随于一定的身份关系（遗嘱继承和遗赠中有例外情况）；在后者，财产关系不是那种行为的主要效果（不是当事人的主要目的和直接目的）。

财产关系和人身关系虽然同属民法调整，但两者有很大的不同。财产行为与人身行为虽然同属民事法律行为，但两者也有很大的不同。《民法通则》第4条所列的等价有偿原则完全不能适用于人身行为。《民法通则》关于法律行为的规定，许多也不能适用于人身行为，例如关于代理的规定不能适用于大部分人身行为（结婚离婚都是不许代理的）。此外《民法通则》中的大部分规定都只能适用于财产行为。所以区分财产行为和人身行为，对于判断《民法通则》中各种规定的适用范围是极为重要的。

（三）有偿行为和无偿行为

这是在财产行为内的双方行为之内再以当事人之间的行为是否互为“报偿”为标准而分的。当事人间的行为互为报偿，即互为对价的是有偿行为，否则为无偿行为。人身行为当然没有这种分类，因为有无报偿，即所谓“等价有偿”，是与人身行为的性质不相容的。

买卖合同是典型的有偿行为，其中一方当事人与对方当事人的权利义务是互相对待的，等价有偿的。赠与合同是典型的无偿合同，其中赠与人的行为并没有得到任何报偿，更没有取得对价。即使受赠人负有某种义务（所谓附负担的赠与）时，这种义务也不是对赠与行为的对价。

在某些人身行为中有时双方当事人之间也有经济上的关系，例如在继承法中，法律规定对于扶养被继承人的人可以多分给遗产，也规定有扶养遗赠协议，夫妻互相之间有扶养关系和遗产继承关系等，但不论是继承人和被继承人之间，还是夫妻之间都绝对没有“等价有偿”的关系。继承人（有时甚至是非继承人）之所以扶养被继承人，夫妻之所以结婚，绝对不是像买卖行为那样，一方当事人自始就以取得对方当事人的“等价有偿”的对等利益为目的。“等价有偿”是商品交换的原则，这种原则绝不能适用到人身关系中的行为上去。因而必须肯定，有偿行为和无偿行为并不是整个民事法律行为的分类，只是财产行为中的双方行为（主要是合同）的分类。

（四）要式行为和不要式行为

以法律行为的方式为标准，可以分法律行为为要式行为和不要式行为。依照法律的规定，法律行为必须通过特定的方式始能成立，或者在意思表示之外当事人还要履行特定的方式才能生效的，是要式行为。此外是不要式行为。

法律行为总要有一定的形式（方式），因为当事人要把自己的意思表示于外，这种表示行为必然具有一定的形式。因而没有任何形式（方式）的法律行为是不存在的。所以《民法通则》第56条中才说："民事法律行为可以采取书面形式、口头形式或者其他形式。"但这并不是说，一切法律行为都是要式行为（如果认为一切法律行为都是要式行为，那就根本没有什么不要式行为，也就没有区分要式行为和不要式行为的必要了），这样来理解要式行为是不正确的。

这里所说的要式行为并不是"具有一定方式（形式）的行为"，而是"以法律所规定的特定方式（形式）为必要"的行为。这里有两层意思，第一，法律为这种行为规定了一种特定的方式，不允许当事人选择其他的方式；第二，当事人如果不遵守这种规定，他的行为就不能成立或不能生效，也就不能发生他所希望的法律后果。所以不要式行为也可以定义为：当事人可以任意选择一种方式的法律行为。

《民法通则》第56条从两方面规定了法律行为的方式（形式）问题。前半段说："民事法律行为可以采用书面形式、口头形式或者其他形式。"这是规定当事人有选择行为方式的自由。这种情形下的法律行为属于不要式行为。后半段说："法律规定用特定形式的，应当依照法律规定。"这里规定的是要式行为。

要式行为有两种情形。第一种是法律规定行为人的意思表示要通过特定的方式表达出来。例如《经济合同法》第3条中规定："经济合同，除即时清结者外，应当采用书面形式。"又如《继承法》规定了各种遗嘱的形式。

第二种是法律规定行为人要将意思表示通过特定的方式表达出来，

并且还要由国家对之批准。这时当事人自己的意思表示必须与国家的意思表示结合起来，法律行为才能生效。例如《婚姻法》规定男女双方结婚，必须先有双方关于结婚的合意（双方意思表示的一致），然后应该将这种合意通过一种特定的方式表示出来，这种特定的方式就是向婚姻登记机关申请登记，然后再由婚姻登记机关代表国家予以批准，即给予登记，发给结婚证。

这两种情形的不同在于：在第一种情形中，只要当事人按照法定的方式作出意思表示，法律行为就成立。在第二种情形中，当事人只按照法定的方式作出意思表示还不够，还要由国家对当事人的意思表示加以审查予以批准，法律行为才成立生效。像结婚登记，只是当事人提出申请还不够，还要由婚姻登记机关审查批准并发给结婚证，结婚才成立生效。

《涉外经济合同法》第 7 条第 1 款中规定："当事人就合同条款以书面形式达成协议并签字，即为合同成立。"这规定的是第一种情形。同条第 2 款规定："中华人民共和国法律、行政法规规定应当由国家批准的合同，获得批准时，方为合同成立。"这规定的是第二种情形。

在法律规定为要式行为的情形下，当事人没有遵守法律规定时，该行为就不能发生应有的法律效果。至于那种行为能否发生其他的法律后果，则是另一问题。

三、民事法律行为的要件

（一）民事法律行为要件的意义

民事法律行为只有在具备一定的条件时，才能成立并发生效力（发生应有的法律效果），这种条件称为民事法律行为的要件。

民事法律行为的要件分为一般的要件和特殊的要件。一般的要件是一切法律行为都应具备的要件，也就是《民法通则》第 55 条规定的三点。特殊的要件是某种法律行为在一般的要件之外应该具备的要件。

特殊的要件在各种法律行为中互不相同。例如要式的法律行为以一定的形式为要件。

在一般情况下，法律行为成立后同时生效，所以不必区分成立要件与生效要件。但有些法律行为的成立和生效在条件和时间上有明显的不同，这时就要区分成立要件和生效要件。例如遗嘱人订立遗嘱的行为，在依法定方式订立后即行成立，但遗嘱要在遗嘱人死亡时才生效。附条件的法律行为在成立后并不即行生效，要到符合所附条件时才生效。

有时法律行为的成立或生效，除需要行为人的行为外，还需要国家的一定行为。例如结婚必须登记，转让专利申请权或者专利权的合同须经专利局登记和公告后才生效（《专利法》第 10 条），中外合资经营企业合同须经审批机构批准后生效（《中外合资经营企业法实施条例》第 17 条）。这时的登记、公告和批准都是国家的行为，但都构成民事法律行为的成立要件或生效要件。

（二）民事法律行为的一般要件

《民法通则》第 55 条规定民事法律行为的一般要件有三点。

1. 行为人具有相应的民事行为能力

民事法律行为能力是公民实施有效的法律行为的能力，所以公民要实施有效的法律行为就以有行为能力为必要，行为人必须具有行为能力就是民事法律行为的一般要件。

《民法通则》规定公民在行为能力方面的状况不是完全一样的，有完全行为能力人，有限制民事行为能力人，他们所能实施的法律行为也是不同的。所以作为法律行为一般要件的行为能力也不是人人一样的。在不同情况下，实施不同的法律行为时，应有的行为能力也有不同。这就是相应的民事行为能力的意思。具体地说，如下：

行为人如果是完全行为能力人，可以进行一切法律行为。换言之，完全行为能力是一切法律行为的要件。

限制民事行为能力人可以进行与他的年龄、智力相适应的法律行为，或者与他的精神健康状况相适应的法律行为，所以对于这一部分法律行为，只要具备有限制的行为能力就可以。至于除这一部分法律行为以外的法律行为，要由他的法定代理人代理进行，或者由他自己进行而在事前或事后取得他的法定代理人的同意。所以对于后面这一部分法律行为来说，这个要件应该是行为人自己的限制行为能力加上他的法定代理人的同意（事前的或事后的）。

上面说的法律行为主要指财产方面的行为。至于身份方面的行为，法律对于行为人的行为能力有特别规定的，应该依特别规定。

上面的论述是关于公民（自然人）的情形。至于法人，原则上也是一样的。这就是说，在行为人是法人的时候，民事行为能力也是民事法律行为应当具备的要件。不过公民的行为能力有完全行为能力和限制行为能力的分别，而法人没有这种分别。再者，法人的行为能力基本上与它的权利能力是一致的，法人的行为能力必须通过它的机关（代表）而表现，这些是法人在这个问题方面的特点。

2. 意思表示真实

法律行为之所以发生法律效果，是因为行为人具有发生该法律效果的意愿，这种意愿包含在行为人的意思表示之中，所以法律行为的效力都取决于意思表示的内容。关于意思表示的内容，有两点最重要，一是意思表示必须是真实的，二是意思表示的内容要合法，后一点在下面再讲。

意思表示真实（《民法通则》第55条第2项）包含两方面：一方面，行为人表示于外的意思（客观上表示出来的意思，也就是他人根据行为人的表示行为所辨认出来的意思）与他的内心意思（主观意思，行为人自己内心所认为的意思）要一致。如果二者不一致，就发生了意思表示不真实的情形。例如，甲想赠与他的朋友乙100元，但为防家人反对，就假装借给乙并写了借据。他作出的意思表示是出借，根据这个意思表示而成立的法律行为也是借贷行为。可是在他们心里的真实意思是赠与，而借贷的意思表示是不真实的。根据这种不真实的意思表示能否成立一个有效的借贷法律行为呢？法律认为，一个不真实的意思表示不能构成一个有效的法律行为。这就是说，法律行为必须建立在真实的意思表示的基础之上，法律行为必须以真实的意思表示为要件。

另一方面，这种意思必须是真正发自内心的，是由行为人自主形成的。如果这种意思的形成是受了外力干涉（影响）的结果，也就是行为人在一种不自主的状态下作出了意思表示，这种意思表示也不是真实的。在这种意思表示的基础上也不能成立有效的法律行为。例如，行为人受了欺诈或胁迫而作出某种意思表示，在这种意思表示（不自主的意思表示）的基础上也不能成立有效的法律行为。

3. 不违反法律或者社会公共利益

民事法律行为必须不违反法律或者社会公共利益，首先作为法律行为的要素的意思表示的内容要合法，所谓合法包括不违反法律，不违反社会道德（社会主义的道德），不违反社会公共利益各方面。

其次法律行为的形式也要合法。关于这一点，在前面讲要式法律行为时已经讲过。

以上三点是民事法律行为的要件。具有这三个要件的民事法律行为就是有效的，就可以发生应有的效力。至于不具备这三点中任何一点的行为，能否发生效力，规定在《民法通则》第 58 条，下面再讲。

四、民事法律行为的效力

（一）民事法律行为的效力的意义

具有法律所规定的要件的民事法律行为在成立后，即可发生该行为所应有的法律后果，使一定的法律关系发生变动。这时，就说这一法律行为发生了效力，也就是法律行为生效。这个法律行为就是有效的法律行为。

法律行为的效力表现在以下几方面：

1. 法律行为对于行为人自己具有法律约束力，行为人原则上不能把自己的意思表示撤回，非依法律规定或经过法定程序不得将意思表示变更，或者将已成立的法律关系解除（《民法通则》第 57 条）。

这里的行为人在单方行为只指一方当事人，在双方行为指双方的当事人，在共同行为指参加该行为的多数当事人。

在一般情况下法律行为成立后立即生效，这时我们可以不必细致地去划分成立和生效。不过也有法律行为成立后还不生效的情况。这时已成立的法律行为对行为人自己仍具有法律拘束力（这时称为法律行为的形式的效力）。例如，附条件的法律行为在成立时并不立即生效，但行为人也不能将之任意变动或解除。

对于某些特殊的法律行为，法律规定行为人可以不受拘束，这是一种例外情况。例如遗嘱人可以撤销、变更自己所立的遗嘱（《继承法》第 20 条）。

在双方行为，特别是合同，双方当事人可以通过合意改变或者解除合同，但一方当事人不得任意改变或者解除合同。

在身份方面的双方行为，即使双方当事人有了合意，也只有在法律允许的情况下才能由当事人自己解除关系。例如《婚姻法》中规定的自愿离婚就是如此。

2. 法律行为生效后，即依意思表示的内容发生权利义务关系的变动，即权利义务的设立、变更和终止，也就是当事人所意欲的效果（这时称为法律行为的实质的效力）。这种效果与权利的行使和义务的履行不是一回事，需要注意。例如，双方当事人订立买卖合同，买卖合同生效后，买方即取得请求交货的权利并负有支付价金的义务，卖方即取得请求价金的权利并负有交付货物的义务，这种权利和义务的发生就是合同行为的效力。至于双方当事人实际交货交钱，即权利义务的行使和履行则是合同的履行问题。合同的履行以合同生效为前提，但并不是一回事。

有时法律行为生效后，除发生行为人意思表示内容中的效果（行为人所意欲的效果）外，还发生法律所规定的其他效果。例如，在买卖合同生效后，出卖人还负有对出卖物的缺陷的担保义务。这些问题将在讲合同时再讲。

3. 法律行为生效后，这种法律行为即为国家（由法院代表）所承认并为国家（法院）所保护，由这种法律行为所建立的法律关系也为国家所承认和保护。这一点不用多讲。

（二）民事行为无效的情况

有些民事行为由于不具备民事法律行为的要件，即使它具有民事法律行为的外表，也不是真正的民事法律行为，当然不能发生真正的民事法律行为的效力。这就是《民法通则》第 58 条规定的情况。

《民法通则》第 58 条规定，下列民事行为无效：

1. 无民事行为能力人实施的。无民事行为能力人不能自己进行民事活动，必须由他的法定代理人代理进行（《民法通则》第 12 条第 2 款和第 13 条第 1 款）。如果无民事行为能力人未由他的法定代理人代理而自行实施某种行为，即使这种行为具有法律行为的外表，也是无效的。例如，不能辨认自己行为的精神病人与他人签订了合同，这种签订合同的行为就是无效的。

2. 限制民事行为能力人依法不能独立实施的。限制民事行为能力人只能实施一部分民事法律行为，另一部分民事法律行为不能由他独立实施，需要由他的法定代理人代理或者征得他的法定代理人的同意（《民法通则》第 12 条第 1 款和第 13 条第 2 款）。如果限制民事行为能力人实施了他所不能独立实施的行为并且未征得他的法定代理人的同意，这种行为就是无效的。

3. 一方以欺诈、胁迫的手段或者乘人之危，使对方在违背真实的意思的情况下所为的。这里说“一方”使“他方”，只是说一个人使另一个人，不应该误会为是指双方行为中的双方当事人。因为《民法通则》第 58 条里所列举的七种行为，除了第六种指明是合同行为外，都包括单方行为、双方行为和共同行为。一个人以欺诈、胁迫手段使另一个人在违背真实意思的情况下为某种行为也有不同的情况。例如，甲胁迫乙订立一个违背乙的真实意愿的遗嘱，乙在这个遗嘱里的意思表示就是不真实的，遗嘱应该无效。又如，甲胁迫乙与甲订立一个违背乙的真实意愿的合同，这个合同就因为合同当事人的一方（乙）的意思表示不真实而是无效的。再如，甲胁迫乙与丙订立一个违背乙的真实意愿的合同，这个合同就因为合同一方当事人的意思表示不真实而是无效的。复如，甲胁迫乙、丙二人订立一个违背乙、丙二人的真实意愿的合同，这个合同就因为合同双方当事人的意思表示不真实而是无效的。欺诈和乘人之危的情况也是如此。

这里说的三种意思表示，都属于前面说的不自主的意思表示。第一种是故意以不真实的事向人表示，使人陷于错误而作出意思表示；第二种是故意以足以发生危害的事向人表示，使人发生恐怖而作出意思表示；第三种是故意利用他人的急迫困难，使人不得已而作出意思表示。这三种情形的共同点是：一方（欺诈人、胁迫人、乘他人之危的人）有欺诈、胁迫或乘人之危的故意行为，另一方（受欺诈人、受胁迫人、陷于危境的人）因欺诈、胁迫或陷于危境而作出了不由自主的意思表示。

这样作出的意思表示都属于不真实的，在这种不真实的意思表示的基础上作出的行为是无效的。

要注意的是，无效的是受欺诈人、受胁迫人、陷于危境的人作出的行为，至于那个作出欺诈行为的人、作出胁迫行为的人和乘人之危的人的行为则属另一回事。

4. 恶意串通，损害国家、集体或者第三人利益的。这也属于意思表示不真实的情形，不过比一般的意思表示不真实的情形更要严重些，其要件有三点：第一，行为人与其相对人共同作出不真实的意思表示，即作出虚假的行为；第二，这种虚假的行为损害了国家、集体或者第三人的利益；第三，对于意思表示不真实以及这种行为有损于国家、集体或者第三人的利益，行为人与其相对人都明明知道（恶意）而互相进行了通谋。例如，我国《个人所得税法》规定劳务报酬所得一次数额在 800 元以上的就应该纳税，某甲为某公司提供劳务，得到报酬 2000 元，依法应该就其超过 800 元的部分即 1200 元纳税。某甲为了逃税，与公司通谋，订立虚假的买卖合同，把这 2000 元作为公司付给某甲的一笔货款。这个买卖合同就属于双方恶意串通而损害国家利益的行为，应属无效。

5. 违反法律或者社会公共利益的。行为人的行为违反法律的强行规定的无效。例如，我国法律不许买卖人口，不许买卖枪支，不许买卖毒品，当事人间订立的买卖人口、买卖枪支、买卖毒品的合同当然无效。不仅直接以违法行为为内容的合同无效，就是间接以完成违法行为为目的的合同也无效。例如，为雇人收买毒品而订立的雇佣合同，雇人杀人而给予报酬的合同都无效。

违反社会公共利益的行为也是无效的。某种行为虽然没有违反法律规定，但是违反了我国社会公共利益，也无效。例如我国有些地方政府鼓励利用铺面房屋发展第三产业，而某铺面房屋的所有人在出租该房屋时与承租人约定不得用该房屋经营饭馆。这种约定违反了社会公共利益，应为无效。

这里也包括违反社会主义道德的情形。例如男女离婚时，约定儿子归男方并与其母断绝往来。这种约定是无效的。同样，约定女方在若干年内不得再与他人结婚，也是无效的。

6. 经济合同违反国家指令性计划的。我国现在还有一部分计划属于指令性计划，国家规定“企业在确保完成国家指令性计划和供货合同的前提下，可以组织超产，超计划生产的部分，除国家有特殊规定不准自销者外，全部可以自销”（国家计委《关于改进计划体制的若干暂行规定》)。如果企业在没有完成指令性计划时就把产品自销因而破坏了国家指令性计划的完成，它与其他企业订立的这种自销的经济合同是无效的。

7. 以合法形式掩盖非法目的的。企业间高价倒卖物资，常常利用合法形式为其掩盖。例如，一辆汽车的价格是 2 万元，以 3 万元的高价卖出。卖方和买主订立两个合同，一个是买卖合同，其中写明汽车价格 2 万元；另一个是借贷合同，写明借给 1 万元。这时的买卖合同和借贷合同都应该无效。现在有些企业以联合经营分配利润的形式掩盖它们之间的一些非法活动，都属于这一类。

（三）民事行为的部分无效问题

一般来说，行为人的一个行为如果无效，应该是这一整个行为无效。但在特殊情况下，如果行为可以分为几个部分，其一部分的无效不影响其他部分的效力的，其他部分仍然有效（《民法通则》第 60 条）。这里有两点，第一，必须这个行为可以分为几个部分。如果行为根本不可分，当然不发生这个问题。例如，在一个买卖合同里买卖一种东西是不可分的，在一个买卖合同里买卖几种东西，这个合同就可以依买卖物的不同而分为几部分。第二，必须一部分的无效不影响其他部分的效力。符合这两点时，才能依照《民法通则》仍使其他部分有效。例如，在一个买卖合同里，买卖一所房屋和一批毒品，关于毒品买卖的部分无效，关于房屋买卖的部分仍然有效。又如，在一个遗嘱里对两个人为遗赠，在遗嘱生效时有一个受遗赠人已经死去，这时对死去的受遗赠人的遗赠无效，对另一个人的遗赠仍然有效。

（四）民事行为的变更或撤销

1. 变更或撤销的意义

民事法律行为从成立时起具有法律约束力，行为人不得任意变更或者解除。但是在一定情况下，法律对于已经成立生效的法律行为，准许行为人予以变更或者撤销。变更是说改变法律行为的内容和效果。撤销是说取消法律行为的效力，使其失去原来已发生或应发生的效力。

这一点规定在《民法通则》第59条。对民事行为的变更或撤销与《民法通则》第58条规定的民事行为的无效有重要的区别：

第一，第58条规定的各种行为是根本不能生效的行为，它的效力一直没有发生。第59条规定的行为是已经成立并生效的法律行为，经过变更和撤销后，它的效力才发生改变或者失去效力。如果不经过变更或撤销，它的效力将一直存在。

第二，第58条规定的各种行为既然没有发生效力，所以它的无效不待任何人主张，也不需要经过什么手续。[①] 第59条规定的行为，必须经过一定的手续才能变更其效力或消灭其效力。

由于这种区别，我们把第59条规定的行为称为得变更或得撤销的法律行为，以区别于第58条规定的无效的行为。

这里所说的“撤销”与“终止”不同。撤销有溯及既往的效力，使已成立或生效的法律行为从行为开始起就无效。终止没有溯及力，只能使已成立或生效的法律关系从终止时起向后失去效力。例如，一个房屋租赁合同，在租赁继续了1年后，当事人（一方或双方）终止

① 当然，在当事人因此发生争执时，仍有诉诸法院的必要，但这与第59条规定必须请求法院变更或撤销的情形不同。

合同，就是使合同向后失效，原来1年内合同是有效的。如果是撤销，原来的一年也就成为无效的了。

2. 得变更或得撤销的法律行为

《民法通则》第59条规定的得变更或得撤销的法律行为有两种：

（1）行为人对行为内容有重大误解的。行为人对行为内容有重大误解，是说行为人如果没有误解，他就不会从事这一行为。这里所说的行为内容包括当事人、标的物和法律行为的性质。例如一个企业想要雇用一个懂英语的人，却雇来一个不懂英语的；一个人想买鸭蛋，买来的却是鸡蛋；一个人想租机器，却在一份出售机器的合同书上签了字。

在这种情况下，行为人都有权提出变更他的行为的内容。例如在前面的例子中，更换不懂英语的人为懂英语的人，更换鸡蛋为鸭蛋或减少所购鸡蛋的数量。他也可以提出撤销他们之间的合同，使合同从开始时就失去效力。

（2）显失公平的。显失公平指当事人双方的权利义务在客观上明显地不相当，形成不公平的结果。判断是否显失公平，应该从社会上大多数人的立场出发，不能只凭当事人的主观认识决定。《民法通则》第4条规定，民事活动（这里当然是指财产行为）应当遵循公平、等价有偿的原则，显失公平的行为违反了民事活动的原则，所以法律规定，因显失公平的行为而受不利益的一方可以提出变更（如改变双方的权利义务）或撤销该行为。

显失公平的行为只限于财产上的行为，身份方面的行为（如结婚）当然没有这个问题。

3. 变更或撤销的方式

变更或撤销须由有权的一方当事人请求法院或仲裁机关进行。第一，请求变更或撤销是当事人一方（因误解或显失公平受到不利益的一方）的权利。他可以行使这个权利，也可以不行使。如果他不行使，即不向法院或仲裁机关提出请求，法院或仲裁机关不得主动干预。第二，必须向法院或仲裁机关提出请求办理。这是有权的一方行使权利的必要方式。他不能直接向对方请求（如果对方同意，那是另一问题）。第三，法院或仲裁机关对于这种请求应该依法加以审理。法院或仲裁机关认为请求有理由时，应该以法院或仲裁机关的名义将该行为予以变更或撤销。此时即发生变更或撤销的效果。法院或仲裁机关认为请求无理由时，应该以判决驳回。此时该行为即维持原来的效力。

4. 行为无效或被撤销后的效果

（1）无效的民事行为，从行为开始起就没有法律约束力（《民法通则》第 58 条第 2 款）。无效的民事行为，根本就没有成为有效的民事法律行为，当然不发生任何法律约束力。

被撤销的民事行为从行为开始起无效（《民法通则》第 59 条第 2 款），这是撤销的溯及力。可见得撤销的行为被撤销后就同无效的行为是一样的。但要注意，在未被撤销时，它还是一个有效的行为，而如果一直不被撤销，它将一直是一个有效的法律行为，具有有效的法律行为的一切效力。[①]

（2）《民法通则》第 58 条里的行为本来是不发生法律效力的，但如果当事人间有争执时，还是要由法院或仲裁机关加以确认。这种确认是对于已经客观存在的事实（行为无效）加以确认，撤销是法院使

① 一些外国的民法对于法律行为的撤销规定有一定的期限。期满后不得再撤销，以维持法律关系的稳定。

已生效的法律行为失去效力，两件事完全不同。不过在民事行为被确认为无效或者被撤销后，都要发生如下的后果(《民法通则》第 61 条):

第一，双方都应该恢复行为前的原状，因此当事人任何一方因该行为取得的财产，应当返还给对方，即受损失的一方。不能返还时，应赔偿损失。

第二，有过错的一方应当赔偿对方因此所受的损失，双方都有过错的，应当各自承担相应的责任。

第三，双方恶意串通，实施民事行为损害国家的、集体的或者第三人的利益的，应当追缴双方取得的财产，收归国家、集体所有或者返还第三人。

以上三点是法律特别规定的效果，不是行为本身的效力。

五、附条件的民事法律行为

(一)对民事法律行为“附条件”的意义

在一般情况下，当事人实施民事法律行为都使该法律行为成立后即行生效。但在一定情况下，当事人也可以对已成立的法律行为的效力的发生和消灭加以限制，这就是对民事法律行为“附条件”。“条件”就是当事人对法律行为的效力的发生和消灭所加的限制。这是广义的条件。

广义的条件有下面几种情况:

1. 使法律行为并不立即生效，要在一定的情况实现时，效力才发生。这又有两种情况:

1.1 这种情况确定能实现。例如，我愿送你 500 元，但要在明年元旦才送给你。

1. 2 这种情况能否实现不确定。例如，我愿送你 500 元，但要在你考上大学时才送给你（能否考上大学，不确定）。

2. 法律行为立即生效，但效力不会无限期地延续下去，在一定的情况实现时，效力就消灭。这也有两种情况：

2.1 这种情况确定能实现。例如，我从现在起订阅报纸，到满 1 年时停止订阅。

2.2 这种情况能否实现不确定。例如，我从现在起订阅报纸，到我 80 岁时停止订阅（能否活到 80 岁，不确定）。

在传统的民法学中，上列的 1.2 和 2.2 称为条件，其中 1.2 称为停止条件，2.2 称为解除条件。上列的 1.1 和 2.1 称为期限，其中 1.1 称为始期，2.1 称为终期。《民法通则》没有分别规定条件和期限，只在第 62 条规定："民事法律行为可以附条件，附条件的民事法律行为在符合所附条件时生效。"我们认为，《民法通则》这一条里说的条件是上面说的广义的条件，应该包括上面列举的四种情况。

对民事法律行为附上条件，这是当事人的自由，附条件也属于当事人实施法律行为的一部分行为。所附的条件与原有的意思表示组成一个整体，并不是两个意思表示。再者，附条件是当事人对自己所实施的法律行为的效力的发生和消灭所加的限制，与法律所作的规定不同。例如法律规定遗嘱要在遗嘱人死亡时才生效，这不属于附条件问题。

当事人对法律行为所附的条件必须合法，即不违反法律、社会公共利益和社会主义道德。例如，"如你将某人杀死，我赠送你 1000 元"，这是以犯罪行为为条件。又如，"你如终身不婚，我每月供你生活费若干元"，这是以限制他人的婚姻自由为条件。再如，"你不与你的母亲往来，我每月给你 10 元"，这是以不道德的事件为条件。这些条件都是不合法的，从而整个法律行为是不合法的，应该无效。

上面说对自己的法律行为附条件是当事人的自由，但对有些法律行为不许附条件。例如身份上的行为（结婚、离婚、收养等）都不能附条件。[①]票据行为，也是不能附条件的。

（二）限制法律行为效力的发生的条件

当事人使法律行为的效力暂不发生，在一定情况出现时效力才发生，这是限制法律行为的效力，使其在一定期限内不发生的条件。

这个使法律行为效力发生的情况如果是确定可以实现的，这种条件称为始期。始期的到来是确定的，不过日期有确定的，也有不确定的。前者如到本年底，我送你1000元；后者如到我死时，把这本书送给你（人肯定要死，但哪一天死则不确定）。[②]

使法律行为效力发生的情况如果是不一定能实现的（不能确定实现的），这种条件称为停止条件。停止条件中规定的情况，能否实现是不确定的，可是判明其实现或不实现的日期则可能是确定的（也可能是不确定的）。例如，在你考取本届大学生时，赠你100元。这个条件能否实现（能否考取）是不确定的，但因本届大学招生考试是有确定日期的，所以判明条件能否实现（能否考取）的日期是可以确定的。至于像在你结婚时，赠你100元这个例子中，什么都是不确定的，是否结婚是不确定的，要判明你结婚与否也没有确定的日期。

附有始期的法律行为，因始期的到来是确定的，所以法律行为总会生效，不过生效的确切日期有远有近。附始期的法律行为不会有永

① 有的外国民法对此有明文规定。

② 这是附有始期的赠与，与遗赠（定在遗嘱中）不同。

不生效（无效）的情况。

附停止条件的法律行为，稍有不同。因为停止条件里的情况的实现是不确定的，所以法律行为附有停止条件时，其结果有三种：（1）条件实现之前，效力暂不发生；（2）条件实现时，效力发生；（3）条件经判明不能实现时，法律行为确定不能发生效力，也就等于法律行为是无效的。

（三）决定法律行为的效力的消灭的条件

当事人使法律行为已发生的效力在一定情况出现时消灭，即法律行为失去效力，这是决定法律行为的效力的消灭的条件。

这个使法律行为失去效力的情况如果是确定可以实现的，这种条件称为终期。终期的到来是确定的，不过日期有确定的，也有不确定的。前者如我每月给你生活费 100 元，到今年年底停止给付。后者如我每月给你生活费 100 元，到你死时为止。

使法律行为失去效力的情况如果是不一定能实现的（不能确定实现的），这种条件称为解除条件。解除条件中的情况能否实现是不确定的，可是判明其能否实现的日期则可能是确定的，也可能是不确定的。前者例如我每月赠你生活费 100 元，到你投考本届大学被录取为止；后者例如我每月赠你生活费 100 元，到你考取大学为止（今年考不取，以后还可以考，所以判明其能否实现的日期也不确定）。

附有终期的法律行为，因终期的到来是确定的，所以法律行为总是会失效的。

附解除条件的法律行为，稍有不同。在解除条件实现前，法律行为已生效而且继续有效；在解除条件实现时，法律行为失效；在解除条件确定不能实现时，法律行为的效力将一直保持下去。

第六章 | 合同的订立[①]

一、概述

（一）合同的订立的概念

合同的订立又称“缔约”，是指当事人之间为了建立具体的合同关系，通过交互进行的意思表示以期达成意思表示一致而形成合意的过程。

合同的订立不同于合同的成立，尽管通常很少作这样的区分。合同的订立是一个动态过程，是当事人基于缔约目的而进行意思表示的互动过程；合同的成立是合同订立过程的结果，是当事人间合同关系的形成与开始。合同的订立作为具体合同的形成过程，可以包括要约邀请、要约、承诺等诸阶段；合同的成立则是合同订立过程的一个阶段，并且是最终阶段。因此，没有合同的订立，就没有合同的成立；而合同的成立，则是合同订立过程所产生的合乎当事人缔约目的的结果。

① 1999 年 3 月 15 日，《合同法》通过。为宣传《合同法》，法律出版社组织专家学者写成《合同法原理》（2000 年 1 月出版）一书。其中“合同的订立”一章由谢先生和陈甦同志合作撰写。——编者

《合同法》规范合同的订立，具有特别重要的意义。合同的订立是合同过程的第一阶段，合同从成立到消灭，其间所涉各种合同制度的运用或适用须以合同的订立为发端，具体的合同不存在，其他各种合同制度便无从运用或适用。交易内容的丰富性导致合同制度的复杂性，但种类不同、内容各异的合同均须经历合同的订立阶段，在实际社会经济生活中运用各类具体合同，解决各种合同问题，首先要判明具体的合同是否形成。《合同法》上关于合同的订立的法律规范，主要就是为了给社会经济生活提供一套实体法上的判断与评价标准，以便在实体法意义上确定社会经济生活中是否形成一个具体的合同。合同法对合同的订立制度规定得适度得当，便可以促进交易主体间合同关系的有效运用，促进整个合同制度的有序实现。

以下再分别加以说明：

1. 合同的订立，必须在两个或多个当事人之间进行。《合同法》第2条第1款规定："本法所称合同是平等主体的自然人、法人、其他组织之间设立、变更、终止民事权利义务关系的协议。"据此规定，合同的订立至少应当在双方当事人之间进行，或者说合同订立的当事人之间应当具有区别性，是相互独立的意思主体。在合同订立过程中，当事人可以亲自订立合同，也可以依法委托代理人订立合同。立法上与学理上通常把当事人具有相应的权利能力与行为能力，作为合同的生效要件，但合同法为提高合同订立过程的有效性，特别强调当事人订立合同，应当具有相应的民事权利能力和民事行为能力（《合同法》第9条）。

2. 合同的订立是一个当事人之间意思表示的互动过程。合同的订立是一个充分体现当事人意志的意思交流过程，是一个不同主体的意思接触、交流、整合以至最终形成合意的过程。判断一个主体是否为具体合同订立的当事人，首先要看特定主体在具体合同的订立过程中能否为独立的意思表示。当然，仅有一方当事人的意思表示不足以形成一个具体合同，必须是双方当事人互致意思表示，才有可能形成合意并成立合同。合意的形成需要具备两个前提：其一，意思的独立性。参与合同订立的当事人首先必须具有意思能力，可以为独立的意思表示。没有意思的独立性，就没有意思的交流性。其二，意思的交流性。只有通过当事人独立意思的相互交流，才能够形成合意。

3. 参与合同的订立的当事人须有缔约目的。意思表示，指向外部表明意欲发生一定私法上法律效果之意思的行为。在合同订立过程中，当事人为意思表示所要实现的私法上的法律效果便是成立一个具体的合同，即合同订立过程中的当事人应具有缔约目的。缔约目的具有三层含义：其一，当事人意欲在他们之间建立特定的关系；其二，当事人意欲建立的关系是法律上的权利义务关系；其三，当事人意欲使他们之间的权利义务关系获得法律强制执行的效力。

4. 在合同的订立过程中，当事人的意思表示必须具有适法性。合同订立过程中意思表示的适法性，是指当事人的意思表示属于合同法的适用范围，应当受合同法的规范。人们在社会经济生活中外现其意思的活动，并不都受法律规范，但合同订立过程中的意思表示却须受法律规范，即具有适法性。合同订立过程中意思表示的适法性体现在四个方面：（1）依法定性。当事人的意思表示是属于要约邀请、要约还是承诺，需依据合同法进行判断。（2）依法约束。当事人作出要约或者承诺的意思表示后，需接受合同法相关规范的约束。（3）依法归责。当事人的意思表示如果违反有关合同的订立的法律规定，应当依法承担相应的法律责任，如缔约过失责任。（4）当事人的意思表示属于合同法的适用范围。《合同法》第 2 条第 2 款规定：“婚姻、收养、监护等有关身份关系的协议，适用其他法律的规定。”这一规定将所谓的“身份契约”排除于《合同法》规定的“合同”之外。

但是我国《合同法》也未规定《合同法》里的合同限于所谓“债权债务合同”而排除所谓“物权合同”。因为第 2 条只说“民事权利义务关系”而不是说“债的权利义务关系”。从前学者解释《民法通则》时，认为通则将合同规定在第 85 条，而这一条是位于第五章“第二节　债权”之中，因而主张《民法通则》中的合同应限于债权合同而不包括物权合同。现在《合同法》第 2 条第 1 款给合同作的定义和《民法通则》给合同作的定义是大体相同的，但其上没有“债权”的限制，就难于对之作相同的解释。而且在《合同法》的最初草案中用的是“债权债务关系”，这个问题就更突出了。更成问题的是，《合同法》公布施行后，《民法通则》仍然存在且有效，两个法律对“合同”这一概念的解释应该一致才好。这一问题的解决有待于有权机关的有权解释。

5. 合同的订立过程的结果，可分为积极结果和消极结果。任何合同的订立过程总会有一个结果，但并不是任何合同的订立过程都会产生一个合同。积极结果是经过合同的订立过程，当事人意欲订立合同的目的实现，形成了一个具体的合同。消极结果是在合同的订立过程完结后，当事人意欲订立合同的目的落空，没有形成具体的合同。

（二）合同的成立要件

如上所述，合同订立的积极结果是合同成立。这也是当事人的目的所在。

合同属于法律行为中的双方法律行为，由两个意思表示——要约和承诺——组成。这种法律行为的成立要件也就是合同的成立要件。当然，由于合同只是法律行为的一种，其成立要件又具有一定的特点。

下面分别叙述。

1. 当事人

合同既属于双方法律行为，其当事人应有双方。各方的当事人可以是一人或多人，分属于对立的双方。所谓对立，是指双方的利益和行为目的是对立的，不像共同行为中的多数当事人的利益和目的是一致的（同方向的）。例如买卖合同的当事人双方一为出卖人，一为买受人，出卖人的目的是卖出其财产而取得价金，这是他的利益所在，买受人的目的是付出价金而取得对方的财产。合伙合同的当事人可以超出双方，而且各方（各合伙人）的利益和目的也是一致的（都是经营或从事一个共同事业），但仍与共同行为（例如组织一个公司）有所不同，即各合伙人的出资互为对待关系（与公司各股东的出资不同），所以合伙人间仍属合同关系，而且合伙不成为一个法人（当然，合伙在合同中是具有特色的，与其他大多数合同究有不同）。

合同里的当事人必须是相互独立的权利主体，这样，双方当事人才能独立地作出对立的意思表示。当前有的企业内部实行“合同化管理”，生产车间须与本企业仓库订立材料供应合同，车间依据“合同”从仓库提取原材料，但由于车间与仓库并不是相互独立的意思主体，因此该“合同”并不是合同法意义上的合同，而只是企业内部核算管理的一种制度。

2. 标的

法律行为的标的是指当事人通过法律行为所要完成的事项。就合同来说，就是当事人双方通过订立合同所要完成的行为，也就是合同的内容。例如买卖合同的标的是双方当事人间财产的移转与价金的支付，雇佣合同的标的是提供劳务与支付报酬，合伙合同的标的是共同事业的经营。订立合同必须有一定的标的，否则，漫无边际，合同无由成立。

标的与标的物不是一回事，通常很容易将二者混为一谈。标的物是指通过合同而在当事人间移转的财产（物）或当事人所应交付的物。如买卖的标的物是出卖人出卖（买受人买入）的财产。人的行为可以成为合同的标的，但不能成为标的物。因此，有的合同既有标的又有标的物，有的合同有标的而无标的物。例如在雇佣合同中，其标的是一方提供劳务（行为），但不能说劳务（劳动力）是标的物。

3. 意思表示

合同的成立，不仅双方当事人都要有意思表示，即要有对立的两个意思表示，而且双方的意思表示要“一致”，即双方达成一个“合意”。所谓合意，即双方当事人的意思表示在内容上一致。例如出卖人愿意向买受人交付一定财产而取得一定价金，买受人也愿意向出卖人支付一定价金而取得一定财产。在两种意愿中，财产和价金在双方之间的移动是一致的。这种一致与共同行为中多数当事人意思表示的一致，例如多数股东出资组建一个公司，是不同的。合同法特称之为“合意”。

以上三点，称为合同的三要素。法律常赋予各种合同的当事人以特定的名称，例如称买卖合同中收受价金而交付财产的一方为出卖人，称其对方（支付价金而接受财产）为买受人等（只有合伙合同的当事人都称为合伙人）。这样便于明确各方的权利义务。法律对双方的意思表示也特称为要约与承诺。

以上三点是合同的成立要件，特别是意思表示一点最为重要。所以许多法律明文规定双方意思表示之一致（合意）为合同成立的标志。《拿破仑法典》径直规定“契约为一种合意”（第 1101 条）。我国台湾地区“民法”第 153 条第 1 款规定：“当事人互相表示意思一致者，无论其为明示或默示，契约即为成立。”《瑞士债务法》第 1 条规定：“契约之缔结以当事人双方意思表示之合致为必要。”都是表明这一点。

至于合意所及的范围也是一个重要问题。订立一个合同，由于内容的复杂性，需要达成合意之点很多。需要双方当事人就所有各点均达成合意，还是只要就某些重要之点达成合意，法律的规定是由严格而转向宽松。《德国民法典》从反面对此的规定是：“就契约所有各点，当事人未经合意，而依当事人一方或双方之意思表示，关于此点须经合意，在有疑义时，推定其契约不成立。此时对个别之点的合意，虽有记载，也不生效力。”（第 154 条第 1 款）这可以说是最严格的规定。《瑞士债务法》第 2 条的规定已趋宽松：“当事人就契约重要之点，意思已趋一致，即使对于从属之点尚有保留者，推定其无碍于契约的效力。对于保留的从属之点意思不一致时，法院可依行为的性质决定之。”我国台湾地区“民法”第 153 条第 2 款规定：“当事人对于必要之点意思一致，而对于非必要之点未经表示意思者，推定其契约为成立。关于该非必要之点，当事人意思不一致时，法院应依其事件之性质定之。”这都是赋予法院以补充权的规定。

我国原来的《经济合同法》第 9 条规定：“当事人双方依法就经济合同的主要条款经过协商一致，经济合同就成立。”另于第 12 条对“主要条款”加以规定。现在的合同法就这个问题未作规定，但从法理上说，合同以意思表示一致为成立要件，也是自明之理。从《合同法》第 25 条（“承诺生效时合同成立”）也可推知此点。至于合意范围问题，《合同法》也规定了许多条文以求解决，如第 61 条、第 62 条以及分则中就各种合同所作的规定（如第 141 条）就是如此。法院在当事人发生争议时，能否对当事人的意思表示作出补充或解释，依照我国的司法实践，应该是可以的。

合同的成立，除了上述一般成立要件外，有时还需要某些特别成立要件。例如在要物合同（实践合同）中，合同的成立除有双方当事人的合意外，还须有物的交付。我国《合同法》中明文规定其为要物合同的有保管合同。《合同法》第367条规定："保管合同自保管物交付时成立，但当事人另有约定的除外。"因而保管物的交付就是保管合同的特别成立要件。在现代各国民法中，一些传统的要物合同（如消费借贷合同）已转为诺成合同。要物合同已越来越少。

有时法律对合同的成立规定某种其他条件，如《合同法》第293条中规定，"客运合同自承运人向旅客交付客票时成立。"客票并不是合同的标的物，所以这种规定与上述要物合同有所不同。但客票的交付则是客运合同的一个特别成立要件。

合同的成立与合同的生效是不同的。合同的成立是确认合同有效的前提，只有存在一个具体的合同，才有必要判断该合同是否有效。判断合同成立与否，解决的是意思表示内容的一致性；判断合同生效与否，解决的是意思表示内容的合法性。因此，生效的合同必须是已经成立的合同，而已经成立的合同未必是一个生效的合同，如合同虽已成立但无效，或被撤销，或效力未定。合同的成立与合同的生效，不仅在其性质上不同，在时间上也有差异。对于一个有效合同来说，在许多情况下，合同成立与合同生效的时间是一致的，但也有不一致的情形，如附停止条件的合同。

（三）合同的形式

1. 合同的形式概述

当事人在合同订立过程中所达成的合意实质上是合同的内容。合同当事人的合意总是要通过一定的方法或者手段外现，因而合同的形式，就是指作为合同内容的合意的外现方法或者手段。合同的形式具有两层含义：其一，是指合同内容即合意的外现形式。当事人为形成合意的意思表示是一种信息传递，而信息传递总是要借助一定的物质手段或物质载体，合同的形式就是形成合意的意思表示的手段或载体形式，如口头形式、书面形式。其二，也是指合同的识别与确认形式。当事人在合同订立过程中，可以在要约与承诺之外，再作附加的特定的意思表示，以使当事人双方及外界识别和确认其合意，即当事人的意思表示包含了合同的实质内容与形式内容，构成合意的意思表示属于合同的实质内容，为识别和确认其合意的意思表示属于合同的形式内容。合同的形式内容也要通过语言、文字、动作等形式外现，远者如罗马法上的“要式口约”，近者如合同确认书。我国《合同法》上的合同形式，主要是指合同内容的外现形式。

在合同法制史上，严格的形式主义是早期合同的显著特点，而且这种形式主义不仅是体现在当事人合意的外现形式上，更多的是体现在为识别和确认当事人合意的意思表示上。在罗马法上，单有当事人双方的合意还不足以产生合同，当事人达成合意之后，还必须履行一种固定的手续和仪式。[①] 后来由于社会经济的发展，要求在交易安全的前提下追求交易便捷，从重形式到重意思的发展在大陆法系和英美法系的合同法历史上均有明显表现。时至今日，对合同形式的特别要求，已经不再是当代合同法的重要内容。例如，《联合国国际货物销售合同公约》第 11 条规定：“销售合同无须以书面订立或书面证明，在形式方面也不受任何其他条件的限制。销售合同可以用包括人证在内的任何方法证明。”

在我国合同法的发展过程中，曾经特别强调合同书面形式的重要

① 王家福、谢怀栻等:《合同法》，中国社会科学出版社 1986 年版，第 36 页。

性。例如,《经济合同法》第3条规定:“经济合同,除即时清结者外,应当采用书面形式。当事人协商同意的有关修改合同的文书、电报和图表,也是合同的组成部分。”《涉外经济合同法》第7条第1款中规定:“当事人就合同条款以书面形式达成协议并签字,即为合同成立。”随着社会主义市场经济的不断发展与社会主义法治建设的不断完善,要求合同法体现对交易安全与交易便捷的均衡追求,在合同形式问题上,应当赋予当事人更多的选择余地以及更大的选择权利。《合同法》第10条规定:“当事人订立合同,有书面形式、口头形式和其他形式。法律、行政法规规定采用书面形式的,应当采用书面形式。当事人约定采用书面形式的,应当采用书面形式。”从这一规定可以看出:(1)《合同法》允许的合同形式,包括口头形式、书面形式和其他形式。(2)合同形式包括法定形式和约定形式,在法律没有强制性规定的情况下,当事人可以自由选择合同的形式。(3)《合同法》已经弱化了对合同必须采取书面形式的要求,不对合同应否采用书面形式作一般性规定,只是在其他法律规定某类合同须采用书面形式时,合同法才要求当事人遵循有关法律的规定。

2. 口头形式

合同的口头形式是指当事人以直接对话的方式订立合同。这种“对话”包括面对面的谈话,也包括通过电话的对话。现在,计算机网络的规模化开通与广泛性使用,使网络对话成为普遍可能,而网络对话是以文字形式进行的,应属于书面对话。通过网络对话签订的合同,应当属于书面合同。因此,合同的口头形式,应当是指当事人以语言作为意思表示手段,通过语言表现合同内容的合同形式。当事人使用语言的方法,可以是面谈、电话、手语等。

合同采用口头形式,并不意味着当事人在订立口头合同过程中完全不使用文字。合同的形式，是指当事人最终形成合意的形式。在合同订立过程中，当事人意思表示可以采用同一形式，也可以采用不同形式，当事人订立口头合同时，通常是口头要约、口头承诺，但也可以是口头要约、书面承诺，或者书面要约、口头承诺。比如，要约人发传真要约，受要约人接到传真要约后，完全可以通过电话承诺。在当事人之间采取不同方式订立同一合同时，口头形式应当具有优先被承认的效力，如果一方当事人发出书面要约，而受要约人以口头形式表示承诺，该合同形式应认定为口头合同，反之亦然。

口头合同是通过人的记忆保存其内容，复述口头合同时容易失真，发生合同纠纷时也难以取证。因而有一种观点认为，不能即时清结的合同和标的数额较大的合同，不宜采取口头形式，而应当采取书面形式。合同法草案一度也采纳过这种观点。实际上，一个具体合同的安全系数，主要与当事人的信誉相关，当事人在订立合同时究竟需要采用何种形式，应当由当事人根据对方当事人的信誉状况以及合同的内容，自主进行判断。如果当事人相互了解不充分，合同标的数额较小，也应采用书面形式；如果当事人信誉良好并且相互了解充分，合同标的数额较大，也可采用口头形式。因此，合同法不必代替当事人作这种判断，也不必强制规定当事人在何种情形下应当采用何种合同形式。

3. 书面形式

合同的书面形式是指当事人以文字作为意思表示手段，通过文字表现合同内容的合同形式。在现代社会，文字的物质载体不限于纸张，数据电文也是广泛使用的文字载体。因此从文字的物质载体形式进行界定，书面形式是指合同书、信件和数据电文（包括电报、电传、传真、电子数据交换和电子邮件）等可以有形地表现所载内容的形式（《合同法》第 11 条)。

合同的书面形式种类很多:(1)合同书。所谓合同书,即记载双方当事人合意事项的书面文件。合同书的主要作用,在于将双方当事人的合意具体化、明确化和定型化。合同书属于正规的书面合同形式,其具体内容由当事人双方拟定。关于合同书的格式,可以采取表格式或者条文式。合同书一般由合同名称、正文、附则或附件、签章等几部分组成,其中正文由合同条款组成,是合同书的核心部分。当事人可以自行拟定合同书的结构,也可以参照各类合同的示范文本制作合同书。(2)合同凭证。在实际生活中,为简化书面合同的订立手续,合同凭证被广泛地使用,如车船票、保险单等。合同凭证的特点是:其一,合同凭证是合同的书面凭证;其二,合同凭证的内容简略;其三,合同凭证能够准确反映具体合同关系的存在。由于合同凭证的内容比较简略,当事人权利义务关系的详细内容,由部门规章、行业规约或者一方当事人的业务规则予以规定。(3)单向意思表示文件。单向意思表示文件是指只记载要约内容或者承诺内容的文件。当事人异地通过信件、数据电文订立合同时,相互传递的文件一般只记载要约或者承诺的内容。如果合意形成后当事人认为无须再制作一个合同书,那么这些记载要约或承诺内容的单向意思表示文件便可集合成为一个合同的书面形式。(4)确认书。当事人采用信件、数据电文等形式订立合同的,一方当事人可以在合同成立之前要求签订确认书(《合同法》第 33 条)。另外,当事人之间在签订“初步协议”“合同意向书”之后,也可以约定以确认书的签订为合同成立要件。确认书的作用主要有两个:一是识别与确定当事人表示的意思为合同意思;二是增强书面凭证的证据效力,如数据电文上的签章不能认为是原件,而确认书上的签章则属于原件。

确认书的内容由当事人根据需要确定，可以很简略，直接指明某些文件的内容构成合同，或者指明某一意向书具有合同效力；也可以复述合同的主要内容，然后予以确认。

《合同法》第10条第2款规定，在下列两种情形下，合同应以书面形式订立。（1）法律、行政法规规定采用书面形式的，应当采用书面形式。这种合同一般都是比较重要的合同，为使当事人在订立时较为慎重，订立后减少纠纷，又易于保存证据，我国有不少法律和行政法规规定某种合同应当采用书面形式，除《合同法》分则中有许多规定（如第197条、第215条、第238条、第270条、第330条、第342条）外，在其他法律中还有劳动合同（《劳动法》第19条），房地产转让合同、房地产抵押合同、房屋租赁合同（《城市房地产管理法》第40条、第49条、第53条），船舶转让合同（《海商法》第9条），保险合同（《保险法》第12条），银行贷款合同（《商业银行法》第37条），保证合同（《担保法》第13条）等。（2）当事人约定采用书面形式的，应当采用书面形式。这里说的“约定”是指当事人特别就某种合同的订立作出约定；至于当事人径直订立书面合同的，当然并不需要另订一个以书面形式订立合同的约定。

4.其他形式

合同的其他形式，是指当事人以语言、文字以外的其他手段为意思表示，表现合同内容的合同形式。《合同法》允许当事人在口头形式、书面形式之外，采取其他合同形式。订立合同的其他形式，主要是通过行为进行要约或者承诺，以形成合意。例如，受要约人接到要约后，即按要约的内容向要约人寄送价款或者货物；商店设置自动售货机后，消费者即自行投币购货等。

关于合同的公证、鉴证、登记、审批等，有的观点认为是与合同的口头形式、书面形式并列的合同其他形式；[①]有的观点认为其中公证、鉴证属于合同书面形式的范畴，是书面合同的表现形式；[②]有的观点则认为公证、鉴证、登记、审批皆为当事人各方合意以外的因素，即不属于成立要件的范畴，而属于效力评价的领域。[③]应该认为第三种观点是正确的，因为公证、鉴证、登记都不是当事人的意思表示。至于审批，属于公法行为，不是合同订立的问题。

（四）合同的条款

合同由条款组成。合同条款是合同内容的相对独立结构，是合同当事人依据一定的标准，将其构成合同内容的合意分解化、条理化、体系化，由此形成的一条一条的文字。

依据不同的标准，可以将合同条款划分出多种类别，但在合同的订立过程中，将合同条款分为主要条款和非主要条款，是对合同条款种类的最为重要的划分。合同的主要条款和非主要条款的划分标准，就是该条款是否直接影响合同的成立，能够直接影响合同成立的，即为主要条款，否则为非主要条款。合同主要条款的特性包括：（1）合同的主要条款是合同必须具备的条款，当事人就主要条款达成意思表示一致，合同就成立，否则合同就不成立。（2）合同的主要条款因合同的类型和性质不同而有所不同，比如，在有偿合同中，价金为主要条款；而在无偿合同中，则无须有价金条款。（3）合同的主要条款范围，可以由法律直接规定，亦可由当事人约定，前者如《合同法》第 12 条

---

① 王家福主编：《民法债权》，法律出版社 1991 年版，第 304 页。

② 王利明、崔建远：《合同法新论·总则》，中国政法大学出版社 1996 年版，第 229—230 页。

③ 崔建远：《合同法》，法律出版社 1998 年版，第 76 页。

对合同应具备条款的规定，后者指当事人一方要求必须在合同中规定的条款。

《合同法》第12条规定："合同的内容由当事人约定，一般包括以下条款：（一）当事人的名称或者姓名和住所；（二）标的；（三）数量；（四）质量；（五）价款或者报酬；（六）履行期限、地点和方式；（七）违约责任；（八）解决争议的方法。"（第1款）"当事人可以参照各类合同的示范文本订立合同。"（第2款）

《合同法》这一条是沿用原《经济合同法》的条文加以修改而成的。《经济合同法》第12条第1款规定："经济合同应具备以下主要条款：一、标的（指货物、劳务、工程项目等）；二、数量和质量；三、价款或者酬金；四、履行的期限、地点和方式；五、违约责任。"由于这里用了"应具备"字样而该法第9条又规定："当事人双方依法就经济合同的主要条款经过协商一致，经济合同就成立。"这样一来，这里列举的五项就成为一切经济合同必须具备的条款，而且这种具备成了合同的成立要件。这种规定显然是不合理的。因而这一条早就受到民法学者的批评。[①]制定《合同法》时，就有学者认为这样的规定完全没有必要，应该删去。理由是：所谓合同的条款，就是合同的内容。每一种合同的内容都要由该合同的性质决定，不存在适合于一切合同的条款。例如，"价款或者报酬"在无偿合同中就不存在。《合同法》分则中既有赠与合同，还说"价款或者报酬"是"一般"包括的条款，当然是不合理的。又如，"违约责任"和"解决争议的方法"都不是一般的合同所必要的。《合同法》虽然为了改正《经济合同法》的错误，把《经济合同法》中的"应具备"改为"一般包括"，取消了《经济合同法》

① 参见梁慧星：《民法》，四川人民出版社1988年版，第248页。

第9条，又在《合同法》第12条第1款开头加了“合同的内容由当事人约定”一句，还是不能使人认为，这一条有什么必要。既然各种合同的内容（当事人之间的权利义务关系）已在本法总则和分则中详加规定，而且应该由当事人自行约定，那本条规定就更没有存在的必要。

至于本条第2款，也是一句毫无必要的话。如果认为这样的规定有“普及法律知识”的作用，那也不必规定在这个地方。

如果认为本条第1款中“合同的内容由当事人约定”一句是表示合同自由原则的，那么这一句应该写在第一章第4条里（就像《国际商事合同通则》把“当事人有权确定合同的内容”一点规定在第1条那样）。

（五）订立合同的方式

订立合同的方式指通过哪种方式订立合同。《合同法》第13条规定：“当事人订立合同，采取要约、承诺方式。”要约、承诺是法律对订立合同的过程中各方当事人所作意思表示的特称。要约指当事人中先提出要订立合同一方所作的意思表示，承诺指另一方当事人对于要约所作的回应。通过一方提出要约、另一方作出承诺的方式而达成合意，订立合同，这是订立合同最通常的方式，也是最主要的方式，所以法律对之详细予以规定。本书也在下面对之为详细的论述。

在通过要约承诺而订立合同的这一种方式之外，民法理论常常提到其他的订立合同方式，如所谓交叉要约、同时表示、意思实现等方式。这几种方式实际上并不是与要约承诺完全不同的方式，而只是要约承诺方式的一种变形或特殊形态。例如交叉要约是指双方当事人相互向对方提出同一内容的意思表示（要约）使双方的两个意思表示在客观上达到一致而构成一个合意，法律承认这也是合同成立的一种方式。我国台湾地区“民法”第153条第1款规定：“当事人互相表示意思一致者，无论为明示或默示，其契约即为成立”，就是这种情形。同时表示也与此类似，不过专指当事人在直接对话的同时作出相同的意思表示而已。意思实现是指一方提出要约后，对方不必为承诺的表示而径行作出某种行为，可以推定双方已达成合意的情形，此时法律即认定其合同为成立。我国台湾地区“民法”第161条规定：“依习惯或依其事件之性质，承诺无须通知者，在相当时期内有可认为承诺之事实时，其契约为成立。”就是这种情形。意思实现实际上只是一种特殊的承诺的情形。综上所述，可知这三种方式并没有完全离开要约这种意思表示，都仍具有要约、承诺两种意思表示，只是这两种意思表示发生各种变异而已。

20世纪40年代，在德国出现了所谓“事实上的契约关系”的理论。[①] 这个理论推翻了以意思合致为本质而成立合同的传统的合同理论，主张仅仅根据事实行为而承认合同的成立。[②] 对这个理论，尚待进一步的研究。不过如果完全离开当事人的意思表示而成立合同，于市场经济的实际恐怕多有不合。在我国过去的计划经济体制下，即使那些只具合同外壳的合同行为，也还是要在表面上通过当事人的意思表示来实现，可见完全抛开当事人的意思表示来谈合同的成立，无论如何都是很难说得圆满的。

当然，随着现代科学技术的发达和市场交易行为的简易化，有些合同行为确实不易明显看出当事人的意思表示。例如，现在遍布各处

---

① 王泽鉴：《民法学说与判例研究》第1册，中国政法大学出版社1997年版，第93页以下。

② 王利明、崔建远：《合同法新论·总则》，中国政法大学出版社1996年版，第180页。

的自动售货机、自动提款机、无人售货处（特别是出售报刊），又如乘坐出租汽车（计程车）时双方都可以没有要约承诺的意思表示。这些通过一定事实而成立合同关系的情形，看来似乎与当事人的意思表示无关，但究其实际，在这些事实（或行为）的背后，莫不仍存在当事人的意思表示，而且这些意思表示已为大家所公认。

总之，订立合同的要约承诺方式仍是不能抛弃的，不能为他种方式所取代。

二、要约

（一）要约的概念

要约是希望和他人订立合同的意思表示（《合同法》第14条）。在商业习惯用语上，通常把要约称为发价、报价、发盘、出盘等。在合同订立过程中，发出要约的当事人称为要约人，接受要约的对方当事人则称为受要约人。

要约具有以下性质：（1）要约是一种意思表示，是当事人将其主观意思通过口头或书面等形式予以外现的行为。（2）要约是当事人在合同订立过程中所为的意思表示，要约阶段是合同订立过程的必要阶段。（3）要约作为一种意思表示所意欲实现的法律效果，是与他人订立合同，因而要约不能独自产生当事人所期望的法律效果。（4）要约是双方法律行为（合同）的构成要素之一，没有要约，承诺无从发生，因而无法构成一个双方法律行为；仅有要约，而无承诺，同样无法构成一个双方法律行为。（5）要约本身虽只是一个意思表示而非法律行为，但是一个具有法律意义的行为，也能产生法律后果，要约人运用要约不当而给对方当事人造成损失时，也要承担相应的法律责任，如缔约过失责任。

1. 要约必须是特定人作出的意思表示

要约人提出要约，是希望与他人订立合同，即要约人希望受要约人承诺与之建立合同关系。如果要约人不是特定的人，受要约人接到要约后将无从承诺。因此，要约人必须是特定的人。所谓特定人有三层含义：其一，特定人是具体的人，而不是抽象的人；其二，特定人是确定的人，而不是不确定的人；其三，特定人是以其名称或姓名确定并与其他人相区别的人，而不是通过描述其他特征等来确定与区别。

2. 要约必须以订立合同为目的

要约是希望与他人订立合同的意思表示，因而要约必须以订立合同为目的。为表明要约具有缔约目的，要约的内容中就要表明经受要约人承诺，要约人即受该意思表示约束（《合同法》第 14 条）。因此，为缔约事宜与他人初步磋商或者向他人咨询，以及明显是开玩笑等行为，不能认为是要约。

有观点认为，要约中必须表明一经承诺即受该意思表示约束，并且视此为要约与缔约目的相独立的要件。其实，这不过是要约具有缔约目的的一种明确表示，而不是与缔约目的相独立的要件。对于《合同法》第 14 条第 2 项的规定，即要约须表明经受要约人承诺，要约人即受该意思表示约束，应当作这样的理解：（1）《合同法》第 14 条第 2 项的规定，旨在表明要约必须有缔约目的。（2）要约人当然可以在要约中，以同样或类似的语言或文字表示该项的内容。（3）要约中未以同样或类似的语言或文字表示该项的内容，并不意味着要约不具有缔约目的，如果依照通常理解，可以推定要约内容中含有一经承诺即受约束的意义，就应当认为要约具有缔约目的。（4）如果要约人在其

“要约”中作出明确相反表示，即表明即使经承诺后也不受该意思表示约束，如在要约中声明“需以我方最后确认为准”“仅供参考”等，可以认定该意思表示不具有缔约目的，不能构成一项要约。

是否具有缔约目的，是要约与要约邀请的主要区别。要约邀请是希望他人向自己发出要约的意思表示（《合同法》第15条）。要约邀请的特点是：（1）要约邀请不具有缔约目的，其目的只是引诱他人向自己发出要约。而要约具有缔约目的，一经承诺即成立合同。（2）发出要约邀请的当事人，可以随时撤回要约邀请，对于他人根据要约邀请发出的要约，要约邀请人也可以不予承诺。而要约不能随意撤回或者撤销，受要约人根据要约承诺后，要约人即受合同约束。（3）要约邀请不是合同订立过程的必要阶段，并不是任何具体合同的订立都要经过要约邀请，而要约是合同订立过程的必要阶段。（4）要约邀请也是具有法律意义的意思表示，①特别是当要约邀请中包含承诺方法或承诺标准的内容时，比如定标方法与标准、股票认购方法等，如果他人发出要约，而要约邀请人却不按要约邀请中既定的方法或标准承诺，须承担缔约过失责任或者反不正当竞争法上的责任等。

当事人的意思表示是构成一项要约，还是仅仅一项要约邀请，应根据该意思表示的具体内容和要约的要件进行判断。但是，由于要约与要约邀请之间的区别比较复杂微妙，对于经济生活中的一些典型行为，法律可以直接规定其属于要约邀请，以便于对该行为的性质作出统一判断。《合同法》第15条明确规定，寄送的价目表、拍卖公告、招标公告、招股说明书、商业广告等为要约邀请。但在实务中，如果

① 也有学者认为要约邀请只是一种事实行为。参见王利明、崔建远：《合同法新论·总则》，中国政法大学出版社1996年版，第147页。

商业广告的内容符合要约规定的，即具备要约要件，特别是具有缔约目的，应当视为要约（《合同法》第 15 条）。

《合同法》第 15 条没有举出“货物标价陈列”这一点。我国台湾地区“民法”第 154 条第 2 款规定：“货物标定卖价陈列者，视为要约”，这一规定来自《瑞士债务法》的规定。《瑞士债务法》第 7 条规定商品标价陈列者通常视为要约。这里都用“视为”字样，可见并不是直接规定其为要约。事实上，货物标价陈列的情形比较复杂，不可一概而论，须依具体情况决定其是否为要约。如货架上的商品即使未标价，其陈列也是要约。有的商店在橱窗内将货物标价陈列的，一般仅为展览性质，不是要约。超级市场（自选商店）内陈列的商品即使有未标价的也属向顾客作出的要约。行驶中的公共汽车和出租汽车（计程车）只要是空车而未标出“停运”的牌示，其本身就是向不特定顾客的要约行为，顾客的上车行为就是承诺（因此才认为“拒载”是不应该的）。总之，在认定要约和要约邀请时，交易习惯是决定性的一点。

3. 要约的内容必须具体确定

要约的内容必须具体确定，称为要约的确定性。要约人发出要约，旨在与他人订立合同，如果要约的内容不具体确定，比如，要约出售粮食一批（未说明粮食种类与数量），价格在 55000 元左右（未确定单价与总额），对此，受要约人一来无法判断要约的确切内容，无法作出明确的承诺；二来受要约人即使完全按照要约的内容进行承诺，其承诺的内容也必然是不具体确定的，仍然无法形成一个合同。因而《合同法》明确规定，要约的内容应当具体确定（《合同法》第 14 条）。

4. 要约的内容必须充分

要约的内容必须充分，称为要约的充分性。要约一经受要约人承诺，合同即成立，要约的充分性就是指一项要约必须包括经承诺后便足以使合同成立的必要内容，即要约只要被承诺，合同就足以成立。判断要约的内容是否充分，通常是看要约的内容是否包括所欲订立合同的主要条件或者说是主要条款。由于合同的性质、种类不同，要约人与受要约人之间关系的特点不同，一项具体要约的充分性，应当根据具体要约的性质、商业习惯以及当事人之间关系的具体情况而定。

5. 要约必须向受要约人发出

要约人必须将其要约向希望与之缔约的受要约人发出，否则便不可能唤起他人承诺，不可能成立要约人希望成立的合同。（1）要约人须选定受要约人，受要约人就是要约人选定的意欲与之订立合同的人。（2）受要约人通常为特定的人，因为受要约人往往是要约人特别选定的人。但是在一些情形中，不特定的人也可以为受要约人，例如，自动售货机、商品标价陈列、行驶中的公共汽车和出租汽车等（已见前），其受要约人便是不特定人。现在的商店和市场中，几乎都是向不特定人发出要约。（3）要约人必须向受要约人发出要约。如果要约人将要约意思保留，受要约人无从知晓要约的发出，当然无从承诺。

（二）要约的效力

1. 要约的生效

要约的效力自要约生效之时起发生。要约的生效时间依要约形式的不同而有所不同。

口头要约的法律效力，自受要约人知悉要约之时起发生。所谓知悉，是指受要约人得知要约人的意思表示内容，并知道该意思表示是一项要约。至于受要约人是否理解要约的技术性细节以及是否判明要约的商业意义，是受要约人在考虑期间要解决的问题，并不影响要约的生效。要约人发出口头要约后，受要约人是否知悉要约，应依通常标准应当知悉为判断原则。如果受要约人应当知悉要约而故作不知，并不影响要约的生效。

书面要约的法律效力自何时发生，有两种确定原则。一为发信主义，即要约人将其书面要约有目的地发出后，要约即生效力。如要约信函通过邮局寄出后，要约数据电文从电信系统发出后，要约即生效力。二为受信主义，又称到达主义，即要约自到达受要约人之时起生效。《合同法》采行受信主义，规定要约到达受要约人时生效（《合同法》第16条）。如何判断要约是否到达受要约人，依一般理解，只要要约送达受要约人所能控制并应当能了解的地方，如受要约人的住所和信箱，即为到达受要约人。由于受要约人可能拥有多个数据电文系统，《合同法》第16条又明确规定，采用数据电文形式订立合同，收件人指定特定系统接收数据电文的，该数据电文进入该特定系统的时间，视为到达时间；未指定特定系统的，该数据电文进入收件人的任何系统的首次时间，视为到达时间。

《合同法》第16条并未区分口头要约与书面要约，只规定“要约到达受要约人时生效”。因为口头要约是要约人以直接对话方式向受要约人作出的，既然双方当事人直接对话（不论是面对面谈话还是通过电话），一方的话语出之于口，就进入对方的耳，就是到达对方而为对方所知悉。所以只规定“到达”也就包括了口头和书面两种情形。《联合国国际货物销售合同公约》和《国际商事合同通则》也是这样规定的。

2. 要约效力的内容

要约的效力指要约对要约人和受要约人的约束力。要约生效后，对双方当事人有无约束力或约束力的大小，大陆法系和英美法系不同。前者一般承认有约束力，后者原来不承认，后来有条件地承认。我国

《合同法》的规定属于大陆法系，但在这一点没有明文规定，不过从《合同法》第16条要约生效的规定来看，可以推知是承认要约对要约人有约束力的。

大陆法系关于要约效力的规定如，我国台湾地区“民法”第154条规定“契约之要约人，因要约而受拘束”（有例外规定）；《德国民法典》第145条规定“向他方要约订立契约者，因要约而受拘束”（有例外规定）。

要约对要约人的约束力是指要约人发出要约，要约生效后，直到要约失效，要约人在以下三方面受到约束：其一，要约人不得随意撤回，撤销要约；其二，要约人不得变更要约的实质内容；其三，要约人须接受要约经承诺后即成立合同的法律后果。法律赋予要约对要约人的约束力，旨在保护受要约人利益，维护交易安全。

要约对受要约人的效力是指受要约人在收到要约（要约生效）后，即具有承诺（由此而使合同成立）的法律地位（学说上称为承诺适格）。这种地位，有的学者解释说是一种形成权，但实际上不是，只能说是一种法律上的能力或资格。受要约人承诺与否，有完全自由。如承诺，就使合同成立；如不承诺，并不负任何义务，特别不负通知的义务。如果要约中规定不承诺应该通知，不通知即视为承诺，这种规定对受要约人并无拘束力（《德国商法典》和《日本商法典》对于向商人发出要约有特别规定）。

有的法律规定要约有不发生拘束力的例外情况。例如《德国民法典》第145条一方面规定要约人受要约拘束，另一方面又规定“但预先排除其拘束时，不在此限”。《瑞士债务法》第7条规定：“契约之要约人声明不受其要约之拘束，或依行为之性质或其他情形，而显然为此等之保留者，不受其要约之拘束。”我国台湾地区“民法”第154条在规定了要约人受要约拘束后，也规定“但要约当时，预先声明不受拘束或依其情形或事件之性质，可认当事人无受其拘束之意思者，不在此限”。因之解释这些法律的学者多承认有所谓“无约束力的要约”。我国《合同法》对要约的效力未从正面加以规定，我们只能从其他条文（第16条等）推知要约的约束力。《合同法》更没有关于无约束力的要约的规定，因而我们不能承认有所谓无约束力的要约，也就用不着讨论这个问题。

（三）要约的撤回与撤销

1. 概说

要约既然是意思表示，就有由表意人（要约人）撤回与撤销的问题。在大陆法国家，意思表示的撤回与撤销均有总的概括性的规定，对于要约的撤回只需作特殊的规定。而且在这些国家，对撤销有特定的解释，撤销是对于已发生效力的意思表示，在一定情形下（如错误、诈欺、胁迫）由有撤销权的人行使撤销权使其效力溯及地消灭的情形。我国现在没有如同其他大陆法国家一样的民法总则关于撤回与撤销的规定，而现有的《民法通则》在这些方面的规定也不完善，现只就《合同法》的规定讨论撤回与撤销的问题。

我国《合同法》关于要约的撤回与撤销的规定基本上与国际统一私法协会的《国际商事合同通则》中的规定相同，而后者的规定又来自《联合国国际货物销售合同公约》。这二者的规定都旨在调和大陆法系与英美法系两个法系在这一问题上对立的观点。我国既已批准了该《公约》，现在又采用了该《通则》的规定，所以可以说我国《合同法》的立场也是调和了两大法系的观点，以便我国在这方面能更方便地进入世界贸易的大市场，促进我国社会主义市场经济的发展。

2. 要约的撤回

要约的撤回，是要约人在其发出的要约生效以前，取消要约，使要约不发生法律效力的一种意思表示。由于要约的撤回到达前，要约尚未发生效力，因此要约人可以自由撤回其已经发出的要约。法律允许要约的撤回，是尊重要约人的意志和维护要约人的利益。要约人发出要约之后，如果市场行情发生了变化，以要约订立合同已不能实现当初的意图，要约人自可以撤回要约。由于要约尚未发生效力，要约的撤回也不会损害受要约人的利益。

《合同法》第 17 条规定，要约可以撤回，但撤回要约的通知应当在要约到达受要约人之前或者与要约同时到达受要约人。据此规定，要约的撤回具有以下特性：（1）要约撤回的自由性。即要约人可以自主决定撤回要约。（2）要约撤回的时限性。即要约的撤回须在要约生效之前作出。（3）要约撤回方式的特定性。即要约的撤回必须以通知的方式进行。（4）要约撤回的及时性。即撤回要约的通知应当在要约到达受要约人之前或者与要约同时到达受要约人。由于要约已经先行发出，因而撤回要约的通知就要以更为快捷的方式发出，如要约以信函发出，撤回要约的通知需以电报或电话等方式发出。及时的要约撤回，具有阻止要约生效的效力，受要约人收到要约时，如果已经先收到或者同时收到要约撤回通知，该要约不生效力。如果撤回要约的通知迟于要约到达，则要约已生效力，不能撤回。

《合同法》第 17 条的规定与《国际商事合同通则》第 2.3 条的规定相同，首先，撤回是在要约生效前（到达受要约人前）取消要约的行为。其次，要约人可以撤回其要约。最后，撤回的通知必须在要约到达受要约人之前或与要约同时到达受要约人。《国际商事合同通则》的这种规定与大陆法国家的规定（《德国民法典》第 130 条第 1 款，《瑞士债务法》第 9 条第 1 款）相同。换言之，在撤回这一点，《合同法》第 17 条的规定也与大陆法国家的规定相同。（我国台湾地区“民法”未就要约的撤回另作规定，但依其第 95 条[①] 关于一般意思表示撤回的规定办理，实际也是一样。）

只要要约人按照第 17 条的规定撤回了要约，本来尚未生效的要约就不再发生效力（不是“失效”），换言之，要约就被取消（也就是要约消灭）。

3. 要约的撤销

如前所述，大陆法国家对已生效的意思表示不许撤回，只在意思表示有瑕疵时，许可由表意人“撤销”。在大陆法国家民法中，撤回与撤销是不同的概念。撤回是阻止未发生效力的意思表示的效力之发生，撤销是使已发生效力的意思表示的效力溯及地消灭。在德国和日本的民法中，关于意思表示的撤销，已规定在关于一般意思表示的条文中，关于要约的撤销，由于并无特殊的问题需要另作规定，所以就不再另行规定。

但在英美法中，本来就不区分撤回与撤销，而且对要约，只要在对方承诺前，即合同成立前，都准予以表意人的意思使其“失效”。这种差别根源于两大法系对要约的效力（约束力）的不同态度。英美法原来就不认为要约对要约人有约束力，所以要约人一直到合同订立（受要约人承诺）前，都可以“取消”要约。[②]

《联合国国际货物销售合同公约》为了调和两大法系的观点，就将

① 我国台湾地区“民法”第 95 条：“非对话而为意思表示者，其表示以通知达到相对人时发生效力；但撤回之通知同时或先时到达者不在此限。”这一规定当然适用于要约。此外在第 162 条又有关于撤回要约的特殊规定。

② 关于英美法在这一点的发展变化，此处不详述。

两种观点并行采用。《国际商事合同通则》也与《联合国国际货物销售合同公约》相同。办法是：准许要约人在受要约人发出承诺前，“取消”要约，使要约不生效或失效。但为了与大陆法系的观点调和，就将这种“取消”分为两个阶段。在要约发出到要约到达受要约人（用大陆法系的说法，即要约生效前）这一阶段，要约人取消要约的表示称为“撤回”（withdrawal）。在要约到达受要约人（要约生效）后到受要约人发出承诺通知前这一阶段，要约人取消要约的表示称为“撤销”（revocation）（至少可以说，我们把英文的这个字译为“撤销”）。

我国《合同法》在这一点没有完全保留大陆法的传统做法，而是引进了《联合国国际货物销售合同公约》和《国际商事合同通则》的办法，一方面，承认要约可以撤回，规定了第 17 条。这一规定与原来大陆法各国的规定是一样的。另一方面，采用了《联合国国际货物销售合同公约》第 16 条和《国际商事合同通则》第 2.4 条，由第 18 条和第 19 条规定了“撤销”制度（文字略有不同）。

《合同法》第 18 条规定：“要约可以撤销。撤销要约的通知应当在受要约人发出承诺通知之前到达受要约人。”依此规定，撤销通知应在受要约人发出承诺通知之前到达受要约人才是合法有效的。如果撤销通知在受要约人发出承诺通知后（到达要约人后）到达受要约人，撤销通知就是无效的。

《合同法》第 19 条规定，有下列几种情形之一的，要约不得撤销：（1）要约人确定了承诺期限或者以其他形式明示要约不可撤销。这里说的其他形式是指除确定承诺期限以外的其他文句或表示，而且必须是明示的。（2）受要约人有理由认为要约是不可撤销的，并已经为履行合同作了准备工作。这一点在英美法称为受要约人对要约的信赖。受要约人根据某些理由（例如对要约人本身行为的判断或者对要约事项的判断）认为要约人不会撤销要约，加上他的行为（例如为履行而购买原材料或进行一定的调查估算等）就可以使要约人失去撤销的可能。

这里要注意的是，《合同法》第 18 条规定的“撤销”与大陆法国家传统的对意思表示的“撤销”（由于意思表示有瑕疵的撤销）是不同的概念，是并存的两回事。因此要约人在发现其要约意思表示有瑕疵时，仍可行使那一种撤销权。

总体来看，《合同法》关于要约的规定，可以说：

（1）要约对要约人和受要约人都有一定的约束力，称为要约的效力。这种效力从要约到达受要约人时发生。

（2）要约人在要约发出到要约生效这一阶段可以撤回要约；在要约生效到受要约人发出承诺通知这一阶段可以撤销要约。但有例外情形。

（3）在受要约人发出承诺后，要约人就再不能“取消”其要约。

（四）要约的失效

要约的失效又称要约的消灭，是指已经发生法律效力的要约因某种事由的发生而使其效力归于消灭。《合同法》第 20 条规定了四种使要约失效的情形：（1）拒绝要约的通知到达要约人；（2）要约人依法撤销要约；（3）承诺期限届满，受要约人未作出承诺；（4）受要约人对要约的内容作出实质性变更。

1. 受要约人拒绝要约

受要约人拒绝要约，是指受要约人以明示形式拒绝要约，《合同法》第 20 条第 1 项所规定的拒绝要约的情形，仅属于明示拒绝要约，即受要约人以通知方式告知要约人拒绝要约。受要约人拒绝要约，该项要约即不能获得承诺，因而归于消灭。

要约因拒绝而归于消灭，一般发生于受要约人为特定人的场合。

如果要约是向不特定的多数人发出，某一受要约人的拒绝通知，仅表明该人对要约不予承诺，而不能消灭该项要约，该要约对其他不特定的受要约人依然有效。

2. 要约人依法撤销要约

要约人依法撤销要约，从而使已经生效的要约归于消灭，因而要约失效。有观点认为，要约人撤回要约亦是要约的失效原因。但实际上，撤回并不是要约失效的原因，因为撤回要约时，要约尚未生效，因而也无所谓失效的问题。

3. 承诺期限届满，受要约人未作出承诺

如果要约中规定有承诺期限，意味着受要约人应当在该期限届满之前作出承诺。如果受要约人在承诺期限届满时，未作出承诺，应视为拒绝承诺，该项要约即归于失效。如果要约中没有规定承诺期限，受要约人应当在合理期限内作出承诺，受要约人在合理期限届满时未作出承诺，应视为拒绝承诺，该项要约即归于失效。

4. 受要约人对要约的内容作出实质性变更

承诺应当是对要约内容完全同意的意思表示。如果受要约人在“承诺”时，对要约的内容作出了实质性的变更，应视为受要约人向原要约人作出了新的要约（《合同法》第 30 条），原要约的要约人与受要约人的地位发生了置换，原要约即归于失效。

三、承诺

（一）承诺的概念

承诺是受要约人同意要约的意思表示（《合同法》第 21 条）。在商业习惯用语上，承诺又称为接受、接盘等。

承诺的意义在于，受要约人的承诺发生法律效力后，合同即告成立（《合同法》第 25 条），并不是任何要约都能够获得承诺，因而并不是所有合同的订立过程都有承诺阶段，但是，如果通过合同的订立过程形成了一个具体的合同，那就必须经过承诺阶段，因而承诺是产生积极结果的合同订立过程的必经阶段。

根据合同法对于承诺概念的界定，当事人的意思表示应当具备以下要件方能构成一项有效的承诺：

1. 承诺必须由受要约人以通知的方式作出

根据要约的效力，只有受要约人具有作出承诺以形成合同的地位或资格，因而承诺必须由受要约人作出。受要约人以外的第三人，即使知悉要约的内容，其向要约人作出的同意要约的意思表示，不能视为承诺。受要约人为特定人时，承诺由该特定人作出；受要约人为不特定人时，承诺可由该不特定人中的任何人作出。受要约人可以自己作出承诺的意思表示，也可以通过其代理人作出承诺的意思表示。

依据《合同法》第 22 条的规定，受要约人承诺的意思表示应当以通知的方式作出，即承诺应当以明示的方式作出。受要约人为承诺的通知，可以是书面的，也可以是口头的，但是根据交易习惯或者要约表明可以通过行为作出承诺的，受要约人可以通过行为作出承诺。如果要约中规定了承诺的方式，并且要约规定此种方式构成合同的形式要件，受要约人须依照要约规定的方式作出承诺。如果要约中对承诺方式的规定不构成合同的形式要件，受要约人应当有权选择不劣于要约规定方式的实际效果的承诺方式。比如，要约中规定承诺须以书面形式作出，那么口头承诺不生效力，因为口头形式不如书面形式准确可靠；如果要约中规定承诺须以信函方式作出，受要约人若以传真方式承诺，应当认为是有效承诺，因为传真亦是书面形式，并且比信函快捷，通常不劣于信函方式所能达到的效果。如果要约中未规定承诺方式，受要约人可以任何适当的明示通知方式进行承诺。要约的方式本身不应具有规定承诺方式的效力，比如，要约为书面形式，但承诺仍然可以采用口头形式，不应因为承诺与要约在形式上的不一致，而否定承诺的效力。

2. 承诺必须向要约人作出

承诺是对要约的同意，是受要约人同意按照要约的内容与要约人建立合同关系的意思表示，因此承诺必须向要约人作出。向非要约人作出的承诺，对要约人不生效力，亦不可能在受要约人与要约人之间建立预期的合同关系。承诺可以直接向要约人作出，也可以向要约人的代理人作出。如果要约人死亡但合同的履行不具有特定的人身性质，即不需要要约人亲自履行时，受要约人可以向要约人的继承人作出承诺。

3. 承诺的内容应当和要约的内容一致

承诺是受要约人同意要约的意思表示，因而承诺的内容须和要约的内容相一致。如果承诺的内容和要约的内容不一致，等于受要约人变更了要约所规定的合同的主要条件或主要条款，此种承诺应视为拒绝原要约，提出新要约。然而，对于承诺内容和要约内容的一致，切不可作机械僵硬的理解。

承诺的内容和要约的内容相一致，首先是指双方当事人在意思上的一致，而不是指承诺的语言或文字表述完全一致。如果承诺的内容在意思上与要约的内容一致，即使在语言或文字表述上有差异，只要不影响对合意的一致理解，就应当认为承诺的内容与要约的内容相一致。

承诺的内容和要约的内容相一致，是指承诺与要约在实质内容上的一致。如果承诺的内容与要约的内容在实质上相一致，即使在其他方面变更了要约的内容，该项承诺仍为有效。例如《联合国国际货物销售合同公约》第19条规定，承诺对要约的内容进行非实质性的添加、限制或其他更改的，除要约人及时表示反对，或要约明确规定承诺不得对要约内容进行任何添加、限制或修改外，该承诺仍为有效，合同内容以承诺内容为准。我国《合同法》把承诺对要约内容的变更，划分为实质性变更和非实质性变更。承诺对要约的内容作出实质性变更的，为新要约（《合同法》第30条）。承诺对要约的内容作出非实质性变更的，除非要约人及时表示反对或者要约表明承诺不得对要约的内容作出任何变更的以外，该承诺有效，并且合同的内容以承诺的内容为准（《合同法》第31条）。

究竟何种变更属于实质性变更，何种变更属于非实质性变更，根据《合同法》第30条的规定，有关合同标的、数量、质量、价款或者报酬、履行期限、履行地点和方式、违约责任和解决争议方法等的变更，是对要约内容的实质性变更。在此范围以外对要约内容所作的变更，属于非实质性变更。

4. 承诺应当在承诺期限内到达要约人

承诺应当在要约确定的期限内到达要约人（《合同法》第23条）。要约所确定的期限，即承诺期限。要约中规定承诺期限的方法有多种，比如，规定承诺期间，如要约中规定受要约人须在收到要约后1周内回复；规定期限终期，如要约中要求受要约人应当在某年某月某日之前回复。

《合同法》第23条第1款规定承诺应该在承诺期限内到达要约人，所以受要约人不仅应在承诺期限内发出承诺通知，而且应该使承诺通知在该期限内到达要约人。如果在此期限内有节假日，应该依照当事人的约定或当地的交易习惯决定。

根据《合同法》第 23 条第 2 款的规定，如果要约没有确定承诺期限的，承诺的到达应依照要约是否以对话方式作出而有所不同。（1）要约以对话方式作出的，受要约人应当即时作出承诺的意思表示，但当事人另有约定的除外；（2）要约以非对话方式作出的，承诺应当在合理期限内到达要约人。关于合理期间，通常要考虑三个因素：其一，要约到达受要约人的必要期间；其二，受要约人考虑接受要约与否需要的必要期间；其三，承诺发出至到达要约人所需要的必要期间。这三个期间中，第一个和第三个期间易于确定，也有客观标准。第二个期间没有客观标准可言。英美法对于这种情形常用"合理"期间来解决。德国民法、我国台湾地区"民法"都规定为"依通常情形可期待承诺之到达时期"（《德国民法典》第 147 条第 2 款、我国台湾地区"民法"第 157 条），也就是应依照一般情形（一般人的情况，一般人在通常情况下）决定。这种规定意在排除个人的特殊情况，因为每个人有每个人的特殊情况，千差万别，是无法考虑的。

需要特别注意的是，《合同法》规定的承诺期限与要约的生效期间有所不同。《合同法》第 24 条规定，要约以电报或者信件作出的，承诺期限自电报交发之日或者信件载明的日期开始计算。如果信件未载明日期，自投寄该信件的邮戳日期开始计算。要约以电话、传真等快速通讯方式作出的，承诺期限自要约到达受要约人时开始计算。据此规定，《合同法》对承诺期限的起始点，分别采取了不同的确定标准。以电话、传真方式发出要约，承诺期限自要约到达受要约人时开始计算，此种情形下，要约的有效期间与承诺期限相同；以电报、信件方式发出要约，承诺期限自电报交发日、信件记载日或者信件投寄日起计算，而此时要约电报或信件尚未到达受要约人，要约尚未生效，因而此种情形下，要约的有效期间与承诺期限的始期不同，而终期相同。《合同法》之所以对承诺期限的起算点采取双重标准，是因为以电报或信件发出要约时，要约人无法知悉要约电报或信件到达受要约人的确切时间，以到达时间作为承诺期限的起算点，于要约人不利。而以要约电报发出日、信件记载日或投寄日作为承诺期限的起算点，只是缩短了收到要约后的考虑期间，于受要约人并无多大不利。《合同法》的利益权衡是适当的。

（二）承诺的效力

1. 承诺生效时间

《合同法》第 26 条第 1 款中规定，承诺通知到达要约人时生效。这是现在多数国家的一致规定,《联合国国际货物销售合同公约》和《国际商事合同通则》也如此规定。《国际商事合同通则》第 2.6 条的注释在说明它不采取英美法的发信主义时说："认可到达主义优先于发信主义是由于：由受要约人承担传递的风险比由要约人承担更合理，因为前者是选择通讯方式的。他知道该方式是否容易出现特别的风险或延误，他应能采取最有效的措施以确保承诺到达目的地。"①

结合《合同法》第 22 条、第 23 条，承诺通知还应该在承诺期限内到达要约人。所以只有在承诺期限内到达要约人的承诺通知才能生效，才是有效的承诺。

《合同法》第 26 条第 1 款中又规定："承诺不需要通知的，根据交易习惯或者要约的要求作出承诺的行为时生效。"这就是说，受要约人也可以依照他与要约人之间的习惯做法或要约人的要求，做出某种行

---

① 《国际商事合同通则》，法律出版社 1996 年版，第 26 页。

为来表示他对要约的同意，即承诺。这种行为，例如预付价款、发出货物，表示他已接受要约，履行要约人的要求，当然可以表示他已承诺要约人的要约。

《合同法》第26条第2款规定："采用数据电文形式订立合同的，承诺到达的时间适用本法第十六条第二款的规定。"关于这一点，这里不再重复。

2. 迟到的承诺

《合同法》第29条规定："受要约人在承诺期限内发出承诺，按照通常情形能够及时到达要约人，但因其他原因承诺到达要约人时超过承诺期限的，除要约人及时通知受要约人因承诺超过期限不接受该承诺的以外，该承诺有效。"承诺既然应在承诺期限内到达要约人，那么即使承诺在承诺期限内发出而未在期限内到达，该承诺仍应无效。这是采取到达主义的当然结果。不过如果承诺按照通常情形能够在期限内到达，而由于其他原因迟到时，法律为保护受要约人的利益，也尽量使交易成功，规定了一种补救办法。这就是要求要约人即时通知受要约人表示不接受此迟到的承诺。如果要约人不即时通知（不明确表示不接受），该迟到的承诺仍然发生效力。这是第26条规定的例外。这种例外需有两个条件：第一，承诺之迟到是由于受要约人以外的其他原因，为受要约人所不能预料的。如果承诺可能迟到为受要约人可以预料的（例如受要约人已知发送承诺的邮路受阻或其发送方法有困难），法律即无保护他的必要。第二，要约人并未即时表示不接受该承诺。要约人未即时表示，说明迟到的承诺并不违反他的意愿，他仍愿接受迟到的承诺而订立合同。在合乎这两个条件时，迟到的承诺仍然有效。

3. 逾期发出的承诺

《合同法》第28条规定了另一种情形，即受要约人超过承诺期限发出承诺。逾期发出的承诺当然不可能在承诺期限内到达要约人。这时承诺的迟到完全是由于受要约人自己的过错，是受要约人明知的。这种情形与第 29 条的情形不同，对于这样的受要约人，法律没有保护的必要，所以法律规定，此时“除要约人及时通知受要约人该承诺有效的以外，为新要约”。法律把选择权赋予要约人。如要约人愿意接受该承诺，可以即时通知受要约人该承诺有效。如要约人不作此种通知，该承诺就失去承诺的效力而转为新的要约，再由原要约人决定承诺与否。

4. 承诺效力的内容

承诺效力的内容即有效的承诺可以在法律上发生的后果。这就是《合同法》第 25 条规定的“承诺生效时合同成立”。承诺到达要约人生效后，承诺与要约构成“合意”，合同即为成立。

（三）承诺的撤回

《合同法》第 27 条规定，承诺也可以由受要约人撤回。但必须在下列条件之下，即“撤回承诺的通知应当在承诺通知到达要约人之前或者与承诺通知同时到达要约人”。这一规定与撤回要约的规定相同。承诺经合法撤回后，即不发生效力。

（四）承诺的特殊情形

1. 强制承诺

在合同自由原则下，要约和承诺都是当事人的自由。要约人提出要约后，受要约人有拒绝的自由。但在特殊情形下，法律有时规定受要约人不得拒绝要约，即受要约人有承诺的义务。这种情形主要出现在公用事业或为公众服务的事业中。在公用事业，如供电、供水、供气、邮政电信等事业中，由于这些事业多属垄断性企业，如果公众向这些企业提出要约而这些企业可以任意拒绝，公众将受到损害。又如为公众服务的事业，如医师、律师等，对公众利益关系重大，特别是医师，如任其自由拒绝患者求医的要约，有时会招致患者生命之危险。所以这些企业、行业在收到正常要约时，法律常规定其不得拒绝，即有承诺的义务。我国法律在这些方面还没有周密的规定，先举出几个已公布法律中的规定。例如《合同法》第 289 条："从事公共运输的承运人不得拒绝旅客、托运人通常、合理的运输要求。"这里一方面规定承运人的承诺义务，另一方面将旅客或托运人的要约限制在"通常、合理"的范围内。譬如在运力紧张时，承运人的拒绝就是法律许可的。又如《电力法》第 26 条第 1 款："供电营业区内的供电营业机构，对本营业区内的用户有按照国家规定供电的义务；不得违反国家规定对其营业区内申请用电的单位和个人拒绝供电。"这里的不得拒绝供电就是一种承诺的义务。再如《执业医师法》第 24 条："对急危患者，医师应当采取紧急措施进行诊治；不得拒绝急救处置。"这种规定更属一种保护人民生命健康的规定。

关于公用事业与为公众服务的事业和个人的承诺义务，在民法理论上有时也称为"缔约义务"或"强制缔约"，这些理论和规定在先进的市场经济国家有长久的历史。我国由于是一个刚从计划经济转向市场经济的国家，在这方面，法律的规定还很少而且规定得不具体不明确。譬如这种规定是民法上的还是行政法上的，当事人违反这种义务应该承担民法上的责任还是行政法上的责任，都很不明确。在这方面理论上的研究也很少。

2. 沉默的承诺

前面讲过，承诺必须是明示的而且需要通知，不得以沉默的方式为承诺。但在法律有特别规定时，例如《合同法》第236条规定："租赁期间届满，承租人继续使用租赁物，出租人没有提出异议的，原租赁合同继续有效，但租赁期限为不定期。"这里所说"原租赁合同继续有效"，当然不是说"原租赁合同"不因期满而消灭（终止），而是说当事人间又发生了新的（原合同为定期租赁关系，新合同为不定期的）租赁关系。这种新的租赁关系，如果说其发生完全是直接由于法律规定而排除当事人的意思，是不符合私法关系的原则的。所以在这种情形下，毋宁说这种不定期的租赁关系之发生仍有要约和承诺，其要约是通过承租人的行为（继续使用租赁物）所表示的，其承诺则是以一种默示（不作为，没有提出异议）方式表示的。

3. 以行为为承诺

这实际上是关于承诺的一种特别规定。我国《合同法》第22条规定："承诺应当以通知的方式作出，但根据交易习惯或者要约表明可以通过行为作出承诺的除外。"这就是以"行为"为承诺的情形。有的学者把这种情形称为"意思实现"，以之作为"要约承诺"以外的一种订约方式，实际上条文中明说"通过行为作出承诺"，可见这时仍有承诺，只是这种承诺是以"行为"的方式作出而已。

在大陆法国家及地区，多有类似的规定。如《日本民法典》第526条第2款规定："依习惯或依其事件之性质，承诺无须通知者，在相当时期内，有可认为承诺之事实时，其契约为成立。"我国台湾地区"民法"第161条第1款的规定与此相同。这里说的"事实"也就是受要约人的一种行为。

现在所谓"超级市场"或称"自选市场"已盛行于我国。在此种地方，将货物标价后陈列于货架上是一种要约，而顾客取下货物（或放在货筐内）并去付款则是承诺，双方均只表现为一种"行为"或"事实”。现在这类事情已越来越多。如自动取款机、无人售票、无人售书、到书店自己选书等。又如在饭店就餐时，饭店事先将食品（通常为瓜子零食等）置放桌上，顾客就座后立即取食，这时尚无标价，通常顾客也不问价，但这种取食行为显然也是买卖的承诺行为。

四、合同成立的时间和地点

（一）概说

当事人双方达成合意时，合同就成立。合意的达成，首先表现于受要约人对要约的承诺。《合同法》第 25 条规定：“承诺生效时合同成立。”这是理论上的当然结论，也是合同订立最简单最规范的过程的最终结果（积极的结果）。但是在实际上，特别是在较复杂的商务活动中，订立合同不可能简单地表现为一个要约和一个承诺，合同订立常常是一个反复商讨的过程。从理论上解释这个过程，这是一个反复提出、修改、又提出、又修改要约和承诺的过程。因此，法律就有两方面的任务。一方面，要把过程简化，简化到一个要约和一个承诺，就之作出标准化的规定，作为当事人行为的规范；另一方面，又要就整个过程的最终结果作出规定，以便处理复杂的事务。

在实际生活中，订立合同时常常在口头磋商后再写成书面，写成书面后再由双方当事人同时同地或异时异地签名或盖章，还有达成协议后又签确认书的，《合同法》对于这各种各样的情形都作了规定，以便发生纠纷时易于解决。

在口头订立合同时，受要约人即时承诺，合同当即成立。这是很简单的。但在书面订立合同时，问题就不那么简单了。合同法就之规定如下。

（二）书面合同成立的时间

《合同法》第 32 条规定："当事人采用合同书形式订立合同的，自双方当事人签字或者盖章时合同成立。"

合同书是我国惯用语，就是书面合同，是记载当事人合意的文件。合同书上记载的内容是当事人反复磋商的结果。在合同书上看不出哪个是要约哪个是承诺。但是合同书上还是需要由双方当事人签名或盖章。这时的签名或盖章不仅是一个合意成立的证明，其本身也构成合同成立的要件。《合同法》第 32 条和第 25 条在这一点上是统一的，不能认为二者对合同成立有不一致的地方。也就是说，当事人采用口头形式订立合同的，适用第 25 条就够了，问题就得到确定。当事人采用书面形式订立合同的，还要适用第 32 条以确定合同成立的时间。

这里说的"签字或盖章"不是"签字和盖章"，应该依照我国习惯解释为包括签名、盖章、签名加盖章三种情况。当事人为法人时，应当解释为法人的法定代表人签名或加盖法人的公章。

我国习惯还有所谓的确认书，这是当事人以其他书面形式达成合意后再将其合意记载一次的文件。例如当事人以往来信件商谈时，应该以最后承诺对方要约的信件到达时为达成合意时。但如当事人约定尚需另行签订确认书的，说明当事人不愿就以达成合意时为合同成立时。《合同法》对此习惯予以肯定，于第 33 条规定："当事人采用信件、数据电文等形式订立合同的，可以在合同成立之前要求签订确认书。签订确认书时合同成立。"

在合同书或者确认书上签字或者盖章，双方当事人可以在同一时间完成，但有时也可以在不同时间完成，比如，双方当事人异地缔约时，一方当事人先在合同书或者确认书上签字或者盖章后，再将合同书或者确认书寄往对方当事人处，再由对方当事人签字或者盖章。像这种签字或者盖章不在同一时间的，应以最后签字或者盖章时为合同成立时。

（三）合同成立的地点

明确合同成立的地点，在法律上具有重要意义。其一，合同成立的地点，是确定合同纠纷诉讼案件的地域管辖标准之一。其二，在涉外合同的法律适用方面，合同成立的地点是选择合同准据法的冲突规范的连结点之一。依据《合同法》第 126 条第 1 款规定，涉外合同的当事人没有选择处理合同争议所适用的法律时，适用与合同有最密切联系的国家的法律，而合同成立的地点就是确定“与合同有最密切联系”的标准之一。

《合同法》第 34 条第 1 款规定：“承诺生效的地点为合同成立的地点。”当事人通过口头面谈的方式缔约时，承诺于对话地生效，因而合同成立的地点为对话地。当事人通过电话方式缔约时，承诺到达要约人时生效，因而合同的成立地为要约人所在地。当事人采用数据电文形式订立合同的，收件人的主营业地为合同成立的地点；没有主营业地的，其经常住所地为合同成立的地点。对于合同的成立地点，当事人另有约定的，按照其约定（《合同法》第 34 条第 2 款）。

当事人采用合同书包括确认书形式订立合同的，双方当事人签字或者盖章的地点为合同成立的地点（《合同法》第 35 条）。在合同书或者确认书上签字或者盖章，双方当事人可以在同一地点完成，但有时也可以在不同地点完成。双方当事人异地缔约时，一方当事人可先在合同书或者确认书上签字或者盖章后，再将合同书或者确认书寄往对方当事人处，再由对方当事人签字或者盖章。像这种签字或者盖章不在同一地点的，应以最后签字或者盖章的地点为合同成立的地点。

（四）书面订立合同的特殊情形

生活中常发生这样的情形，应该用书面形式订立合同的，而由于某种特殊情况，未以书面形式订立，但当事人又已履行了合同中的义务。这时如果以订立合同的形式要求不合就认为合同不成立，必然要招致对双方当事人都不利的后果。在市场经济中，法律应该尽量促成交易而不应该轻易否定交易。为此，我国《合同法》规定了如下两条：

第36条："法律、行政法规规定或者当事人约定采用书面形式订立合同，当事人未采用书面形式但一方已经履行主要义务，对方接受的，该合同成立。"

第37条："采用合同书形式订立合同，在签字或者盖章之前，当事人一方已经履行主要义务，对方接受的，该合同成立。"

这两条的共同点都在于，这时当事人违反了法律、行政法规或者约定，未订立书面合同或订了书面合同而未签字，因而合同都未成立；另外，当事人一方已履行了合同的主要义务，另一方也已接受。这种履行和接受表示双方都承认这个合同。这时如果拘泥于形式问题而否定合同的成立，不仅不符合当事人的意思，也会引来对双方不利的后果。按照实事求是的原则，法律承认合同成立，是一个最好的办法。这两条规定是在订立合同的形式问题与实际已达到的情况之间衡量选择的结果。

五、依照国家任务订立合同

在合同法的理论和实务中，有所谓"强制缔约"的问题。强制缔约是合同自由的例外，是对合同自由的限制。

强制缔约可以分为两大类。第一类是由于社会和个人的利益而发生的。其中主要包括对公益性（公用性）事业承诺自由的限制。这种情形也可称为强制承诺。这一点，本章第三部分已经讲到，在此不再论述。第二类是由于国家需要而发生的。这就是根据国家经济计划和国家订货任务而实施的。这是《合同法》第 38 条规定的情形。

《合同法》第 38 条规定："国家根据需要下达指令性任务或者国家订货任务的，有关法人、其他组织之间应当依照有关法律、行政法规规定的权利和义务订立合同。"

本条规定的情形包括两种。一种是基于国家指令性计划的，另一种是基于国家订货任务的。关于国家计划，我国的国家指令性计划现在已很少。关于国家订货，其中绝大部分已进入市场经济，只有极少数（主要是战时或救灾性质的）还有强制缔约的情形。关于后者，已有特别法或即将制定特别法予以规定。

可见，第 38 条规定不具备普遍性的意义，只是针对特定情形下的合同规定的。对于这一类的强制缔约，笔者认为，应该在相应的特别法中去规定。本书对之也不作详细论述。

本条的适用只限于两种情形，一是国家根据需要下达指令性任务，二是国家根据需要下达订货任务。这两种情形基本上都限于买卖和承揽合同、运输合同，不可能涉及其他合同。

依照本条具有订立合同义务的是"有关法人和其他组织"，不涉及自然人。

依照本条订立的合同存在于有关法人和其他组织之间，而国家并不是合同的一方。

依照本条订立的合同的内容，即合同双方的权利和义务，应该符合有关法律和行政法规的规定。因此，本条单独是无从实施的，必须配合其他有关的法律和行政法规才能付诸实施。

六、格式条款

（一）格式条款的由来

在传统的合同法中，规定订立合同都要经过一个双方当事人反复磋商的过程。当事人对于合同中的每一点都要表示意见，达成合意，这是一种原始的缔约的情形。在《德国民法典》里，法律规定订立合同的双方当事人必须在合同的每一点都达成合意（第 154 条第 1 款）。以后的各国民法多数将合意限制在主要各点。但是在生活中运用合同愈加频繁之后，就每一合同的每一点（甚至只就主要之点）都要磋商就不胜其烦。再者，就生活中要重复订立的合同，每次都如此磋商，也无必要。于是为求交易的迅速、简易和方便，订立合同的过程就力求简易。首先出现的是“定价交易”。在买卖时由卖方规定固定价格，实行标价售货。这种办法，只要卖方的定价公平合理，买方并无不满。实际上在自由竞争的市场里，卖方不会定高价，买方也有选择自由，所以这种方式对双方都有利无弊。

但是到垄断出现后，情况完全变了。垄断企业或大企业可以挟其经济上的优势，以垄断价格在订立合同时提出要约，消费者只好屈从。以后这种情形不仅出现在价格这一点上，而且还出现在合同的许多点上。最终结果是，出现了这样的订约方式：企业（主要是大企业或垄断企业）预先拟定了一些合同条款（最重要的是价格条款和有关双方责任的条款），不经过与对方的详细磋商，便要求对方承诺，与之订立合同。这种情形经常出现在垄断性的公用事业里，更使对方（消费者）没有选择余地，只好俯首就范，同意签约。这种合同被称为“附从合同”。附从合同的出现是合同法中的一件大事。一方面表示订立合同成为一件极其简易方便的行为，举手之间就可以完成（只要签名）；另一方面表示合同一方的当事人已失去合同自由。附从合同在资本主义社会里已成为大企业（资本家）剥削消费者的一种合法的工具（手段）。

附从合同是市场经济发达的必然产物，有其一定的优越性。特别是在一个企业面对广大的不特定的对方，要频繁地订立同样内容的合同时，必然要采用这种方式。所以要禁止或消灭这种合同、这种订约方式是不可能的，也是不应该的。

各国订立法律来规制这种合同，保存其优点，抑制其弊病，成为现代合同法里的一个重要问题，也成为现代民法理论里的一个热点。

在附从合同里，并不是每一点（每一条款）都有问题，也并不是整个合同都要由法律来干预。于是立法的注意力逐渐集中在这种合同的一部分条款上。对于不合理的条款加以规制，而对于那些不发生问题或不会发生问题的条款不去管它，这是最近几十年来这方面立法的发展趋势。这就是本章要论述的“格式条款”问题，是我国《合同法》第 39 条至第 41 条所规定的问题。

《合同法》中所说的“格式条款”以及包含这种条款的“格式合同”这种用语，在我国民法理论中很不一致。有的称为“定式合同”和“定式条款”，有的称为“定型化合同”，有的称为“标准合同”等。在外国也有这种情形，例如德国法律中称为“一般契约条款”，英美多称为“标准条款”。在我国台湾地区，也有“定型化契约”“定型化契约条款”“一般契约条款”“附合契约”各种用语。现在“格式条款”一词既为合同法所采用，它已成为我国的法定用语，我们就把包含格式条款的合同称为格式合同。不过应注意的是，必须把格式合同与由政府机关或其他组织（乃至国际组织）拟定的供订立合同的当事人采用的“标准合同格式”（或称为“示范法”）区别开来。[①]

各国关于格式合同和格式条款的立法也有不同的形式。有的国家（如英国、德国，稍后的有以色列等）就此制定有单行法；有的国家则将之规定在民法中（如1942年增订的《意大利民法典》等）。我国香港地区依英国先例，订有单行法。我国台湾地区先在“消费者保护法”中予以规定，最近又在修改“民法”债编时将有关规定作为一条纳入“民法”债编之中。

（二）格式条款的意义

《合同法》第39条第2款规定：“格式条款是当事人为了重复使用而预先拟定，并在订立合同时未与对方协商的条款。”这是我国“格式条款”的一个法定意义。

格式条款具有以下特点：（1）格式条款具有单方性。即格式条款的内容是由一方当事人预先拟定，并且在订立合同的过程中，不与对方当事人协商，而将格式条款直接订入合同。确定格式条款内容的一方当事人，多为提供商品或服务的生产经营者。（2）格式条款具有反复利用性。格式条款的利用，不是针对特定对方当事人，也不是只用在某一特定的合同中，而是在一定时期的同一项业务中反复使用，因而格式条款是一种定型化、细密化的合同条款。（3）格式条款的内容

---

① 在看英美法律和法学书时最应注意这一点。又如《国际商事合同通则》中用的就是“标准条款”（Standard Term）一语。关于这两种不同的法律文件，可参看王家福、谢怀栻等：《合同法》，中国社会科学出版社1986年版。一种见于第62页及以下，另一种见于第78页及以下。

具有稳定性。首先，利用格式条款订立合同时，需将格式条款不加变动地订入合同；其次，除非提供格式条款的一方当事人的经营环境发生重大变化，反复利用的格式条款的内容会在较长的时期内保持稳定。（4）格式条款的利用具有公开性。格式条款提供者的业务相对人是不特定的，在其利用格式条款订立格式合同时，其对方当事人是不特定的公众。因此，格式条款的利用不是一个私下个别进行的活动，格式条款内容的知晓范围也不限于具体合同的当事人之间。（5）格式条款的外观具有书面明示性。由于格式条款具有稳定性、公开性，因此，格式条款提供者需以书面形式向公众明示格式条款的内容，才能提高利用格式条款的效率。

格式条款有两个突出的特点。第一，格式条款总是由一方（提供商品或服务的企业）预先拟定的。第二，不与（或未与）合同对方当事人就本条款进行磋商。各国立法由于对这两点的重视程度不同，对格式条款的态度也有差异。国际统一私法协会的《国际商事合同通则》对格式条款的定义是："标准条款是指一方为通常和重复使用的目的而预先准备的条款，并在实际使用时未与对方谈判。"（第2.19条第2款）但这个通则规定的标准条款无效的情形只有一点，就是"对方不能合理预见的"（第2.20条）。所谓"意外条款"，就是这种条款，但对"意外条款"只要"对方明确地表示接受"，就又是有效的。在这里，通则并不考虑该条款内容的合理与否、公平与否，可见其对标准条款所作的价值判断只是在"磋商与否""对方接受与否"一点。

现在在社会经济生活中，格式合同已十分普遍。比如保险合同、航空或铁路旅客运输合同、供电供水供热合同和邮政电信服务合同等。格式合同的普遍利用，利弊均有。一方面，在社会经济生活中利用格式合同具有很大的积极意义：（1）格式合同的普遍使用，是交易活动标准化便捷化的反映，可以简化缔约手续，减少缔约时间，从而降低交易成本，提高生产经营效率。（2）格式合同的普遍使用，可以事先分配当事人之间的利益，预先确定风险分担机制，增加对生产经营预期效果的确定性，从而提高生产经营的计划性，促进生产经营的合理性。（3）格式合同的普遍应用，可以使智力、知识、经验、精力、地位等不同的消费者受到同等对待，从而平衡消费心理。但是在另一方面，格式合同的普遍利用，也易产生严重的弊端：（1）格式合同大多以垄断为基础，而格式合同的普遍利用又在一定程度上助长了垄断。（2）格式合同的利用，只充分实现了提供格式条款一方的合同自由，而对方当事人的合同自由是极为有限的。因为对方当事人要么全部接受格式条款订立合同，要么全部拒绝格式条款从而不能订立合同，没有讨价还价进行协商的余地。但是由于格式条款的提供者处于垄断地位，对方当事人往往是别无选择，其合同自由难以体现。（3）格式合同的利用，容易产生不公平的结果。由于格式条款提供者一方在经济上处于优势，而对方当事人处于别无选择的境地，因而格式条款提供者一方可以把不公平条款强加给对方当事人，如不合理地扩大自己的免责范围，规定对方须放弃某些权利等。

由于格式合同的作用既有积极的一面，也有消极的一面，因而法律对格式合同不能采取一概否认或者一概认同的态度。可取的做法是，对于格式合同既要认可其存在又要规制其运用，认可其存在以兴其利，规制其运用以制其弊。对于格式合同的法律规制，由多种法律来实现，如《消费者权益保护法》第 24 条专门对格式合同的使用作了限制性规定。《合同法》对格式合同的规制，主要通过规制格式条款的公平合理使用来实现。格式条款本身并不是合同，在合同订立过程中，仍需要双方当事人对格式条款订入合同达成一致后，格式合同才能成立。但是，格式条款是格式合同的组成部分，格式条款本身内容是否公平合理决定了格式合同是否公平合理。因此，只有在合同的订立过程中，依《合同法》的规定公平合理地使用格式条款，才能实现对格式合同兴利除弊的目的。

为此，法律对格式条款的规制，一般从三方面着手：第一，对格式条款的使用加以规制，提供格式条款的一方将格式条款纳入合同中时，应负一定的义务。这就是《合同法》第 39 条规定的提醒义务与说明义务，以及在拟定条款时应力求公平的义务。第二，对条款本身的内容加以规制，要求格式条款本身合法、合理、公平。这就是《合同法》第 40 条规定的情形。第三，对格式条款的解释加以规制。这是《合同法》第 41 条所规定的。

我国台湾地区最近在“民法”债编中增订了一条规定格式条款。其条文为：“依照当事人一方用于同类契约之条款而订定之契约，为左列各款之约定，按其情形显失公平者，该部分约定无效：一、免除或减轻预定契约条款之当事人之责任者。二、加重他方当事人之责任者。三、使他方当事人抛弃权利或限制其行使权利者。四、其他于他方当事人有重大不利益者。”（第 247 条之一）这个条文中以“按其情形显失公平”作为总的无效条件，可见其着重点在于条款内容的公平性。

（三）格式条款提供人的义务

在利用格式条款订立格式合同的过程中，由于格式条款由处于优势地位的当事人单方面提供，因而对格式条款提供人规定特别义务，有助于公平合理地使用格式条款。《合同法》第 39 条第 1 款规定，采用格式条款订立合同的，提供格式条款的一方应当遵循公平的原则确定当事人之间的权利和义务，并采取合理的方式提请对方注意免除或者限制其责任的条款，按照对方的要求，对该条款予以说明。根据这一规定，格式条款提供人应当负有公平拟约义务、提醒义务和说明义务。

格式条款提供人的义务有两个特点：（1）格式条款提供人的义务是一种法定义务，是由《合同法》直接规定的义务，只要利用格式条款订立合同，格式条款的提供人就必须履行该义务。（2）格式条款提供人的义务是一种先合同义务，是一种在合同订立过程中必须履行的义务，所以，这种义务的承担，不以合同的成立或者生效为前提要件。

1. 公平拟约义务

公平拟约义务，是指格式条款提供者在拟定格式条款的内容时，应当根据公平的原则和意欲订立的格式合同类型的性质，合理地确定双方当事人之间的权利义务，以使格式条款预先确定的利益关系均衡，风险分担合理。

格式条款内容在一般情况下，早已确定并纳入事先印好的合同书内，这是格式合同订立过程的一个特点，因而一方当事人提供的格式条款的内容公平与否，决定了格式合同的内容公平与否。格式条款的内容由提供格式条款的当事人单方拟定，而对方当事人对之不能变更，因此，提供格式条款的一方当事人应当承担公平拟约义务，以便在利用格式条款订立合同时，能够在当事人之间建立公平合理的合同关系。

格式条款的内容是否公平合理，可以从以下几方面判断：（1）格式条款的内容是否符合民法特别是合同法的基本原则，如公平原则、诚实信用原则等。（2）格式条款的内容是否符合意欲订立的合同类型所应具备的一般权利义务关系模式，比如，意欲订立的格式合同是提供服务的合同或者旅客运输合同，格式条款所确定的权利义务关系，就应当符合提供服务的合同或者旅客运输合同的一般权利义务关系模式。(3)依据格式条款所确定的权利义务关系，能否实现利益分配均衡、风险分担合理，比如格式条款中不应当具有不合理地免除条款提供者责任的内容。

2. 提醒义务

提醒义务，是指在利用格式条款订立格式合同时，格式条款的提供者应当提醒对方当事人注意免除或者限制其责任的条款，以使对方当事人能够在知悉和了解免责或限责条款内容的前提下，作出是否订立格式合同的选择决定。免责条款，是指完全免除格式条款提供者某一方面责任的条款，比如，房屋开发商的格式条款规定，“因房地产管理部门未及时发放房产所有权证书而致不能如期交房，本公司不承担违约责任”。限责条款，也可称为部分免责条款，是指限制格式条款提供者责任范围或者缩小其责任程度的条款。比如，胶卷洗印店的格式条款规定，“胶卷洗坏或丢失，只赔同种类同数量的胶卷”。

免除或者限制格式条款提供者责任的条款，直接关系到格式合同的公平性。在利用格式条款订立格式合同时，必须事先让对方当事人知悉和了解这些免责或限责条款，这是实现格式合同订立过程公平与格式合同内容公平的统一的必要前提。但是，由于对方当事人往往欠缺订立合同的法律技术，欠缺对免责或限责条款重要性的认识，而且免责或者限责条款又往往不易识别，如条款字迹较小、与合同凭证分离、通过店堂告示表示等，因此，格式条款提供者有义务提醒对方当事人注意免责或者限责条款。

格式条款提供者的提醒方式必须合理适当，应使对方当事人在缔约时足以知悉和了解免责或者限责条款的存在和内容。比如，记载有免责或者限责内容的格式条款应当字体适当、便于阅读，在订立格式合同时提请对方当事人仔细阅读免责或者限责条款，在合同凭证上注明提醒对方当事人注意免责或限责条款等事宜。

3. 说明义务

说明义务，是指在利用格式条款订立格式合同的过程中，如果对方当事人要求对免责或者限责条款作出说明，格式条款提供者应当按照要求向其作出说明，使之能够理解免责或者限责条款的内容与意义。

记载免责或限责内容的格式条款往往含有行业术语、法律术语等，对方当事人囿于知识、经验等，可能虽经提醒亦不能理解该格式条款的内容与意义。另外，实践中有些免责或限责格式条款的文字艰涩难懂，文义模棱两可，对方当事人即使仔细阅读亦难以把握其真正含义。在这些情形下，如果对方当事人要求对免责或者限责条款进行说明，格式条款的提供者有义务对之说明。

根据《合同法》第 39 条第 1 款的规定，格式条款提供者履行说明义务的前提是对方当事人提出说明要求。对方当事人的说明要求中，可以只包含说明标的，如要求对某一具体条款作出说明，还可以包含说明方法，如要求以口头或者书面方式作出说明。格式条款提供者的说明效果，应以能够使具体的对方当事人理解格式条款的内容与文义为准，而不能只限于一般人能够理解的程度。

4. 格式条款的无效

《合同法》第40条从格式条款的内容方面加以规制。该条规定："格式条款具有本法第五十二条和第五十三条规定情形的，或者提供格式条款一方免除其责任、加重对方责任、排除对方主要权利的，该条款无效。"

（1）格式条款具有《合同法》第 52 条规定情形的。该条规定，有下列情形之一的，合同无效：①一方以欺诈、胁迫的手段订立合同，损害国家利益；②恶意串通，损害国家、集体或者第三人利益；③以合法形式掩盖非法目的；④损害社会公共利益；⑤违反法律、行政法规的强制性规定。格式条款如果具有这些情形的，当然无效。

（2）格式条款具有《合同法》第53条规定情形的。该条规定，合同中的下列免责条款无效：①造成对方人身伤害的；②因故意或重大过失造成对方财产损失的。格式条款中如果有这样的免责规定的，同样是无效的。

（3）格式条款对提供格式条款一方免除其责任、加重对方责任、排除对方主要权利的，该条款无效。免除自己的责任，加重对方的责任，显然是不公平的。主要权利是指合同中主要条款规定的权利或法律规定的重要权利，将之排除当然损害了对方的利益。这样的一些条款都是无效的。这里列举的免除自己责任、加重对方责任和排除对方主要权利三者不必同时具备，只要有其一就够了。

本条中所谓免除责任、加重责任，应该以法律中的原有规定为准。法律中原来规定出卖人应有某种责任而在格式条款中将之免除，法律中原来规定买受人应有某种责任而将之加重，都属这种情形。

有的国家或地区的法律在这些规定上都再加一个条件，即“显失公平”，我国《合同法》没有这种规定，只要格式条款这样规定，即为无效，不再去问其是否显失公平。实际上，凡有这种规定的格式条款的，没有不是显失公平的。

我国台湾地区“消费者保护法”第12条规定：“定型化契约中之条款违反诚信原则，对消费者显失公平者，无效。”这样的规定过于抽象，适用时有困难。《合同法》不作如此抽象规定是有道理的。

《意大利民法典》第1341条也有规定格式条款在一定情况下无效的，但该条在列举了一些情形（如为格式条款提供方限制责任，赋予其契约解除权，有利于其中止履行契约，为对方附加失权期间，限制对方的抗辩权，限制对方与第三方订立合同等）后，规定如这些情形由合同对方以书面明确表示同意时，格式条款可以有效。这样的规定也为我国《合同法》所不采，因为在一定情况下，这种同意常常是不公平的。

总之，对《合同法》第40条是不容以任何方式排除适用的。

在《合同法》上对格式条款无效的判断，一般是在将格式条款订入格式合同之后（在格式合同成立之后）进行。如果格式条款未订入合同，判断其是否有效，并无合同法上的意义。但是，在订立合同过程中，如果需利用格式条款，提供格式条款的当事人的对方，可以格式条款无效为由而拒绝将该格式条款订入合同。

在合同法上，格式条款无效的后果包括：①无效的格式条款不能订入格式合同。②如果将无效的格式条款订入格式合同，该格式条款不生效力。③格式合同成立后，如果格式条款的无效影响整个合同的效力，则导致整个格式合同无效。

但格式条款的无效，并不等于格式合同的无效。①格式合同的无效，是指整个合同的无效。而格式条款的无效对格式合同效力的影响则有两种情形：其一，某些格式条款的无效，不影响合同其他条款的效力，并且不影响合同的整体效力，则合同依然有效，但须排除无效的格式条款。其二，格式条款的无效影响合同其他条款的效力，并且影响整个合同的效力，则格式条款的无效导致格式合同的无效。②对格式合同无效的认定，其后果一般仅及于特定具体的格式合同，但是，其后果不仅及于特定具体的格式合同，还有可能产生行政法上的一般后果，即格式条款的提供者不能再利用该无效的格式条款订立合同。最后，对格式条款无效问题，还应注意《消费者权益保护法》的规定。

（四）格式条款的解释与适用

在格式条款订入格式合同之后，如果双方当事人对格式合同条款的理解发生争议，为确定格式条款的确切意义及其在合同上的效力，对格式条款中有争议的地方就需要作出解释。格式条款的解释属于合同解释。

对格式条款的解释当然也可适用《合同法》第125条的规定。《合同法》第41条又对合同中格式条款的解释作了特别的、专门的规定。该条规定，在对格式条款的理解发生争议时，有三点原则：

1. 应当按照通常理解予以解释

格式条款常常出现在具有专门性或技术性的合同中，例如技术合同、供用电合同、高精尖产品的买卖合同、保险合同等。在此类合同中，常会出现一些专门性的术语或语句，因而使该条款具有特殊意义。这些术语或语句常非普通人所能理解。例如在人寿保险合同中常有医学上的术语或语句，即非常人所能理解。因此对于此类文句应以该合同所预定的顾客或消费者一般的合理的理解力为准去解释，而不应以专门技术人员的理解力为准去解释。这就是“按照通常理解予以解释”的意义。因为在解释时不这样做，就无异于剥夺了作为普通消费者的合同对方的发言权。有时提供格式条款一方在解释某些专门问题时借口“这是专门问题”而故弄玄虚，欺骗对方，更是不公平的。《合同法》作此规定，当然是必要的。在《合同法》原有的草案中，这一项的用语是“应依可能订约的一般人合理的理解予以解释”，意义是相同的。

2. 应当作不利于提供格式条款一方的解释

《合同法》第41条又规定，对格式条款有两种以上解释的，应当作出不利于提供格式条款一方的解释。

格式条款是由提供条款的一方预先拟定的。提供方当然是对这一合同的内容最为熟悉的，在拟定条款时也是经过深思熟虑、反复推敲的，因而这种条款必然是有利于他自己的；即使表面上看不出是有利的，也必然是有其他原因的。对这些条款的理解同样必然倾向于有利于条款提供人。在合同双方当事人对条款有不同解释时，各国法律大多规定应为对消费者有利，即不利于条款提供人的解释。《德国一般契约条款法》第 5 条规定："一般契约条款之内容有疑义时，条款利用者承受其不利益。"《意大利民法典》第 1370 条规定："在对添加于契约一般条件内的条款或者对由缔约一方准备的格式化契约中条款有疑问的情况下，对这些条款要作有利于非条款提出方的解释。"都是与我国《合同法》的规定相同的。

这一规定的目的在于从两种以上解释中确定一种解释，而不是泛泛地解释条款，因此，法院在适用这一规定时应在已有的不同解释中确定一种（不利于条款提供方的一种），而不能离开双方的不同解释，另行作出解释。

3. 非格式条款优先适用

在一个合同中既有格式条款又有非格式条款时，《合同法》第 41 条规定，应当采用非格式条款。这里说的非格式条款是就同一事项当事人经过专门磋商达成一致意见而订入合同的条款，也就是合同双方经过单独磋商而订定的条款。这种条款可能是与格式条款并存于合同中的，也可能是当事人另行单独订立的，也可能是当事人就原有的格式条款改写的。总之，这样的非格式条款要优先于格式条款而适用。

适用非格式条款优先的解释原则，须具备以下前提条件：（1）格式条款与非格式条款之间具有形式共存性。即在已经成立的合同中，既有格式条款，又有非格式条款。（2）格式条款与非格式条款之间具有直接相关性。如果格式条款与非格式条款之间不具有相关性，便不存在非此即彼的选择问题。但是格式条款与非格式条款相关，并不是由于两种条款居于同一合同中，而是由于两种条款的内容相关，包括规定的合同事项相关，规定的责任后果相关等。（3）格式条款与非格式条款之间具有相互排他性。这是指两种条款的意义相抵触、相矛盾，实质上不能共存于同一合同中，因而需要选择采用其中之一作为合同条款。格式条款与非格式条款的相互排他，包括内容直接相互排他，也包括推理结果相互排他和运用效果相互排他。

虽然从表面上看，格式条款与非格式条款得以订入合同，都是经过了双方当事人的合意。但是，格式条款不是经过协商的结果，而非格式条款是经过协商的结果；一般而言，格式条款易于体现格式条款提供者单方的利益，而非格式条款则易于体现合意双方的利益。所以，在格式条款与非格式条款不一致时，采用非格式条款，符合公平原则。

在格式条款与非格式条款不一致时，采用非格式条款后，非格式条款的合同效力被确定，属于合同的有效组成部分；而格式条款便不具有合同效力，被排除在合同之外。在适用非格式条款优先的解释原则时，格式条款被排除不等同于格式条款无效，而应视为该格式条款自始未订入合同。因为格式条款的无效，对合同的效力总是有所影响，而格式条款的被排除，对合同的效力没有任何影响；格式条款的无效，应当具备《合同法》第 40 条规定的无效原因，而格式条款的被排除，前提应当是不具有《合同法》第 40 条规定的无效原因，否则就不存在两种条款矛盾时选择采用非格式条款的必要。

上述原则不仅为一些国家的法律所承认，例如《意大利民法典》第 1342 条规定，当格式条款与补充性条款（非格式条款）不能并存时，尽管格式条款未被删除，但是补充性条款的适用优先于格式条款，也为《国际商事合同通则》所采用，该通则第 2.21 条规定：“若标准条款与非标准条款发生冲突，以非标准条款为准。”这些规定都与我国《合同法》的规定相同。

（五）其他问题

格式条款，有时不由合同当事人一方拟定，而由行业协会或合同当事人一方的母公司拟定，交给合同当事人一方使用。此时，使用格式条款的一方即为格式条款的提供人，而受上述法律规定的约束。

七、缔约责任

（一）概说

合同是双方当事人间的行为，所以在传统民法中，因订立合同而发生的义务或责任，仅在合同成立后发生。如果当事人双方意欲订立合同，在对合同进行准备工作之时，亦即在订立合同的过程中，因一方有过失致他方受损失，受损失的一方能否向对方请求赔偿，有过失的一方应否负损害赔偿责任，遂成问题。此时因合同并未成立，当然谈不到合同责任。有时不一定能构成侵权行为。为解决这一类问题，在民法理论上遂有缔约责任制度，或称为缔约过失制度。

缔约过失制度，最初由德国法学家耶林作为一个理论提出。其后各国法律逐渐有了个别零散规定。最后有些国家和地区在民法中就此作出概括性的规定。关于缔约过失的理论也逐渐确定并日益完善。我国《合同法》也对此作了两条规定，即第 42 条和第 43 条。

近年来我国台湾地区进行“民法”债编的修订工作，将过去在判例中出现的缔约过失问题综合增订于“民法”债编中，此即我国台湾地区“民法”第245条之一：“契约未成立时，当事人为准备或商议订立契约而有左列情形之一者，对于非因过失而信其契约能成立致受损害之他方当事人，负赔偿责任。一、就订约有重要关系之事项，对他方之询问恶意隐匿或为不实之说明者。二、知悉或持有他方之秘密，经他方明示应予保密，而因故意或重大过失泄漏者。三、其他显然违反诚实信用原则者。”

《意大利民法典》第1337条也是一种原则性规定，如下：“在谈判和缔结契约的过程中，双方当事人应当遵守诚实与信用的原则。”

在我国《合同法》最初的“建议草案”中，也是用原则的方式作规定，条文如下：“当事人在为订立合同而进行磋商的过程中，相互负有协力、保护、通知及其他依诚实信用原则和交易惯例所要求的义务。”（第1款）“当事人违反前款义务，给对方造成损害的，应当承担赔偿责任。”（第2款）

现在，《合同法》是用具体列举的方式作出规定。第42条规定缔约中过失致损的责任，第43条规定缔约中违约侵害商业秘密的责任。

（二）缔约责任的概念

缔约责任，是指在合同订立过程中，一方当事人因其缔约行为或者与缔约行为有关的行为损害对方当事人利益，并给对方造成损失时，向对方当事人承担的赔偿责任。

缔约责任具有以下特点：（1）缔约责任为合同订立过程中所产生的责任，所以有的学者称之为“契约前责任”。缔约责任是为缔约行为直接产生的损害后果所承担的责任，缔约侵害商业秘密责任则是为缔约行为间接产生的后果承担的责任。缔约责任不是违约责任，违约责任须以合同有效成立且违反合同约定为前提，而缔约责任则以合同不成立为前提。缔约责任也不是侵权责任，因为缔约责任人与受害人之间在合同订立过程中处于一种由法律特别规制的关系，并且由此特别关系而产生缔约责任。（2）缔约责任为法定责任，不以双方当事人事先有约定为必要，只要缔约当事人违反诚信义务，侵害了对方当事人的权益并给对方造成了损失，即应承担缔约责任。（3）缔约责任为赔偿责任。只有缔约责任人的行为侵害了对方当事人的利益，并给对方造成损失时，才向对方当事人承担赔偿责任。（4）承担缔约责任的基础是诚实信用义务。诚实信用原则是民法的基本原则，在合同订立过程中，当事人之间应相互向对方承担诚实信用义务，依诚信原则缔约。因违反这种诚信义务而给对方造成损失时，就要视其情形承担相应的缔约责任。

缔约责任成立的要件为：受害人须在合同订立前参与了合同的准备或磋商行为；受害人须受有损害；加害人须有行为能力，须有过失。就第一点言，与一般侵权行为不同。就有过失一点言，与《合同法》上的违约责任不同。

由于缔约责任具有独特的性质，因而缔约责任制度是《合同法》上独立的责任制度。《合同法》规定缔约责任制度，可以规范民事主体的缔约行为，促进诚实信用原则的贯彻，健全社会经济生活中的缔约环境，从而使合同法律制度得以更好地实现。

（三）直接的缔约责任

意欲订立合同的双方当事人，在开始进行商谈之前就进入了订立合同的准备状态。他们既然都具有订立合同的共同利益，就在相互间发生并建立了一种特殊的互相信赖的关系。基于这种特殊的关系，当事人间发生了一些“合同成立前的义务”。这些义务包括协力义务、通知义务、照顾义务、保护义务、忠实义务等。当事人一方如因故意过失违反这些义务，给对方造成损害的，即应负损害赔偿责任。这种责任是类似于侵权行为的责任，其损害赔偿也以比照侵权行为确定为宜。

《合同法》第42条规定了两种具体的应负责任的行为和一项弹性条款：

1. 假借订立合同，恶意进行磋商

当事人并无订立合同的诚意，而为了达到其他目的（特别是达到加害对方的目的），恶意进行磋商，特别是在并无与对方订约的诚意时，开始，或继续进行，或终止与对方进行磋商，给对方造成损害，当然应负赔偿之责。此时应赔偿对方因此受到的损害，例如对方支出的费用，或者对方因失去其他订约机会所受到的损失等。

《国际商事合同通则》第2.15条的规定与《合同法》相同。该条规定：“如果一方当事人以恶意进行谈判，或恶意终止谈判，应对因此给另一方当事人所造成的损失负责。”

2. 故意隐瞒与订立合同有关的重要事实或者提供虚假情况

当事人一方故意隐瞒与订立合同有关的重要事实或者提供虚假情况，致使对方当事人发生误解，作了错误的安排与准备，而最后合同不成立时，该一方当事人当然应负责任。譬如与订立合同有关的法律规定（例如某种合同须经批准、某种货物出口须有许可证）、有关的市场情况等都属于本项规定范围之内。

3. 有其他违背诚实信用原则的行为

缔约责任原来就是根据诚信原则而成立的。以上两点只是列举的重要事项，当然不能完全包括违背诚实信用原则的情形，所以法律又如此规定。

4. 违反保密义务的责任

这种责任又称缔约侵害商业秘密责任。

《合同法》第 43 条规定，当事人在订立合同过程中知悉的商业秘密，无论合同是否成立，不得泄露或者不正当地使用。泄露或者不正当地使用该商业秘密给对方造成损失的，应当承担损害赔偿责任。根据这一规定，所谓缔约侵害商业秘密责任，是指当事人因泄露或者不正当使用在订立合同过程中知悉的对方当事人的商业秘密，并给对方当事人造成损失时，所应承担的损害赔偿责任。

缔约侵害商业秘密责任具有以下特点：（1）缔约侵害商业秘密责任是法定责任，不以双方当事人在缔约过程事先或者事后有约定为必要，只要泄露或不正当使用所知悉的对方当事人的商业秘密，并给对方造成损失的，侵害对方商业秘密的当事人即应承担责任。（2）缔约侵害商业秘密责任是缔约责任，是当事人因进入缔约过程而产生的责任，不论合同是否成立，只要当事人在缔约过程中知悉了对方的商业秘密，就要承担这一责任。如果订立合同时对商业秘密的保护作了特约，或者在成立的合同中对商业秘密的保护作了特约，一方侵害对方的商业秘密则构成违约责任。（3）缔约侵害商业秘密责任是赔偿责任，缔约当事人泄露或者不正当使用对方的商业秘密，并给对方造成损失时，应当向对方予以赔偿。

无论是要约人还是受要约人，在订立合同过程中，都有可能知悉对方的商业秘密，如通过商品性能介绍，了解对方的技术秘密；通过对方商品销售报价，了解对方的营销策略等。如果缔约一方泄露或者不正当使用对方的商业秘密，就会给对方造成损害。《合同法》规定缔约侵害商业秘密责任，可以保护商业秘密持有人的权益不在合同订立过程中受侵犯，增强了合同订立过程的安全性。虽然我国的《反不正当竞争法》也规定了对商业秘密的保护制度，但是《反不正当竞争法》规定的侵害商业秘密行为仅有两类：一类是侵权行为，须以不正当获取他人的商业秘密为要件；一类是违约行为，须以违反权利人有关保守商业秘密的要求为要件。缔约侵害商业秘密责任的要件与此两者均不相同。与前述第一类相比，当事人是通过正当手段知悉对方的商业秘密；与前述第二类相比，缔约侵害商业秘密责任的承担不以对方有保密要求为要件。因此，《合同法》规定缔约侵害商业秘密责任，进一步完善了我国的商业秘密保护制度。

《国际商事合同通则》第 2.16 条也有相同的规定。该条明定应该保密的是“一方当事人以保密性质提供的信息”，因而这种信息是提供者声明应予保密的。《合同法》既然规定的就是“商业秘密”，应该认为这是双方约定应予保密的。《国际商事合同通则》这一条并规定：“违反该义务的救济可以包括根据另一方当事人泄露该信息所获得之利益予以补偿。”这一点可供参考。

（四）其他问题

判例上及学说上还有一些被认为属于缔约责任的行为，例如：

1. 合同给付不能而无效的情形。合同因以不能的给付为标的而无效的，如当事人一方在订约时知其不能或可得知的，对于非因过失而信该合同有效而受到损害的一方，应负赔偿责任。不过这种情形是发生在合同成立之后（合同成立但无效），与严格意义上的缔约责任稍有不同。

2. 无权代理行为。无权代理人与他人订立合同，因本人不承认，合同无效。

3. 缔约之时对对方未尽保护义务而致人损害的。例如在买卖合同订立中，买受人因对标的物进行试用（如试车）而受伤时，如标的物有瑕疵，出卖人应负责任。

由于缔约责任是一个较新的问题，理论和判例都还在发展之中，实务上还有一些类似于缔约责任的问题（例如我国《民法通则》规定的合同无效后有过失的一方当事人的责任问题），也常被归入缔约责任问题的范围，有一些新出现的问题尚待研究，所以本章的论述只是一个初步总结，远远不是全面的。

第七章 | 时效[1]

一、诉讼时效的意义

在《民法通则》中，许多地方规定了时间、期间问题，也就是说时间、期间在民法中是一重要因素，有许多法律关系的发生、变更、消灭都受时间关系的影响，许多法律问题都是以时间、期间作为重要根据的。一开始我们就遇到了年龄问题，公民年满 18 周岁为成年，就有了完全民事行为能力。这就是时间因素影响到法律关系。也有些时间是行为人自己规定的，如当事人在订立合同时，规定债务履行期多长，例如租赁期三年。这是当事人自己规定的时间。

（一）诉讼时效制度

权利人如在一定期间内不行使其权利，他就不能向人民法院请求保护其权利，这种制度就是诉讼时效制度。我们与资本主义国家规定的消灭时效制度有重要的不同，我们的时效制度是规定人民与国家间

---

① 1986 年夏，中央党校和最高人民法院主办“民法通则培训班”，谢先生受邀讲授“时效”部分，后收入《民法通则讲座》(1986 年 9 月)。——编者

的关系，人民与法院间的关系。资本主义的消灭时效是规定个人与个人间的关系，只间接地影响人民与国家间的关系。对于诉讼时效制度，可以从两方面去看：从国家方面来说，国家对当事人（包括公民与法人）的民事权益是应该保护的，保护的方法是法院强制义务人履行义务。但权利人在一定期间内不行使权利，国家就不再保护，即国家不再强制义务人履行义务。从公民或法人方面来说，权利人本来有权请求国家保护其权利，但在一定期间内权利人不行使其权利，就丧失了请求国家保护其权利的权利。这种时效制度是民法上的一种例外情况，是一种特殊制度。如一个人借了另一个人的钱，本来是应该还的，而过了一定期间就可以不还了，起诉到法院，法院反而判决有权利的人败诉。正常情况下，法律要使事实上的关系同法律上的关系相一致，如事实上占有手表和对手表有所有权必须一致。但有的情况下，法律规定只需占有手表达到一定时间，法律就承认占有人可以不还手表。这时法律只根据你的事实关系就判断权利关系，而不再追究二者是否一致，即法律在一定情况下承认那种不合乎真正权利关系的现状。这是一种不正常的情况，我们把它作为时效制度反而成为正常情况了。

（二）时效制度要具备两个要件才能成立

1. 权利人继续地不行使其权利。

2. 经过了一定的期间。

（三）法律为什么要规定时效制度？

1. 为了维持社会上的经济秩序，使长期存在的事实状态能确定，这是主要理由。

2. 有了这个制度，就能促使权利人迅速行使其权利，也间接地促使义务人履行义务。

3. 也便于法院的审判工作。因为时间久了，证据不易调查。

（四）诉讼时效制度的性质

诉讼时效制度是从社会法律关系的确定，从社会公共利益出发的，所以是一种强制规定，而不是任意规定。这种制度一经国家规定，当事人是不能任意变更的。这里，我们用列宁的一句话，即我们关于诉讼时效制度的规定是公法性质的。

二、诉讼时效制度的效力

所谓效力，即满了时效期间后发生什么法律后果，《民法通则》第135条，就是一个关于时效制度的根本性的规定。

1. 诉讼时效期间届满后，权利人就不能再向法院请求保护其权利。即权利人丧失了诉权，这里指实体上的权利，有的书叫胜诉权，而不是指程序上的诉权（起诉权）。可分为几点：

（1）期间届满后，权利人仍有权起诉，法院应受理。

（2）法院受理后，对诉讼时效的问题，应以职权进行调查，不应等当事人自己提出，这和资本主义国家不同。

（3）法院调查后，若认为原告的请求已过诉讼时效期间，应以判决驳回原告的请求。

（4）驳回原告即权利人的请求，法院可否确认被告对争执的财物有所有权？通则未规定，不好解决，因我国没有规定取得时效。从国家不保护原告的意义上说，是保护了被告，但不能简单地说所有权就属于被告了，只能说原告丧失了所有权，但被告仍不是合法的所有者，而他又可继续占有这一财物，这就是诉讼时效制度的特殊之点，即我们允许通过诉讼时效制度使没有取得所有权的人占有某一财产。所以在实践中，如义务人反诉，要求确认其所有权，法院也应驳回。

2. 期间届满后，义务人自愿履行义务，权利人仍有权接受，这不算不当得利（《民法通则》第 138 条），义务人不能要求追还。

3. 主权利若因时效期满不受保护，各种附属权利也不受保护，如主债权不受保护，违约金债权也不受保护。

4. 是否任何权利都可适用诉讼时效制度？这个问题值得研究，我们没有规定。《苏俄民法》规定，有几种请求不适用诉讼时效制度，我们可以参考。

三、时效期间

（一）期间的长短

《民法通则》规定的期间有两个：2 年、1 年。我们的诉讼时效期间是很短的，这是我们民法的特点。资本主义国家的时效期间都很长。《民法通则》第 135 条规定的 2 年叫一般时效期间。第 136 条规定的 1 年有四种情况，叫特殊期间，也叫短期间。除这四种情况外，其他都是属于 2 年的。这四种情况是：（1）身体受到伤害要求赔偿的；（2）出售质量不合格的商品未声明的；（3）延付或拒付租金的；（4）寄存财物被丢失或损毁的。

这几种情况时间久了不易调查清楚，所以规定的诉讼时效期间较短。

第 137 条还规定有一个期间就是 20 年，在我们的《继承法》里有一条类似的规定。本条的20年和继承法上的20年是否都是时效期间，这是值得研究的问题。目前对《民法通则》的解释还未看到，对《继承法》已有解释，有的书把20年叫除斥期间，也叫不变期间。主张20年是除斥期间的是沿用资本主义的民法理论。根据《民法通则》第137条的规定，这个20年不大合乎除斥期间的规定。因为其第137条规定："有特殊情况的，人民法院可以延长诉讼时效期间。"如把《继承法》第8条规定的20年叫作除斥期间是可以的，如把《民法通则》第137条的20年也叫作除斥期间与条文本身不相符，所以也可以把这个20年解释为诉讼时效期间。它和2年、1年有什么不同呢？起算点不同。这个问题有待于最高法院作有权威的解释。

《民法通则》第59条规定的请求是否也适用诉讼时效制度？如果也适用，就是2年的时间。知道权利被侵害才谈得到诉讼时效期间问题，那么第59条的两种情况是否算权利被侵害？这个问题还需研究。如第59条不适用诉讼时效制度，那么第59条的两种情况是否也应有个时间限制？这是实践中可能遇到的问题。

（二）时效期间的起算

我们规定是从知道权利被侵害时起或应当知道权利被侵害时起计算。不过，各种情况一般有通用的起算办法。

1. 债务关系有约定履行期，到期不履行的，时效期间就从到了履行期不履行时起算。

2. 债务关系没有约定履行期，应从何时起算时效期间？世界各国立法有两种规定：

（1）从债权成立时起算。多数资本主义国家是这样规定的。

（2）从债权人请求而债务人不履行时起算。苏联是这样规定的。

第一种观点的理由是：没有约定履行期，债权人随时可请求履行。可以行使权利而不行使，所以应从债权成立时起算诉讼时效期间。第二种观点的理由是：既然没有约定履行期，如从债权成立时起算，会损害债权人的权利。我们应取哪一种呢？我看我们的时效规定得很短，只有两年，一成立马上计算时间，很容易使债权人丧失利益，苏联的规定还是比较可取的。

3. 关于侵权行为发生的损害之债，这个问题好办，它有一个侵权行为在那里，从受害人知道自己的权利被侵害之日起算，如果当事人没有发现，以后什么时间发现就从发现时开始计算，这就是一般的计算方法。

4. 关于不作为之债，时效起算期间一般是从债权人知道债务人违反了他的不作为义务的时候起算。不作为之债，就是规定债务人不做某种行为，假如债务人违反了他的义务做了某种行为，那就是债务人侵犯了债权人的利益，侵害了债权人的权利，就从债权人知道或应该知道的这个时候起计算时效期间。

以上只讲了四种主要情况，当然还有其他的情况。

（三）时效期间的中止

《民法通则》第 139 条规定的中止情况："在诉讼时效期间的最后六个月内，因不可抗力或者其他障碍不能行使请求权的，诉讼时效中止。从中止时效的原因消除之日起，诉讼时效期间继续计算。"例如，有一个人借了我的钱，我在时效期满还没有请求法院保护，那么我就丧失了胜诉权。《民法通则》规定在最后 6 个月之内，因为不可抗力或其他障碍不能行使请求权，如唐山大地震，法院停止办公，不能到法院请求给以保护。同样，辽宁发了大水，法院在县里，我在乡下想去告诉，因交通不通，邮电中断也不能行使请求权。这些原因就属于因为不可抗力或其他障碍无法行使请求权。诉讼时效期间从发生不可抗力时起中止，待中止的原因消除之日起，诉讼时效期间继续计算。

时效期间的中止有两个要件，第一个是中止原因发生在最后 6 个月之内，发生在此之前不算。因为发生在此之前不可抗力时间很长，中止的原因不能那么长。第二个是发生不可抗力或其他障碍致使权利人不能行使请求权。中止原因发生之前那一段时效期间仍然有效，中止情况消除后时效期间继续开始，这两段时间要连接起来计算，这是中止与中断的不同。什么是其他障碍情况？在国外立法里规定无民事行为能力人、限制民事行为能力人的权利被侵犯，没有法定代理人，包括法定代理人死了，或者法定代理人丧失了代理权，或者法定代理人本身丧失行为能力，就是说无民事行为能力人、限制民事行为能力人，没有人代替行使权利，这也是中止的原因。什么是中止原因的消失？那就是他的法定代理人有了权利能力，开始连续计算。又如关于财产继承案件，继承人一直没确定，我认为遗产中有我的一份财产，就应该行使请求权，这也是其他障碍情况。总而言之，中止的特点就在于中止前的诉讼时效期间还是有效的，中止原因消失以后继续计算，前后两段连接起来计算。

（四）关于期间的中断

《民法通则》第 140 条规定的中断的原因有三：第一，提起诉讼；第二，当事人一方提出要求；第三，同意履行义务。有这三种情况之一诉讼时效期间就中断。中断发生什么效力呢？从中断时起诉讼时效期间重新计算，这是中断与中止的区别。

诉讼时效中断制度是说你既然已经主张权利，已经行使自己的权利，这时期间不再继续计算下去，就中断，以前已经进行的期间就不算了，按照第 140 条的规定，从中断时起，诉讼时效期间重新计算。

中断里有许多问题，首先诉讼时效因起诉而中断，起诉是否只限于向法院提起诉讼，这就需要我们将来解释。对于这个起诉要作广义的解释，应包括提请仲裁、申请调解，还包括提起反诉、刑事附带民事、申请执行，这都是权利人行使权利的一种方式，我认为第 140 条至少包括这些，否则就太窄了。

对当事人一方提出要求也要作广义解释，包括书面的、口头的、直接的、间接的。行使请求权就是权利人通知义务人履行义务，在破产案件中，权利人申报债权也算行使请求权，权利人向法院或者管理破产机关申报债权就等于向债务人请求履行义务。

同意履行义务在一般资本主义国家民法中叫“承认”，现在“承认”这个问题是从义务人方面讲的，义务人假如有了这种行为，诉讼时效期间就中断。“承认”债务，即同意履行义务。最简单的例子就是债务人通知债权人愿意履行。如我借你的钱，过了好久我告诉你，钱我愿意还，这就是义务人直接承认义务，同意履行义务。“承认”也应该解释得宽一些，还应包括部分履行、请求延期、支付利息、提供担保等行为。

《民法通则》第 140 条规定的中断与中止主要有两点不同：①中止不是由当事人的行为引起的，而是由不可抗力或者其他障碍引起的。诉讼时效期间的中止不能由当事人自己的意志决定，而中断就是当事人自己决定的。权利人以自己的行为使诉讼时效中断就中断，由当事人意志决定。②在效力方面，中断前那段诉讼时效期间失去效力，作废了，以后再重新计算。而中止前已进行的那段期间还有效，与中止原因消灭后开始的期间连续计算。

（五）时效期间的延长

《民法通则》第 137 条规定的最后一句话："有特殊情况的，人民法院可以延长诉讼时效期间。"这是立法者赋予法院的权限，可以说审判人员权力大了！在实践中如何掌握什么是特殊情况？具体问题，要具体对待，对延长诉讼时效期间要考虑诉讼时效制度的精神，违反了诉讼时效制度的精神，就丧失了规定诉讼时效制度的意义，对于这一点，法院要特别从严掌握。

关于第 137 条里的"延长"这个问题值得研究。2 年、1 年的期间当然可以延长，20 年是否也可以延长呢？我认为最好不再延长，因为 20 年已经很长了，再延长就失去了时效的意义。不过这一点有待于有权的单位作解释。

四、特殊法上的诉讼时效

《民法通则》第 141 条规定："法律对诉讼时效另有规定的，依照法律规定。"除了《民法通则》规定以外，在其他法律里面也有规定时效的，我们应该引用哪一个法律？《继承法》规定的诉讼时效期间与《民法通则》规定的诉讼时效期间应该按照哪一个法律？我认为《继承法》与《民法通则》规定的相同，二者不发生矛盾。从理论上说虽然有了第 141 条的规定，但在处理继承案件时还应用《继承法》的条文办，因为法律里有一个原则是特别法优于普通法。对《民法通则》来说，《继承法》可称为特别法，应该优先适用。

除《继承法》之外，还有其他法律规定诉讼时效期间吗？明确地说在行政法规里作为时效期间的规定还没有，但是，有一些意思上虽然不是诉讼时效期间，实际上是有诉讼时效期间性质的。例如关于运输合同，铁道部制定的运输合同条例中规定托运人对于因为运输而发生的赔偿请求权，只能在一定的期间内行使，这种期间形式上没有说是诉讼时效，但实质上是诉讼时效。《民法通则》第 141 条规定“依照法律规定”是狭义解释还是广义解释？如果是狭义解释就只限于人大和人大常委会通过的法律，不包括其他行政法规。如果是广义解释就包括国务院制定的行政法规。还有，在民事法律以外的法律规定中假如也有类似诉讼时效的，我们处理案件时是否引用第 141 条规定处理呢？这是我们在司法实践中会遇到的问题，如《海关法》里规定纳税人对海关某种请求权有一定的行使期间，这种行使期间是否可解释为诉讼时效？严格地说民法的规定不应该运用到行政法里去，但《海关法》的规定纯系纳税义务人同海关之间的财产方面的请求权，似乎也可算诉讼时效期间。另外在《专利法》《商标法》里规定的当事人不服主管机关处理可在接到裁决的 1 个月或 3 个月内起诉，这是不是诉讼时效？我认为不是诉讼时效，这个期间就类似民诉法的上诉期间。起诉的限制和上诉的限制是性质相同的。

诉讼时效是个很复杂的问题。《民法通则》规定得很简单。这样，一方面有待于最高法院作解释，另一方面我们审判人员也要在具体案件中灵活运用。

略论《德国民法典》及其世界影响[①]

[德] 康·茨威格特　海·克茨

一

许多私法的法典都带有它们所产生的那个特殊历史环境的烙印。许多法典巩固了近代社会改组的成果；这些法典的优点是，鼓舞人们的人类理想和社会模式有希望在一个相当时期内保持效力。另外一些法典，恰巧相反，是在社会和政治都相对稳定的时期制定的；这些法典常常具有回顾过去而且深思熟虑的精神，总要维持一种有利于创造时期的情势。《德国民法典》就是这些比较保守的法典之一。它确切地表现了俾斯麦帝国的社会。在当时那个国家里，扮演主要角色的是显赫的自由主义的大资产阶级，这个阶级与有权势的普鲁士保守权力合作创立了德意志帝国，一个民族国家。那是一个在经济上以自由主义为标志的时代，那个时代的信仰是，只要国家不加干预，各种经济力

① 本文是汉堡大学法学教授、马克斯·普朗克外国与国际私法研究所所长康拉德·茨威格特和康斯坦茨大学法学教授海因·克茨合著：《在私法方面的比较法概论》，T. 魏尔英译本，1977 年版，第 1 卷第 2 编第 2 章第 12 节。原标题是《德国民法典》。中译文标题是译者拟的。

量交互作用，就会自然产生普遍福利。当然在19世纪70年代和80年代，有些以社会正义为目标的运动，虽然在家长式领导之下，仍然导致制定一些保护工人的规定，并且从立法上建立了工人的社会保险制度。但是在私法方面，这样的进步倾向毫无进展；私法方面的法学家们全力专注在实证主义的注释工作上，以至于他们对于任何有洞察力的旁观者都容易察觉时代的重大社会要求，或者没有看见，或者有意闭目不见。例如，《德国民法典》的起草者们似乎就没有注意到在19世纪最后几十年中正在德国发生的伟大的社会变革：商业和工业变得在经济上较之农业远为重要，城市人口，特别是产业工人，正在迅速增长。而在《德国民法典》中，典型的公民并不是小手工业者或工厂工人，而毋宁是有钱的企业主、地主和官吏，亦即可以预计具有经营事业的经验和正确的判断力，在具有契约自由、企业自由和竞争自由的资产阶级社会中有能力获得成功，并且能够采取各种步骤保护自己、免予受损害的人们。

二

在语言、方法、结构和概念各方面，《德国民法典》都是德国罗马法继受学派[①]的深奥、精确和抽象的学识的产儿，从而也具有这个学派所余留下的一切优点和缺点。《奥地利普通民法典》中简单的常识，

① 德国各地从中世纪末期起，在继受罗马法的基础上，逐渐形成了德国普通法。普通法中的私法部分是建立在罗马法的概念和体系之上的。研究这方面的法律而集其大成的是19世纪的罗马法继受学派（Pandectist School），其代表人物就是主持制定《德国民法典》第一草案的温德沙伊德（Windscheid），所以此派对《德国民法典》的影响极大。——译者

《瑞士民法典》中明白而通俗的文体，或者充满公民自由平等理想的《法国民法典》中铿锵的用语，都不适合于《德国民法典》。《德国民法典》不是讲给全体公民听的，而是讲给专业法律家听的；它有意使人不容易理解，不去考虑教育读者这一要求；它不是用一种明白而具体的态度去处理特定事件，而是自始至终采用一种抽象概念化的语言，而这种语言，是通常人（常常甚至于外国法律家也如此）大部分不能理解的，可是一个受过训练的专家，经过多年熟悉之后，就不能不佩服这种语言的精确性和思想的严密性。民法典起草人所用的一些概念，如“处分”“代理权”“同意”“不迟延地”“善意”等，总是用在恰巧那一个意义上。句子的结构就可以表明举证责任在哪一方，借助于互相参照条文而扩大条文的适用范围以避免重复。可是《德国民法典》并没有《法国民法典》那样的优美、富丽、简练，没有《法国民法典》那样的警句式的文体和隐藏的感情；《德国民法典》一方面保持确切、明晰和周到，另一方面又常常追求一种形式上整洁严密的法官文体，复杂的句法，以及略带哥特语言的繁重性，甚至于有的地方本来是很容易找到比较生动而清楚的文句的。因此《德国民法典》不是一件文学作品，而是“法律的优等计算机”（见 A. B. 施瓦茨：《瑞士民法典》），“异常精确的法律的金线精制品”（伊泽勒语），“也许是历代以来具有最精确最富逻辑性的法律语言的私法法典”（格米尔语）。在法国、奥地利和瑞士，普通公民对于他们的民法典可能有一种热爱的、亲切的感情；在德国，就是法律家也不如此；但是《德国民法典》无可争议的技术上的特点，却使人不能不产生一种冷静的，甚至是不甘心的叹服。

《德国民法典》仿照罗马法继受学派所作的编制，分为五编，每一编集中于一个不同的主题。有两编处理在事实方面相关的问题：家庭法（第四编）和继承法（第五编）。财产法（第三编）和债法（第二编）分别规定“对物的权利”（iura in rem）和“对人的权利”（iura in personam）。这是来自罗马法的一种概念上的划分。财产法所处理的是一个人关于一个特定物的、能对抗全世界的“物权”，如所有权、抵押权、用益权和质权。另外，在债法中，我们所处理的是“债权”，这种权利使一个人可以根据契约，不当得利或侵权行为而向另一特定的人提出请求。这种分法使思想清晰，却带来一个后果：关于一个行为的规则可能分在法典离得很远的两部分里，而紧连在一起的一些规定可能涉及事实上完全不同的问题。例如，在英美的法律家看来是很明白的，“买卖法”涉及的不仅有买受人是否并且何时要求交付他已经同意要买受的货物的问题，而且有这些货物的所有权是否并且何时移转给他的问题。与此不同，《德国民法典》把第一个问题规定在债法里（第433条以下），把第二个问题规定在离得很远的财产法里（第929条以下）。英美的看法是：一个统一的行为的各方面都应规定在该体系的同一地方；而德国法学家认为，物的所有权的移转不仅可以由于买卖，也可以由于赠与或交换而发生：这样就对所有权的移转作为一个整体作出统一的处理，对法律也作出有条理的、合理的安排。

反之，一个普通法（英美法）的法律家看不到买卖法同侵权行为法之间有多大的密切关系；甚至在讲堂里，他也把这两种法律当作完全互相独立的两个部门。至于在《德国民法典》，买卖和侵权行为的共同特点在于，二者都赋予一个人向另一个人“请求某事”的权利，所以这两件事都规定在债法里，并且成为同一教学课程的组成部分。

在债法、财产法、家庭法和继承法四编之前，有一编题为“总则”，这是罗马法继受学派的遗产。关于它对于《德国民法典》的价值，人们已经深表怀疑。总则中并不包括社会中行使权利的一般规则（参看《瑞士民法典》第2条），或关于制定法的解释、习惯法、法官权力或举证责任各项基本原则（参看《瑞士民法典》第 1 条,《意大利民法典》第 1 条以下），这些规定本来是完全有用也确实是需要的。可是，总则编所阐述的则是一些基本制度，这些制度对整个私法来说都是共同的，是法律家在债法中、财产法中、家庭法中和继承法中都要遇到的。正如古斯塔夫·比赫默所说的，这些东西是“分解出来的”（像数学中分解因子一样——译者）。当时认为，这样做可以使法典在逻辑上大大精练，内容十分经济，而避免了令人生厌的重复。总则里出现的一些法律制度也并不是《德国民法典》起草人的发明，而是从 19 世纪博学的罗马法继受学派法学家们那里拿来的，是他们在长期的、日益扩大的、烦人的概括化过程中，从许多单个的案件中提炼出来的。这里有关于“自然人”的一般规定（成年、禁治产、住所）以及关于“法人”的一般规定，还有关于法律实体和财团法人的一些细致的规定（这些规定并不真正符合于“总”则），接着是一些属于财产法方面的定义，最后是关于“法律行为”和消灭时效的一般原则。这些事项中有许多放在总则里，只是由于一种对抽象作用的过分的热爱：关于“自然人”（第 1 条以下）和“物”（第 90 条以下）的规定，本来完全可以分别放在家庭法和财产法里。“法律行为”的概念也是一个极其抽象的观念。对于德国学者们，“法律行为”不仅包括契约的普通形式，如买卖或租赁，以及所谓的“物权契约”，就是德国法中在移转一种物权或在他人财产上创设一种物权必需的特别的协议，还包括家庭法里的契约，如收养契约和新郎新娘在举行结婚仪式登记前的协议，甚至还包括订立遗嘱、终止或解除契约的通知，还包括例如在公司股东正式会议上作出增加公司资本的决议。虽然这些法律表示的来源不同，意义不同，却都属于“法律行为”这一概念之下。《德国民法典》把关于以错误、诈欺和胁迫为理由撤销的可能性的规则，关于代理、条件等的规则制定下来，郑重地主张这些规则都可以适用于任何形式的一切法律行为。这种极端的立场已经表明是引起关于这些一般规则适用范围争论的无尽的源泉。事实上,《德国民法典》第116条以下条文的起草人曾经想到的只是一些通常的契约,我们上面提到的一些规定只适用于法律行为的这种形式;所以毋宁把关于以错误、诈欺和胁迫为理由的撤销可能性的规则,关于代理的规则等订在契约法里,并且指示法官在确须适用时,把这些规则适用到其他种类的法律表示、行为或法律关系中去(就像《瑞士民法典》第7条,《意大利民法典》第1324条,《奥地利普通民法典》第876条一样)。当然,在法典中什么地方规定住所的定义,规定代理,或者人们在什么地方可以找到决定契约何时可以因诈欺而解除的规定,对于实际运用法律,都是一样的,法官或者律师只要知道运用法典的方法就会找到可以适用的条款(还可以通过注释、有关的法院判决),而不管这些条文在整个体系中的位置是否具有内在的"正确性"。在总则上抽象概念的计算法向人们暗示要正确解决一个实际问题,有赖于能够正确地把它归类,这比看到并理解问题的一切事实方面更为重要,但是这样仍然会使初学者发生错误,有时连执行业务的律师也是一样。

最为重要的是,德国的罗马法继受学派法学家们精心制作的一般理论和建立在他们成就之上的《德国民法典》总则编,给予外国人特别的吸引力。我们已经看到这些学理对于意大利法律的效果,也可以看到它们对奥地利和瑞士民法的重要性。在法国,德国民法总则也有强大的影响,主要是通过一位比较法先驱雷蒙·萨莱勒的介绍;他的关于《德国民法典》的债法总论和关于意思表示原理的两部有影响的著作,使得法国私法教科书的著者们打破了《法国民法典》的结构而提出我们在相当多的德国书籍中看到的"一般理论"。罗马法继受学派法学家们的学说在英国的影响很小。这并不奇怪，因为英国一向不接受罗马法制度和思想方法。英国的法律家们，只要能保持法律的晦涩以取得他们在职业上的垄断地位，就拒绝进行任何尝试，使他们法律的观念和结构变得合理些。德国的学说对少数法学教授们确有巨大影响，特别是对于公认的“法理学”的奠基人约翰·奥斯汀（1790—1859），这种学问在德国被称为“一般法学”。另外一些著名的英美法学家如荷兰德（Holland）、萨尔蒙得（Salmond）、安逊（Anson）、波洛克（Pollock）和梅特兰（Maitland）也很熟悉德国罗马法继受学派法学家们的学说，而把他们对这种方法的知识应用到他们的“法理学”和“契约法”教科书中。当《德国民法典》施行时，梅特兰所发表的评论表明这些英国法学家们承认德国罗马法继受学派在智慧上的功绩；他说《德国民法典》是“世界上迄今为止见过的最好的法典”，“我想，从来没有把这么多第一流的智力投入到一次立法工作中”。[①]

三

如果说《德国民法典》充满了资产阶级自由主义的法律的价值观念，用拉德勃鲁赫（Radbruch）的话说，《德国民法典》是“19世纪的尾声而不是20世纪的序曲”，那么，它怎么能不经根本的修订，经

① 《巴西民法典》和最近的《葡萄牙法典》都采用了《德国民法典》的总则，虽然有许多改变的地方。希腊和日本的法典也是一样。第二次世界大战后开始而后来又放弃了的《法国民法典》重订工作中讨论过新法典要不要加一编《绪编》。结果同意设《绪编》，其中只包括关于时、地的冲突法的规则。关于“法律行为”的规则应归入专门的第四编（《法律行为和法律事实》），该编设在人、继承和财产三编之后。

历了近代德国历史中的政治、经济和社会危机与大动乱，包括希特勒统治下法律完全颠倒滥用的时期，仍然保存下来呢？这里我们只能对契约法、侵权行为法和家庭法作一些考察。

毫不含糊地支配着《德国民法典》的契约法的，是资产阶级关于契约双方当事人形式上自由和平等的观念。这种观念表现在契约自由和尊重契约义务的法律原则上：一方面，任何人——仆人和主人、消费者和制造者——有权自由地并且由自己负责决定缔结什么契约，以什么条件缔结；另一方面，这样成立的契约在一切情况下都必须严格遵守，因为它是在具有理性的、具有正常判断力的双方当事人的自由决定之下产生的。只有少数的边缘性的规则力求保护那些契约自由对之不起作用的人，例如他们在经济上的地位较之他方契约当事人低下，或者是因他种原因而依附于他方当事人；依照《德国民法典》第138条，契约如果违反善良风俗，或者当事人一方利用他方的窘困、无经验或缺乏判断力，契约就无效。此外，契约规定的违约金如果过高，可以由法院予以修改（《德国民法典》第343条）。可是承租人实质上没有得到特别保护；并且关于雇佣契约的条文也只有很少的规定，要求雇佣人注意工作地点的安全和在一定限度内提供生病期间的工资。

这些很少的“几滴社会的油水”已经表明是十分不够的。当19世纪的资产阶级国家发展为我们这个时代的社会民主主义的时候，立法者和法官一样必须削弱并限制契约法的各项自由主义原则，因为这种原则给予一方当事人权力，威胁到今天的社会国家必须向它的公民保证的基本的适当的生活条件。既然《德国民法典》连锁的规则常常不能提供足够的根据，使个人的法律权力可以为了社会道德的利益而得到修改，就不得不采取在法典之外开创重要的法律领域的方式以谋求发展。这种情况发生在竞争法和垄断法里，在关于住房、地主与租用人、农业财产的法律里，最多的发生在雇佣法里。《德国民法典》的起草人只是没有看到如何调整不能独立的劳动者地位这个重大问题。他们确实采取了一种反劳工的，几乎是警察国家的立场，因为他们有意地给予工会一种“非法人的团体”的法律形式，做成一个令人十分不满意的结果：工会甚至不能以自己的名义起诉（现在参看联邦最高法院民事判决，42，210；50，325）。这时，立法者就来了，借助关于就业保险、工人参加企业管理、最低工资等的规定，引进了根本性的变化。而法院呢，也不需要多少制定法的根据，就使受雇人负有一般的忠诚义务，同时使雇佣人负有关心受雇人的安全和福利的一般义务和平等对待受雇人的义务。今天就是使用这些原则来解决由于雇佣契约可能发生的大量的各种各样的具体问题。于是一个广泛的劳动法出现了，它大部分不受《德国民法典》规定所制约，因为后者是不适当、不完全的，并且在1900年也嫌陈旧。

就是在私法的契约法中，这种强调社会责任相互性的趋势在法律上也有了很重要的发展。契约关系的“道德化”是由于《德国民法典》中著名的第242条的“一般条款”才可能成立，今天人们仍常常依靠这个一般条款。该条款只是用十分一般的用语说，任何人必须考虑商业中一般惯常做法，按照诚实信用所要求的方式履行其契约。可是那些被民法典起草人置于困境而不顾的法院一直不得不依赖它去解决第一次世界大战后随着经济崩溃、通货膨胀和货币贬值而发生的极其重要的经济和社会问题，以及第二次世界大战后由于丧失德国东部地区和改革币制而发生的问题。《德国民法典》原来的契约法中强烈的个人主义，通过法院所发展的方法，在“情事变更条款”“法律行为基础的丧失”“滥用权利”“不许有反对行动”以及“失权”（特别是由于怠于行使）的名义下，已经被削弱。现在法院公开利用《德国民法典》第242条控制“商业一般〔契约〕条款”的内容：凡排除或限制一方的责任的标准〔契约〕条款，因其不符合于诚信原则而无效，只要这些条款“按照在正常情况下参加这一行为的当事人的利益加以衡量是不公平的”（联邦法院《新法律周报》1963，99）。这样，《德国民法典》第242条的一般条款已经成为使契约法适应于那个社会已经改变的社会态度和道德态度的绝妙方法。赫德曼（Hedemann）说这是“向着一般条款逃跑”。虽然这种发展是不可避免的，但是它却冒有创立漫无边际的、冲动的和易变的司法判决的危险。在这里，法学家有一个重要而且责任重大的任务，就是把各种各样的案件加以整理，使这些案件成为可以综览的、可以学习的和可以掌握的，还要揭露和批判法院的价值判断，从而在法律中创立某种程度的确定性，即使在这些地方要适用一般条款和由这些条款所造成的法律制度时也是这样。

《德国民法典》的侵权行为法仍然建立在过失责任的原则上。可是只要因事故而赔偿损失的时候，这个原则已经被制定法和法院判决两者大大地削弱了。有些关于重要类型的事故的特别制定法给予受害人损害赔偿而不需要他证明被告有任何过失。这些包括工业事故、铁路事故、交通事故、飞行事故以及电力事故、煤气事故和核电站事故，以及其他等。不过一般的过失责任原则也改变了，以便满足日益增长的保护社会的大多数使之免遭损害和穷困的需要。这些损害和穷困是一件事故就能引起的。法院在这种情况下用下列各种方法大大改善受害人的地位：大大地扩大注意义务，把事实本身当作过失的证明，甚至公然变换举证责任而破坏《德国民法典》的

第 831 条。[①] 这种情形确实到了这种程度：在实践中使人不易分辨过失责任和严格责任（无过失责任——译者）。这种发展做起来是轻而易举的，因为现在广大公众广泛实行了保险，并且常常是法律所要求的（强制的——译者），这种保险提供了一种方法，把个人的损失分散到广大社会上去，从而减少了被告人因负损害赔偿责任以致个人破产的机会。除了事故的案件以外，过失责任原则对于物质的和非物质的损害的赔偿，仍然充分适用。法院还逐渐把故意或过失侵害某些利益时的保护规定加以扩大，而在《德国民法典》的起草人看来，保护这些利益是不合适的，这种情况可以举出人格方面的利益以及所谓“存在于已建立的并且活动着的贸易或商业上的权利”。

在家庭法方面，《德国民法典》原来也带有资产阶级保守时期和父权时期的印记。丈夫在婚姻中决定一切，丈夫行使亲权。夫妻财产制的规则建立在军官和官员阶级通行习惯的基础之上，配偶双方带到婚姻关系中的生利的资产由丈夫管理。离婚的规则和关于非婚生子女的规则是受基督教道德影响的。于是，只要婚姻的破裂可归因于被告一方的过失或精神病，民法典就准许离婚。同婚生子女比较之下，非婚生子女是有意识地被置于不利的地位，因为人们害怕法律所不支持的婚外关系会变相地成为合法，而不道德行为和讨厌的姘居会受到鼓励。非婚生子女在法律上被看作是与其父没有关系的；用来搪塞非婚生子女的只是一种请求扶养的权利，其数额决定于他的母亲的社会地位，而且在他年满 16 岁时，这种请求权也没有了。

① 《德国民法典》第 831 条规定使用他人从事一定工作时，对他人在工作中加损害于第三人时，负赔偿义务，但使用人对于选用被使用人……已尽相当注意时……不负赔偿义务。——译者

使家庭法跟上变化了的社会和经济环境的工作，大部分已经由立法机关完成，其方法是在法典原文中进行唯一真正深入的切除工作。1938 年关于结婚和离婚的法律全部从民法典中被分割出去，成为一个独立的婚姻法；离婚可以不管有无过失，比较易于达到，只要婚姻生活在事实上破裂了，并且由于这种破裂配偶双方至少分居了三年。1938 年的《婚姻法》只有少数微小的修改，至今仍然有效，不过就在这里还是有前进的运动，因为联邦司法部的一个委员会已经工作了很长一段时间，准备进行根本性的改革。对妇女的歧视直到第二次世界大战后好久才结束。1949 年的《基本法》规定男女享有平等的权利，所有与此原则不相一致的私法规定都应该在 1953 年 3 月 31 日停止生效。可是立法机关坐视这个日期过去，并没有采取任何行动。于是发生了一个法律上的空隙，须要由法院去填补。直到 4 年后，1957 年，《男女平等法》才施行。这个法律在私法中实行了重要的改革，有些改革是由司法判决先行作出的。在夫妻财产制法律中，法定财产制是一种分别财产制，只加上一点修改，即配偶双方在婚姻中所取得的财产应由双方平分，离婚时所得收益应在配偶间平分。如果婚姻因死亡而解消，生存配偶的法定继承权在比例上扩大（所谓“取得财产共同制的财产制”）。《男女平等法》的起草人决定保持丈夫在行使亲权方面的优先地位，特别保持充任子女的法定代理人的权利，可是联邦宪法法院认为这样的规定不符合《基本法》第 3 条，是无效的。非婚生子女的法律地位，通过在 1970 年施行的法律，确定地改善了，这个法律也是按照宪法明示的委托制定的（参看《基本法》第 6 条第 5 款）。

但是不管经济和社会条件的变化，《德国民法典》的结构，从整体看来，今天同 70 年以前还是一样。对这种情况一部分可以解释说，那些发展非常迅速的法律领域已经在民法典之外取得独立的存在，而许多法律领域，特别是家庭法，由于立法的干涉，已经大大修改并且现代化了。至于《德国民法典》总的结构的维持，实际上是法院的工作。法院在使法典的原文适应现代要求并使之在社会上保有生命力方面所完成的任务，正同它常被误解一样值得注意。结果，《德国民法典》的整个编章同《法国民法典》一样，全部为法院判决的浓重的光彩所覆盖，常常使人仅仅读了条文还不能发现条文的确切含义。在法国，使得法官有发展法律机会的是《法国民法典》里的空隙和技术上的不完善，而德国法院主要是依靠民法典第 138 条、第 157 条、第 242 条和第 826 条的一般条款。这些一般条款起着一种安全阀的作用，没有它们，《德国民法典》一些僵硬的、严谨的条文可能已经在社会变化的压力之下爆炸了。

四

在 19 世纪中，历史法学派和罗马法继受学派的影响远达德国疆域之外，给许多欧洲国家的法制史带来新的生命，特别是意大利、法国和奥地利，就是英国也是一样。所以当《德国民法典》在 1900 年施行时，这个法典引起国外强烈的兴趣，因为法典显然企图使罗马法继受学派在方法和思想上的成果具有立法的形式。确实，法典在所有方面都受到赞赏，也许当时在外国受到的比在德国受到的还要多，但是它实际上所影响的只是法律理论和法律学说方面；在实务中继受《德国民法典》的却很少，比起 100 年前《法国民法典》的情况要少得多。一种原因是，《德国民法典》严谨的结构和抽象的概念化的语言在外国被视为德国学者的典型产物，虽然它具备技术上的优点，却不能很容易地在异国法律土壤上生根。不过关键性的事实还是，普通法法系以外的世界各发达国家都已在 19 世纪具备了民法典，因此没有广泛地引进外国范本的必要性。①

罗马法继受学派和《德国民法典》对于《希腊民法典》有特殊影响。② 在多次失败的努力之后，《希腊民法典》的准备工作于 1930 年才到一个决定阶段，这时大家都同意首先注意考察《德国民法典》，因为后者与罗马法是最接近的。《希腊民法典》公布于 1940 年，但因为希腊卷入第二次世界大战和德国的占领，该法典直到 1946 年 2 月 23 日才施行。

《希腊民法典》在结构上酷似《德国民法典》。首先是总则编，以下是债法、财产法、家庭法和继承法四编。在内容上，《希腊民法典》也主要依据《德国民法典》，不过它始终重视到以后那些填补《德国民

① 即使这样，《德国民法典》在公布之后，在世界上广大区域也产生了很大的影响，虽然其后政治上的变化使这种影响减少甚至消失了。这种影响先是产生在东欧和南欧。例如 20 世纪 20 年代前后在苏联各共和国施行的民法典，在结构上并且有时在内容上也酷似《德国民法典》。奥地利在奥匈帝国内取得一定程度的独立后，于 1861 年废除了《奥地利普通民法典》；于是法院除了依靠旧匈牙利习惯法和奥地利的法律原理之外，愈来愈依靠《德国民法典》。德国法也提供了系列关于商法和民事诉讼的单行法律。匈牙利几个民法典草案，也是根据《德国民法典》起草的，虽然实际上迄未成为法律，但是法院把它们视同法律。1918 年成立的捷克和南斯拉夫原来主要受奥地利法律影响，但是其后的立法和私法条件草案仍是重视《德国民法典》的。以上各国在第二次世界大战后都制定了新民法典，法典所采取的某些法律制度及其结构，一部分也是以《德国民法典》为据的。不过由于政治上的变化，基于意识形态上的理由，这些国家将在社会主义法系一节讨论。在远东，以前暹罗王国（法国——译者）制定的新民法典（1924—1935），除家庭法和继承法外，主要来自《德国民法典》。〔旧〕中国亦然。在这个世纪的转换期，日本也有很多处继受《德国民法典》，但是在第二次世界大战后受到英美法的强大影响。

② 以下叙述希腊从 1821—1827 年独立后直到“二战”时，如何接受德国法律影响的经过，从略。——译者

法典》的空隙或发展其规则的德国法律实践。同时也有许多地方仿效了《瑞士民法典》，还有少数地方取材于《法国民法典》和《意大利民法典》，在语言和概念的风格上，《希腊民法典》采取了《德国民法典》和《瑞士民法典》之间的中间道路，避免了《德国民法典》精微的混合〔构成〕和抽象概念化的语言，而又不追求《瑞士民法典》简单通俗的特色。

《希腊民法典》总则规定的题材基本上与《德国民法典》第一编相同，只是增加了国际私法。只有一点很合理，关于“物”的一般规定从总则中取了出来放到财产法一编之首。除此之外，《希腊民法典》大部分仿照《德国民法典》的规定，所不同的是，前者大体上要较为进步些。例如，保护对人格的侵害（第57条），这是从《瑞士民法典》来的。还限制了《德国民法典》中所规定的因错误而撤销〔法律行为〕的条文（第140条至第146条）。《希腊民法典》第281条表明它已摆脱了《德国民法典》的个人主义到何种地步：它规定权利的行使，“如果显然超出了诚实信用，或良好的社会习惯所规定的范围，或超出了赋予该项权利的社会的和经济的目的所决定的范围”，是不许可的。这个规定的后半部来自1922年的《苏俄民法典》，被希腊学者称为“权威性条款”，它今天在司法判决中所起的作用和《德国民法典》第242条的一般条款在德国所起的作用一样。还要注意《希腊民法典》接受了德国关于订立契约时的过失责任原则：第198条规定，“当事人如在订立契约前的协商中因可归责于己之事由而使他人受损害，……即使契约没有成立，仍应赔偿损害”。

债法中约有3/4的条文来自《德国民法典》，在文字形式上有些改进。在这里，希腊立法者也把在德国先由法院发展出的一些规则订入了法典。例如关于法律行为丧失基础的规定（第388条）以及分期付款交付货物的契约的规定（第 386 条）。为要与单行法关于某些社会事务的已有规定保持一致，关于雇佣的法律订得很详细，例如，包括有关于工人作出的发明的规定，对工资或者薪金实行抵销的可行性的规定，雇主支付加班工资和给予假日的规定。法典中的侵权行为法是一个值得注意的、各种体系混合的例子。一方面有一个类似于《法国民法典》第 1382 条和瑞士债务法第 41 条第 1 款的一般条款，规定任何人"因可归责于己之事由以违反法律的方法致他人受损害"时，负损害赔偿责任（第 914 条）；另一方面像《德国民法典》第 824 条至第 826 条规定的，关于各种特别情况的原则，也受到尊重。在财产法、家庭法和继承法里，德国法的影响较少。在财产法方面，这主要是由于希腊没有土地地籍注册制度，因而希腊法典不得不采用罗马系的不动产登记制度（法国的制度——译者）。希腊家庭法的特色是来自希腊正教教会传统的。

综合起来，无疑，《希腊民法典》从历史源流、结构内容看，都应该算是属于德国法系。但是有两点必须记住：第一，希腊法典决不是《德国民法典》完全的复制品，反之，它的起草人在开始工作时就抱着批判的谨慎态度，认识并且避免了《德国民法典》在文体方面的缺点，过于概念化以及那些过时的社会价值观念。第二，《希腊民法典》并不是"继受""外国"法的产物。因为《德国民法典》同已确立的和传统的希腊法一样，依据的是同一的罗马法原则，立法者所要制定为法典的正是这些已经确立的传统的希腊法，因此把德国法拿来作为基础，就是完全自然的了。

（原载《法学译丛》1983 年第 1 期，谢怀栻译）

《瑞士民法典》的制定及其特色[①]

［德］康·茨威格特　海·克茨

瑞士的德语部分与神圣罗马帝国不同，没有经历过对罗马法的全面接受。直到 18 世纪末叶，在瑞士联邦说德语的全部领土上施行的法律是根据本地法律实践而建立的大众化的法律，并由选举出来的非专业法官执行。法国大革命以后，制定法典的启蒙思潮也在瑞士萌发，与此同时，作出了关于制定统一的私法的决定。拿破仑失败后，瑞士很快成为一个由相对独立的各州组成的松散的联盟，但把私法制定为法典的启蒙思潮仍然存在，不过现在是由州来制定，于是在 19 世纪，几乎所有州都制定了自己的民法典。

瑞士西部和南部的各州（如日内瓦、伏特、伐累等州）长期以来就与法国法律的发展有密切关系，它们的法典主要以《法国民法典》为基础是很自然的。在说德语的各州中，第一个制定法典的是伯尔尼州（1826—1831 年）。该州在第二类州中起了带头作用。伯尔尼的法

① 本文节译自汉堡大学法学教授、马克斯·普朗克外国与国际私法研究所所长康拉德·茨威格特和康斯坦茨大学法学教授海因·克茨合著：《私法方面的比较法概论》，T. 魏尔英译本，1977 年版，第 1 卷第 2 编第 2 章第 14 节。原标题是《瑞士民法典》。中译文标题是译者拟的。——译者

典是建立在原有的伯尔尼法之上的，其结构和许多其他方面都来自奥地利的《普通民法典》，因为在当时那个复辟时期，对于保守的州政府来说，这个法典较之《法国民法典》是一个较可接受的模式。卢塞恩、沙鲁敦和阿尔高各州都追随着伯尔尼模式。此外，苏黎世州的重要的私法典（1853—1855 年）是第三类州中的先驱。这是包含反映德国的历史法学派和罗马法继受学派的新理论的第一部法典。这个法典较之任何其他州的法典对于《瑞士民法典》都有大得多的影响；它同当地的法律传统保有牢固的联系，以非凡的创造力把这种传统注入普通法（指通用于各地方的法律——译者）里去，并且这个法典是用特别明白通俗的文体写成的。瑞士北部和东部许多州的法典都追随苏黎世模式。

在整个 19 世纪下半期，瑞士人们日益感到有统一法律的必要。究竟应否授予联邦立法机构在私法方面的立法权，对于这个宪法上的问题，人们进行了热烈的讨论。从萨维尼同蒂博的辩论中来的旧的论据又一次被提了出来，不过这次表现的主要担心是：扩大联邦的权限可能使丰富多彩的各州法律趋于千篇一律。1874 年的宪法改革授予了联邦立法机构在私法某些方面的立法权限，特别是在债务法和商法方面；这就使一个统一的《瑞士债务法》得在 1881 年施行。《瑞士债务法》主要是根据 1861 年的《德国普通商法典》和 1865 年的《德累斯顿草案》制定的。1884 年瑞士法学家协会决议对瑞士各州私法进行全面的和比较的研究以为瑞士的法律统一铺平道路。（几年之后）瑞士联邦司法部长任命尤金·胡伯教授草拟民法典草案。《瑞士民法典》实际上是个人的创作。1898 年，胡伯的草案第一稿已经完成，经过修改的联邦宪法授予联邦立法机构制定全部私法的权限。1900 年，将民法典草案提供给公众讨论，并由一个委员会研究，最后送交瑞士议会。1907 年 12 月 10 日瑞士议会通过了《民法典》。《民法典》于 1912 年 1 月 1 日施行。在此期间将1881年的《债务法》予以增补使之与《民法典》相配合。这个期间太短，只能对《债务法》的总则部分（包括契约总则和侵权行为法、不当得利法）和各种契约部分加以修订。《债务法》经过修订的部分与《民法典》同时施行。这一部分在形式上是联邦的一单行法，条文自行编号，但是这个法的标题显然表明《债务法》实际上是《民法典》的第五编，[①]前面四编是人法、家庭法、继承法和财产法。《债务法》的其余部分，即全部企业法（包括公司法和合伙法）以及关于商号的法律和有价证券法，直到1936年才加以修订并编入《债务法》。1971年规定劳务契约的部分经过重新修订并改用一个近代的标题“雇佣契约”（《债务法》第319—362条）。瑞士没有单独的商法典。原则上商事行为和民事行为都适用同样的规定，与《苏黎世私法典》相同。

《瑞士民法典》施行以后，欧洲私法法典的大合唱中就增加了一个表现瑞士法律思想的新的强大的声音。大多数外国法学家们都赞赏这个法典，许多人简直入了迷；在德国有人提出要立即废除《德国民法典》而代之以《瑞士民法典》。事实上，在那些赞赏《瑞士民法典》的人们当中必然有人认为《德国民法典》的文字和技巧过于复杂，结构过于精细，过于概念化。这些缺点在《瑞士民法典》中都消除了。新法典是用通俗明白的文字写成的，简明扼要，容易理解。《瑞士民法典》没有那种甚至被《德国民法典》发展到极点的“抽象思辨”的文风，其条文规定得有意识地不完备，因而条文常常只勾画一个轮廓，在这个范围内，由法官运用他认为是恰当的、合理的和公正的准则去发挥

① 《债务法》不称为“法典”，与其他四编同称为“法”，所以说它实际上是第五编。——译者

作用。

在《瑞士民法典》的文风方面，尤金·胡伯最初的打算就是起草一部易读、易懂的法典。他说过："法典必须使用通俗的概念……法典的条文必须使受过教育的非专业人员有所了解，至于专门人员当然就了解得更多。"

这样，法典就避免了技术性强的难懂的语句和条文之间的相互参照。法典不企图通过文句结构上的特点于无形中进行责任的分配。我们可以看到这样明白而清楚的文句和词语：丈夫"决定配偶双方的住所，并且必须以适当的方式扶养妻子和儿女"（第 160 条第 2 款）；妻子"在言行上都站在丈夫一边"（第 161 条第 2 款）；"为他人的特殊使用，例如打靶，或者步行或乘车通过"，可以在土地上设立役权（第 781 条）；"结婚使人成年"（第 14 条第 2 款）；"每个人都有权利能力"（第 11 条）；等等。宁可用简单句而不用复杂句，即使常常失去了法学上的文辞优美也在所不惜；要短的法律条文而不要长的；用德文词语而不用外国词语；用生动的语句而不用平淡无味的词语，甚至因而牺牲了精确性。

《瑞士民法典》的结构——分为五编：人法、家庭法、继承法、财产法和债务法——大体上反映了德国的罗马法继受学派所提出的划分方式。债务法位于最后，有历史上的原因，不过也可以说是根据人法和家庭法应该放在经济交易法之前这个原则，还有一个体裁方面的理由，那就是，财产法和继承法的条文都相对短些，放在债务法之后，不大合适，因为债务法包括全部商法和公司法，条文多达 1100 余条。可是在另一个主要的方面，《瑞士民法典》又放弃了德国罗马法继受学派的体系：没有总则。一个解释是，各州的法典从来没有总则也没有产生什么不好的后果；另一个解释是，1881 年的旧《债务法》有关于契约的通则，所以如果要规定关于法律行为的通则，那就要对债务法进行重大的修改，而债务法一向是人民满意的。最重要的还是，瑞士人的实用观点使他们认为，这些通则主要适用于债务法，一定要把适用于全部法典的规定放在单独的总则编里，主要的是一种教条做法（1904 年联邦议会对《瑞士民法典》的说明）。这样，在《德国民法典》开首的关于人和物的通则在《瑞士民法典》中就放在实际运用这些通则的地方，也就是说，放在人法和财产法里；《瑞士民法典》第 7 条规定："关于契约的订立、履行和终止的债务法通则也适用于其他民事法律关系"，这个规定代替关于法律行为的通则规定。拉伯尔（Rabel，德国的比较法学家——译者）是对这一规定进行严格批评的人之一。1912 年他就断言这会导致实用时的巨大困难，因为学者们和法院——特别是瑞士的非专业法官——都不能胜任第 7 条为他们规定的任务；除了这些实用上的不便以外，从体裁方面说也有必要设一个总则编"在许多法律原则的结构上加上一个屋顶"；否则法典的其余各部分"就像一堆杂乱无章的瓦砾"。可是看来拉伯尔的说法没有应验。依据半个世纪以来适用这个法典的经验，瑞士的法律实际工作者和学者们都不觉得缺少总则编是一个重大的缺点。"可以有把握地说，要把债务法典里的规定明智地类推适用于其他法律关系上去，以前认为法院不能胜任这个任务，事实已经表明这种担心是没有根据的。"

《瑞士民法典》的另一个特色是有意地不求条款的完备。《德国民法典》的起草人认为必须把法典规定得十分完备，使他们的抽象原则能用到一些例外和限定的情形中，这种例外和限定的情形常常过于细致；《瑞士民法典》只就有关的法律问题作一个纲要规定，至于对这个纲要规定加以充实，则由法官根据他在当前具体案件中看到的情况去进行："当发生极大的困难情况时，《德国民法典》务求把工作处理得令人满意，而《瑞士民法典》则完全放开不管”（拉伯尔）。这样做的结果是两个法典处理各种事项所费的篇幅就大不相同，例如关于订立遗嘱后的将来利益问题，《瑞士民法典》有 5 条，而《德国民法典》有 47 条。为第三人的契约在《瑞士债务法》有 2 条，在《德国民法典》有 8 条。关于收养，《瑞士民法典》和《德国民法典》分别有 18 条和 32 条。关于夫妻财产制，有 74 条和 145 条，继承法有 192 条和 464 条，《瑞士民法典》总共（包括债务法的前两章，相当于《德国民法典》的债务法编）约用 1600 条规定了《德国民法典》用 2385 条所规定的事项，而后者的条文一般还要长些。

《瑞士民法典》的另一特色是，它广泛地使用了一般条款，法官必须根据一般条款建立规则、准则和标准，区别各种案件，把有关的理论观点具体化，才能把一般条款适用于各种具体情况。而《德国民法典》则注重于法律的确定性和预先为法院判决定下调子，所以就更多地利用已确定的事实情况而把法官的裁量范围缩小到最小限度。当然，许多一般条款是两个法典共有的，《瑞士民法典》第 2 条规定：“每个人都应该依照诚实信用的原则行使权利、履行义务。”《德国民法典》第 157 条和第 242 条有类似的规定，这些规定起到同样的作用，不过这些规定在法典中的位置很不显眼，使反的道义上的重要性大为减色。《瑞士民法典》常常是满足于一个一般条款或一个相当含糊的概念，而《德国民法典》则偏重于缜密和确切，正如时间所表明的，它往往显得远比《瑞士民法典》狭隘和僵化。很容易举出这样的例子。例如有人因侵权行为使他人受到损害，在瑞士，法官就应该依债务法第 43 条第 1 款决定损害赔偿的形式和数量；法官应该“考虑具体情况以及过失的程度”。如果加害人致人损害不是故意的，也没有重大过失，要他赔偿全部损害会使他生活发生困难，法官就可以减少赔偿的数额（《债务法》第44条第2款)。依照《债务法》第99条第3款，这种规定也适用于因违反契约而引起的赔偿责任，这时法官还有更大的机动余地，因为赔偿责任的范围是“按照交易行为的特殊性质”而决定的，而且在个别情形“如果该项交易行为对债务人并无利益”下，赔偿责任还可以减轻。与此不同，德国法在这种情形下实行“完全或没有”的原则，被告或者全部赔偿或者完全不赔偿。长时期以来，就有人提议这种法律应该修改，以便把瑞士更加灵活的办法引入德国。

即使在今天，这种有意识地使《瑞士民法典》由法官去充实运用的办法在很大程度上可以用瑞士的法律实践中的特点去解释。上文说过，瑞士从来没有真正地接受过罗马法，这特别意味着法律从来没有像在德意志帝国里那样，掌握在“有学识的”法学家们手中，法律也没有成为一种深奥的科学。在瑞士各州的公开社会生活中，法律一直具有人人可以了解也易于了解的性质，向法律求助的公民并不指望法官把他的判决与某种指导性的原则完全在逻辑上联系起来以论证他的判决。法官的裁判的权威来自法官的个人品质，因为他并不是由上级主管部门根据他的专门知识任命的，而是由当地的居民把他当作一个领导人按常规推选出来的。这种传统今天仍在瑞士发挥作用。在联邦法院以下，法院的组织和民事诉讼法都是由各州的法律决定的，就是今天，有些州的第一审法官也不是具有专门知识的人，要由专门的“法院书记”协助他们，特别是起草判决。在这种情形下，民法典应该运用浅易通俗的规定，在许多问题上都有意识地不求完备，法典的文字应该易于理解，这些都是很自然的了；一个极端的专家法典或“有学识的人”的法典是很可能遭到公民投票(否决)的。

还有一点必须牢记，《瑞士民法典》还有一个艰巨的任务，就是要在一个联邦国家里开创法制的统一，而且这个联邦的成员(各州)一向特别对自己的独立性引以为豪，并且直到20世纪末几乎都拥有自己的法典。因此《瑞士民法典》就不能不在许多问题上为州的法律留下余地，例如在与发生地密切有关的问题（如在相邻法律关系）或者与州的当局密切有关的问题（如监护问题）方面。有些问题明文规定按照地方习惯或“地方上一般的形式”（参看《瑞士民法典》第642条、第644条）去处理。有的事情，在说法语的各州与瑞士中部和东部各州的规定之间无法调和时，即如死者的兄弟姊妹是否当然有权分割遗产，如果有权，分割多少，《瑞士民法典》把这种问题交给州的法律去处理（第472条）。《瑞士民法典》还常常容许对一种特殊的法律制度可以选用几个地方名称，例如土地上的担保就可以依三种方式中的一种去设定。统一瑞士法律这个问题使立法者要避免对个别问题作过于琐细的规定，而给法官行使裁量权留下余地。立法者如果不这样做，就可能引起各州的敏感，随着就有被公民投票（否决）的危险。

正由于上面所说的各点，我们就会明白，为什么《瑞士民法典》在它著名的第1条中，明文承认法律中有空白并且授权法官去填补这个空白，并且为法官进行这个工作设置一个标准。第1条第2款和第3款规定：“如果在制定法中缺乏有关规定，法官应依习惯法作出决定。没有习惯法时，依照如果他是立法者时所应采取的规则去作决定。在这样做时，法官应该注意到公认的学说和传统。”

确实，在这个条款中，并没有十分新的东西，因为自从概念实证主义没落以后，每个人都认识到，在一个法制中，即使把合理解释和类推的工作运用到极点，仍会有空白，总需要通过创造性的司法活动去填补。但是《瑞士民法典》则因其用一种很精细的语句来表达这个思想，并且把这个思想放在不容忽视的地位而赢得人们的赞赏和称道。“可能这是近代的立法者第一次正式用普遍的说法承认法官为他的不可缺少的助手”（Gény 语）。不过也要注意到，《瑞士民法典》第 1 条并不准许法官仅仅根据他的主观感情去判断在他面前的具体案件中如何才算公正，从而去填补法律中的空白。法官必须根据一种普遍的规则去判决具体案件，而要找到这个普遍规则，也必须注意“公认的学说和传统”。

总之，我们认为，《瑞士民法典》之所以独具特色，大部分可以归因于瑞士的特殊情况和瑞士法律生活的传统。我们在比较《瑞士民法典》和《德国民法典》时必须牢记这一点。[①]

（原载《法学译丛》1984 年第 3 期，谢怀栻译）

① 《瑞士民法典》以其所具有的优点在国外受到了极大的赞赏。凡是制定私法法典的国家的立法者几乎都从瑞士的经验中学到些东西，从而把这些东西用来制定新的法典（例如在意大利和希腊）或修订现行法律。但是完全接受《瑞士民法典》的只有一个国家，即土耳其。在 1923 年土耳其共和国成立后，《瑞士民法典》，包括债务法，几乎一字不变地作为土耳其的新民法典而施行（1926 年）。

德国民法中编纂法典的基本问题和当前的趋势

[德] 海恩茨·休布纳[①]

本文拟讨论编纂民法典的一些基本问题。是什么原因促使向编纂法典方面去发展呢?

首先,可以用“理性主义”作为标准来解释。在中欧,“写定下来的理性”一直作为一个重要因素和主要推动力,促使用统治者的行为把法律内容固定在一个编定的书面形式里。

对具体案件的解决进行全面研究和系统分析之后,这种努力就成为一种普遍的理性的要求。公众的思想愈是受理性所驱使,就愈加倾向于用一种原则去公正地解决各个案件,也就愈加强烈地要求一个内容广泛的体系,即立法的规则。

但是,这不可能是唯一的因素。“写定下来的理性”的要求并不总是那种动力,更经常的和更有力的一种重要的推动力是社会的紧张状态所提供的。这种社会紧张状态要求用编纂法典去求得解决。只要想想古罗马时代平民的大批迁徙和《十二表法》的来由,或者中世纪掌权的贵族同行会的争执以及随后城市法规的发展,我们就会认识到,

① 德国科隆大学法制史教授,科隆大学私法史研究所所长。本文是作者的一篇讲演。

法律的法典化首先是从这样的社会紧张状态中开始的。

这样作一番引言是有必要的，因为现在的德国法正是建立在所谓法典编纂时期的成果之上的。从 18 世纪中叶开始，在开明专制的年代，中欧就出现了一些法典形式的法律体系。

这种发展是从巴伐利亚开始的。1756 年在巴伐利亚公布了所谓《马克希米里安法典》。在普鲁士，经过了大量的准备工作，最后在 1794 年公布了《普鲁士国家的普通邦法》。奥地利的法典编纂工作则是从玛丽亚·瑟雷萨统治时期[1]开始的。像马蒂尼（Martini）和蔡勒（Zeiller）这些权威人士都草拟了很不一致的法律草案，直到 1811 年，公布了《普通民法典》。在法国，在法国大革命经久的影响之下，《民法典》出现于 1804 年。应该注意到，《法国民法典》在莱茵河左岸各邦以及在巴登，即使在拿破仑失败后，也没有失去其重要性。这些都是 19 世纪德国民法的基础。

这些新创立的法律体系，虽然在个别强大的邦里施行有效，却仍只影响到整个德国领土的某几部分。在各邦分立时期，法制方面的一致性大部分都已丧失。在这种相当不幸的情况下，19 世纪正在发展的经济制度要求法律的协调。在这方面经济上的调停者是 1834 年的德国关税同盟，这个同盟导致有急迫需要的两个统一法案的产生，即 1848 年的《票据法》和 1861 年的《普通商法典》。这里我可以谈谈当时的立法程序。经过普遍讨论之后，制定了一个统一的法律草案，再由当时分裂的帝国的各邦分别以立法行动予以通过。今天我们在欧洲还可以看到类似的那种程序。欧洲共同市场的成员国的联合准备工作，是

① 玛丽亚·瑟雷萨（Maria Theresa，1717—1780 年），皇帝法兰西斯一世的妻子，匈牙利和波黑米亚女王。——译者

由各个国家的立法行动来完成的。（见欧洲经济共同体纲领）当然，这只限于特定的范围。这种协调，在经济方面比起在其他方面，更为迫切。这一点是引人注意的。

除上面提到的商法外，首先是契约法（例如买卖法）表现出一种协调的趋向。我们可以看到，德国在19世纪就有统一契约法的趋势，这种趋势的顶点是一个联合方案，即1866年的所谓《德累斯顿草案》。不过由于1871年德意志帝国的建立，立法工作扩大到全帝国范围，这个草案没有立即成为法律。但随后，新建立的联邦首先把司法工作集中到经济方面，于是关于不动产和家庭关系的法律被放在一边，直到几年之后，通过了一个补充法律，中央立法机关才通过这些法律。从联邦的观点来看，因为在法律抵触方面已经有了适当的规则，这些事项就不必包括进去了。这就使我们比起在契约方面比较容易地避开窘境。

《德国民法典》产生的历史是有一些曲折的。第一草案被否定了，又制定了第二草案，因为有人认为没有考虑在那个世纪交替时体制上和学说上的要求，或者实在说，就是政治上的要求。不过19世纪知识界的风气早已经为立法程序提供了一个坚实的基础。一旦把纲目定下来，要来个根本的改变，事实上已不可能。我们一而再地看到这种现象，我想称之为"第一草案的权力"。要指出民法典的特点，必须承认，19世纪的科学实证主义对这次编纂法典的工作是有相当影响的。从根本上说，这次法典编纂工作是沿袭（6世纪时）罗马法《学说汇纂》的产物，同时带来了《学说汇纂》的优点和缺点，这又是相信可以用书面形式作最终解决的结果。因此，有时我们不禁想起了实证主义时期的各种现象，像查士丁尼（483—565，东罗马皇帝。——译者）禁止作法律注释一样，他认为他的禁令就可以堵塞住立法的发展和科学的进步。这种情况自然很快引起了进一步发展法典化法律的趋势，而使其适合社会的需要。

自 1900 年以来，有几种不同的因素决定着这种发展。我们可以分出两股主流。一方面，有一种内在的要求，要使公平正义（在法学家的实际工作这种意义上）克服那些形式上的框框。这就提供了一种动力，要从方法上和体系上变革（至少要改变）罗马法《法学阶梯》定下的范围。另一股主流包含一些社会因素，它们从社会环境方面影响法律制度，并且成为一个值得注意的（如果不是更大的）动力。先说这后一方面，我们可以列举出许多主题，这就是：劳动法、房主与房客的法律、婚姻法、儿童（包括非婚生子）的法律地位，以及公寓的所有权法（这是我国立法中一个困扰人的教条式的成果）。

对于这些主题稍加说明是有用处的。先说劳动法。劳动法是几十年来从民法典里的雇佣契约发展出来的。按照民法典的观点，雇佣契约的规则原本是建立在契约双方力量均等的基础上的。可是雇佣人与受雇人之间的力量均等的情况很快表明是难以达到的。第一次世界大战后的消极的经验，特别是失业率的提高，使这个问题更趋严重。不仅如此，现在业已证实，即使在经济繁荣期间，也有必要在劳动关系中保护经济上较弱的一方。因此，雇佣契约的法律（这种法律也适用于某些服务业，包括代理和没有社会隶属关系的契约）就必须由一种特殊的社会性的劳动法来补充。

在房主和房客之间的法律方面也有类似的经验。住房严重缺乏，必须进行某种统制以保护社会上较弱的房客，这一点在第一次世界大战后是很明显的，第二次世界大战后就更为明显。在这方面，我们经历了一种有趣的发展，即由政府控制所有居住面积转向自由的住房市场。而近年来又通过立法，采取特别的社会性的规定以防止契约上权利的滥用，把这种发展扭转过来。适用这些条款，法官就可以发挥创造性的作用，这种作用显然不同于在德国民事诉讼程序中，作为基本原则的所谓当事人处分主义下法官所具有的比较消极的作用。

在家庭关系的法律方面，根据男女权利平等的原则，“丈夫对妻子的财产有管理与使用收益权”的法律规定被废除了。妻子要从事一种职业，再也不要丈夫的许可了。夫妻双方可以用妻子的姓而不必用丈夫的姓。丈夫已经丧失了法律上的支配地位，婚姻现在被看作一种伙伴关系。夫妻权利平等原则的适用，也使子女的法律地位发生了变化。原来父亲对子女单独行使权利，可以决定子女的一切，现在，这种权利应该由父母双方共同行使。

近年来还从立法方面努力对非婚生子女的地位谋求新的解决办法，改善他们的身份，允许非婚生子女对其生父的继承人有一种用金钱代替实物的继承请求权。所有这些，都是为实现我国宪法关于基本权利的一些原则而规定的。

把男女权利平等的原则贯彻到立法工作中去是非常困难的。1953年联邦宪法法院认为，1949年《宪法》所要求的法律交替期限业已届满，而联邦议院（国会的下院）还没有从立法上解决这个问题。这样就形成一种“无法”状态，法院可以运用它自己的司法权去创立新的法律。结果，出现了惊人的积极的情况。有些法学家甚至说法院的实际工作在某些方面还超过了以后立法上对此事所作的解决。

最后我要提到《住宅所有权法》，这是关于公寓房屋所有权的法律。按照我们的理论原则，物的重要成分不能作为独立的权利客体（《民法典》第93条），所以在《民法典》生效后，德国某些地区存在的对于一个建筑物（例如一座楼房）的一部分的共有权就成为不合法的了（只在《民法典施行法》第131条里对已有的这种法律关系作了保留）。

然而，为了促进公寓的建筑，立法者进行了干预，要使公寓的所有权成为可能。在这种过程中，有许多问题必须解决，最后，我们赞同一种双重所有权：对公寓里一套房间的分别所有权与对房屋公用设施的共同所有权相结合（见 1951 年《关于住宅所有权与永久居住权的法律》）。

值得注意的是，上述的变革大多数是以立法行为完成的。各种社会力量对法律提出的要求，通常需要进行立法。至于由法官去发展法律的机会是很少的——如婚姻法。只在立法者不履行它的宪法任务时，才有这种情况。

不过，即使在一种法典化的法制之下，对于法官制定法律的作用也必须有清楚的理解。就是在法律实证主义之下，法官制定法律也是合法的。法官制定法律的主要作用，一般认为是填补法律的空白。因为即使在一个以实证主义为指导方针的法制下，仍然应该承认，立法者的创造力并不能把每一个案件里可能发生的事情包括无余。填补法律空白这一点向我们提出一个问题，即法官能够真正地独立作出决定的范围有多大。按照我们的学说，法官必须受法律的理由所约束；法官必须按照法律规范的目的决定：类似的利益允许他以类推方式作决定，或者应该根据反面的论证作出相反的决定。

除了填补法律的空白以外，法官在一定情况下也可以改变法律的规定。一种可能的情况就是所谓“附带审查”。过去几十年里，进行这种审查可以使法官得出结论说某一项法律同高一级的法律相抵触，因此不应适用它。这就使法官能够否定成文法的效力。联邦共和国成立后，我们建立了一种专门的法律程序，去确定法律是否符合宪法。如果一个法官对于一条法律规定的合宪性有重大怀疑，他可以把问题提交给宪法法院，以求得一个有拘束力的裁决。

《基本法》也赋予法官另一种可能去发展法律。宪法所保证的基本权利，究竟在何种程度上可以直接运用于民事案件，这是一个长期以来有争执的问题。我们必须记住，所谓基本权利，是为了保护普通公民不受国家和国家统治机构的侵犯而规定的。所以，基本权利并不能直接进入私法范围。宪法的这些规定是如何重要，在上面讲到关于男女平等的条文时已经提到，而保证人格自由发展的人格权还有更大的影响。在侵权行为法里，这种影响已经使得对个人权利的保护扩大到《民法典》第 823 条第 1 款所列举的权利之外。这种发展已经使得愈来愈多的人主张要把受到绝对保护的新权利列举出来，以便防止保护范围无限制地扩大——例如类似私生活秘密的权利，现在就有了个人尊严和亲密关系的范围问题，以及个人对自己肖像的权利。

除了基本权利的影响之外，在德国民法中还有立法活动领域以外的其他发展。有两种法规，特别使制定法体系很容易受到侵犯。

第一是《民法典》第 157 条。这一条规定解释契约必须符合于诚实信用的原则，并且考虑到普通的惯例[①]。第二是《民法典》第 242 条，这一条规定履行债务时也应该如此[②]。

《民法典》第 157 条使法官有权修改含义不明确或不完全的契约，对于缔约人在明智地考虑事实后如何表达他们的意图这个假设的问题找出答案。不容否认，法官在解释契约时，就有一个广阔的活动余地。有时我们甚至担心，法院企图把契约推向社会上认为适当的方向，这个方向在我们看来却偏离当事人的意图相当远。

---

① 《德国民法典》第 157 条：解释契约，应该按照诚实与信用，并且顾及到交易上的习惯。

② 《德国民法典》第 242 条：债务人有义务，在履行给付时，应按照诚实与信用，并且顾及到交易上的习惯。

《民法典》第242条已经成为比第157条影响大得多的规定。第一次世界大战后，在很多事例中，经济上的大变动使契约的基础发生变化。从这种情况里产生了“契约失效”的原则，而这个原则自始就在主观上被看作当事人未提出的默认的条件。今天大家已公认，契约失效原则是从《民法典》第242条里的诚信原则引导出来的。这个原则的意思并不在于使一个已经失去意义、履行起来不合理并且因此不大可能的契约归于无效（如同履行不能的情况一样），而在于把那个契约加以合理的修正，以便对双方当事人的利益都给予适当的考虑。

契约失效的原则是从第一次世界大战的后果里，在20年代初期的通货膨胀期间发展起来的，在第二次世界大战后，更显得重要，这是很自然的。不过我们认为，这种由法官制定法中创立的新原则只应该在例外情况下运用，不应该破坏契约上的信用，契约信用加上法律安定是我国经济关系的基础。

上面说过，这种办法的特点在于，契约上的债务并不立即生效，而是法官将设法修改契约。法官这样做时，他就具有一种在正常情况下所不能行使的权限。

这一点可以从关于高利贷的判决的发展情况来说明。按照《民法典》第138条第2款，高利贷是无效的。这一规定又为《民法典》第817条第2款关于否定返还请求权的规定所补充[①]。《民法典》第817条

---

① 《民法典》第138条第2款：“利用他人的急迫、无经验、缺乏判断力或显著的意志薄弱，通过法律行为，使他人对于自己或第三人所为的给付而约定或提供一定的财产上利益，如这种利益对该项给付显然有失公平时，该法律行为无效。”（1976年修正条文）《民法典》第817条：“给付的目的在使受益人因受领给付而违反法律禁止规定或违反善良风俗者，受益人应负返还的义务。给付人对于此项违反亦应负同样责任者，不得请求返还……”

第 2 款，从广泛方面解释，是对抗不当得利返还请求权的总的辩护根据。法院认为这是高利贷者接受不了的损失，而使高利贷者可以要求返还原本（不收利息）。这就发生一个问题，立即返还原本是否损害了《民法典》第 138 条原应保护的借款人的利益？这样做的结果，法院把《民法典》第 817 条第 2 款否定返还请求权的规定适用于这种借贷契约，从而允许借款人可以暂时使用原本。因为这样做的法保留了高利贷款而没有规定支付利息的义务，将来的判决就会要考虑，是否认可高利贷者要求付给相当的利息的请求呢？

人们还没有充分理解到：我们在这里接触到一个根本问题，就是让无效的规定去适合经济上的一定要求；而我们决定无效，又要看是否保护了某种正当的利益。例如，如果一个没有按诚信原则行事的人去援用《民法典》第 138 条，又怎样呢？

用一个更适合法律要求的解决办法来代替无效的规定，这个一般的问题也发生在《民法典》第 313 条，移转不动产的义务必须由公证人作成文件证明。但是，为了某些原因（当然包括税务负担），总是有强大的诱惑力使人们规避订立证明文件。在这种情况下，按照《民法典》第 125 条，在没有完成法定方式前，债务不发生拘束力。[①] 我国法院曾经尝试，授予买受人一种移转请求权，以强制那些违反诚信原则而逃避订立证明书的出卖人（例如他向买受人保证可以信赖契约）去履行契约。但是，不论这种解决办法在个别案件中如何合理，要给它找到理论根据，是很困难的。这里，我们面临的问题是：《民法典》第 242 条规定的诚信原则是否能够，并且在多大程度上能够取代《民法典》第

① 《德国民法典》第 125 条：法律行为，不具备法律所规定的方式者，无效。……

125 条明确的法律规定。即使一个人不反对这点，问题仍然存在于：我们是否应该承担履行准契约的义务或者以原物赔偿损害的债务。

在保护诚实信用的其他方面，也有类似需要考虑的事情。它们还特别重要，既涉及民法也涉及刑法。在有的情况下，某种事件按照严格的规定是不存在的，但是，为了合伙当事人的利益（作为合伙外的法律上的伙伴），却要认定其存在。首先是公司的设立有缺陷的情况。这种公司设立可能是无效的，或者是可以撤销而撤销的结果是自始无效的。但是，为了业务上的伙伴的利益，我们认定事实上已存在的公司，不能说它不存在。只对于需要获得特别的法律保护的人（例如无处分能力的人）免除其责任。除此之外，在这种情形下，不能追溯既往，认为自始无效，而只能通过法定的通告，宣告今后解散。如果这就是预期的结果，那么，人们就不能够从考虑法律行为方面去解决问题，而只能够期待把保护信任心作为法律的目的了。不幸的是，这种区别在理论上现在仍然是不明确的。一种意见把实际行为当作通常设立公司的法律行为，而承认“事实上”的公司。这等于是以法律行为设立公司的一种“拟制”。（法律上的假定。即此事可能是假的，为解决问题，法律认定它是真实的。——译者）我认为这是一个不合逻辑的结论。反之，我认为，必须给“保护诚信原则”这个观念作出一个固定的含义。因为即使在这方面，通过评定一个人对他的法律上的伙伴和对于公众的注意，找出主观要素，并不是不可能的。违反了“对自己的义务”（这是德国保险法创造的一个用语）就可以成为这个人的责任的基础。我确信将来必然要特别注重这一方面。就我国法律关系特有的社会趋势而论，这种理论建设是很有作用的。在上述范围内，我们已经放弃了19 世纪的原则，即一个人可以通过契约去安排和决定他自己的法律关系。今天该原则却被适当的社会行为原则代替了。

现在我不再谈这方面而谈到别的事情，这些事情可以说明判例法在一个采用制定法的国家里的重要性。判例法不仅可以为权利要求寻找新的机会，而且能够离开传统观念对法律里的规定重作解释。《民法典》第276条用故意和过失这两个传统的术语去决定民法里的责任。① 但是，我们很快察觉到，在劳动关系里，受雇人的责任并不总是能用《民法典》第278条里关于过失的常例去确定的。因此，联邦劳动法院和联邦法院才都决定，受雇人的责任如果"不重大"，可以不负责任。从学术观点上看，用"非重大责任"这个词，避开确定的"过失"这个概念，就无形中削弱了《民法典》第276条的作用。这种解决办法对于雇佣契约的内部关系以及在雇佣契约范围内求得解决的机会是特别重要的。

我国关于损害赔偿的法律，如同《民法典》第249条及以下各条所规定的，是以对已发生的任何损害进行全部补偿为原则的。赔偿的范围不必一定与过失相称，这是我国民法的一个特点。即使在轻过失的情形下，也要全部赔偿。在很多案件中，损害赔偿——在特定情况下——会给债务人带来灾难性的后果。这就自然产生一个问题，全部偿还的原则（"全有或一无所有"的原则）在一定的、经过周密确定的情况下，是否应予放弃。在一个修改草案中，我们已经在考虑所谓"核减条款"（参看1967年的《关于修改和补充损害赔偿法规的法律的审查报告》）。但是也有人一再指出，这样的核减条款将特别危害法律的预防作用。又有人考虑到这种条款的实际可行性。不过这种趋势是值得注意的，因为可以预计到，在未来的岁月中，它还会发展。

有些判决涉及一个根本问题——我们关于"损害"的概念。这些判决认为，看来非财产上的损害也是可以补偿的。这样的结果是，使

---

① 《德国民法典》第276条：除另有规定外，债务人应对故意和过失负责。……

人不能使用，甚至损害某种无形的价值，都应负损害赔偿责任。在一个案件里，海关因为其官员的过失致使一个小提箱迟延交付于人，也得支付损害赔偿费。这时的损害被认为是旅行者失去的休息机会。

在损害赔偿的法律方面，有些发展甚至超过了这一点，而且从理论的观点来看，实质上混淆了民法、刑法的界限。在关于人格的法律方面，我们已经得到结论：我们应当承认某些非财产性的损害，以满足有关的人的某种要求。因此，一个人的名誉受到广播或新闻报道的严重破坏时，能够要求对他的非财产性的损害给予赔偿。本来我国的法律制度基本上是不许可这种赔偿的。因为《民法典》第253条把非财产损害限制在法律所规定的几种情形里，如身体受到伤害、健康受到损害、自由受到剥夺（《民法典》第847条）。可是，法院在严重侵犯人格权的案件中，也都判令赔偿损害。法院要这样做，必须克服现行法中的两个障碍：在侵权行为的法律规定中，必须把受到绝对保护的权利的目录加以扩大，而且《民法典》第847条里可以赔偿的损害范围必须扩大到包括身体伤害以外的对人格权的侵害行为（1973年联邦宪法法院判决：对于严重侵害人格权判给损害赔偿，是合乎宪法的。最高法院也判决侵害人格权的损害赔偿，仅限于严重伤害和重大过失的情形）。

我国关于侵权行为的法律，同关于契约的法律不同，把主人对于他的助手的行为所负的责任作了限制，规定了免责的情况。在现代世界上，这一点已成为一个相当大的障碍物，因为契约债务并不是与侵权行为请求权那样的基本法律关系同样重要的。我们现在正致力于限制《民法典》第831条里的免责规定，因为现行的法律使我们在大陆上处于独一无二的地位。在没有开始采取立法步骤的时候，法院正在寻求解决办法。法院要寻求解决办法，是根据下述事实：在许多案件中，主人应该有义务采取适当的预防措施以避免或减少发生损害的可能性。如果事实上他的组织工作做得不适当，主人就要对他自己的行为负责。这种责任超过他对他的助手的行为所负的责任。我们根据主人自己的过错努力寻求解决办法，组织工作不适当的过失和未尽到一般的注意（交易安全上的义务），这两点在一定程度上是重合的。这一点特别关系到现代的一种责任，即所谓生产者的责任。在契约制度里，生产者的责任通常在他的第一个买主把产品转卖出去时，就终止了。因为产品转卖后就形成了一个新的契约关系。而以后的出卖人并没有过失，以后的买主在瑕疵方面得到的保证也就微弱得多。这样，在大量生产的时代里，法律保护就有了缺口，这缺口还很不容易堵住。结果，要在我国僵硬制度的框架内寻求一种满意的解决办法，还没有完成。

还有，很明显，在许多案件里，因为不可能认定侵权行为人的主观责任（故意或过失），而主观责任是任何侵权行为请求权的要素，于是就不能有赔偿。几十年来，技术进步造成的危险使得有必要免除侵权行为请求权的主观条件。我们曾一再地不得不制定新的立法，包括关于铁道、汽车、空运的特别规定，以及保护环境不受石油污染的法律（1957 年 6 月 27 日的《水流管理法》）。可是，我们知道，用立法措施去对付这些问题，其效果是有限的，于是就有人议论，可以制定一般性的规定去对付技术迅速发展的危险性。一个原则性的规定可以让法院再去寻求适合各个案件的具体规则。然而我们必须看到，侵权行为的法律必须建立在明白确定的、成文的条款的基础上。也要看到，离开主观条件的责任这个原则是会遇到许多困难的。立法上的变革将需要长时间，而方法论的讨论仍是很有分歧的。

我希望这些实例可以说明民法在德意志联邦共和国里的地位。自然，我集中于比较近期的“发明”。有些法律制度在一建立之后，很快就在民法典之外发展起来。我说的是“契约过失”和“积极的侵害债权”。这两种制度已经建立得连一个精细的观察者也会把它们当作习惯法。考虑到所有这些实例，问题就发生了。这些事例是否标志着实证主义的体系的解体呢？我并不认为人们要作出这样的结论。我国的民事立法，也同任何其他法制一样，必须不断地进步。并且我相信，我国的司法机关对这个进步是有贡献的。当然，对我国法院的攻击也不能忽视。有人提出反对意见，认为：任何对严格的法律根据的背离都有利于某些方面的权力的影响。这样，我上面说过的社会的乃至于政治的因素就再度出现了，这些因素又把我们引回到那个问题，就是，在形势十分紧张的时候，编纂法典是不是势所必然的解决办法。我并不认为我国的立法应当成为普遍有效的药方；我们必须认识到，我国在法律方面的经验提供了一个好的基础。

同基本上自由发展起来的判例法体系比起来，德意志联邦共和国所采取的是一种混合的制度。现在越来越明显，在与成文法严格的约束对比之下，法官对于一件使他面临法律所能容忍的极限的案件，必须有足够的勇气才能够找到适当解决的办法。他所处的紧张状态，很可能从最高法院，特别是联邦法院里清楚地看到。在欧洲以立法为基础的不可争辩的优点，与在个别案件中取得更大的司法自由的要求，这两者之间的中间道路已经受过考验，并没有妨碍新制度的创造。必须强调指出，这就是《民法典》第242条发展的最重要的结果。这条规定作为一种“母法”，总在孕育着新的思想方法。如果我必须指出我国民法的情况的特点，我要说，立法、司法和法学理论三方面合作起来就能恰当地促进民法健康发展。

（谢怀栻摘译，宗洵校）

匈牙利民法典的修改

[匈] 格奥尔格·拉茨[①]

一

匈牙利的民法，连同一些其他法律部门的规定，第一次编集在《匈牙利王国习惯法三编》一书中。这是一位法官和大法学家斯特凡努斯·韦尔伯茨编纂的。这部巨著，是到这时为止的匈牙利法律的总集。早在1514年，这部法律就为国会所通过，但因未得到国王批准，终于并未取得法律效力。其后，韦尔伯茨于1517年，把他的这部著作在维也纳出版。这部著作，在以后的300多年间，一直以习惯法的形式，对匈牙利全部法律的发展和法院的裁判，有极大的影响。

1867年（奥匈和解的那一年）以后，虽然制定了各种法律，但是匈牙利的民法仍然首先以习惯法以及高级法院发展法律的裁判为基础。以后虽然经过多次努力，制定过几次草案，但是一个现代的民法典仍未制定。直到1959年，匈牙利人民共和国国民议会才通过了一个民法典（法律第四号）。家庭法则在1952年（法律第四号）早已编成法典。

① 博士、前匈牙利最高法院庭长。

政府方面的理由书指出，在法典编纂工作中，各社会主义国家的立法经验以及法国、德国和其他国家的民法典编纂工作，都曾作为参考。对于植根于匈牙利人民法律意识、必要时加以革新也可以有助于社会主义法律发展的那些古老的匈牙利法律制度，并不予以废除。

总的来看，这部民法典在实践中已历经证明是很好的。不过近 20 年来，在很多社会关系和经济发展方面，在某些法律政策观点方面，都产生了一些变化，因而对法典作详细的修改（虽然不是制定一部新法典）就有必要了。1977 年修改后的民法典（1977 年法律第四号），于 1978 年 3 月 1 日施行。实际上，在这之前，最高法院就已经对具有民法内容的全部根本性的判决和审判员会议的意见，进行了审查，并作出了一些必要的修改。

民法典相当一大部分并未改动，或者只有一些文字上的改动，不过该项修正法内容颇广，几乎涉及 1/3 的条文。条文总数并未增加多少。全部法典共有 687 条，大大少于一些主要西欧国家的民法典。一些烦琐的规定和原来属于学术范围的原理，都被排除去了。法律规定得比较简练，自然会把种种任务移转到法院实践中去，不过必须强调指出，这些任务必须总是限于法律解释的范围内。自从这部匈牙利民法典制定以后，在民法领域里，也不再承认法院可以通过自己创立法律规范的活动填补法律的缺漏了。即使是最高法院有拘束力的司法指示和根本性的判决，也不再是法律规范，因为最高法院依法也只能行使解释法律和适用法律的权利。

二

关于这次修改的目标，应指出下面几点。近十余年来，很多民事法律关系，已经用具有法律效力的命令、部长会议的命令或其他行政命令，规定在低一级的各种法律规范中了。民法典在原则上应该是除了家庭法以外的一切民事法律关系的一部统一的法典，其中还包括所谓的经济法。

法典的第一编包含关于法律的目的和关于行使权利和履行义务的“总则”。第 1 条是对法律作有权解释的原则。按照该条，法律规定的解释必须符合匈牙利人民共和国的社会经济制度。第 2 条也是一样：法律保护公民的财产权和人格权，以及公民的合法利益，并且保证公民合乎使用的社会目的自由行使其权利。第 3 条保护宪法所承认的各种形式的财产。必须不断巩固和增加公有财产，对之特别加以保护。出于保护经济计划的需要，应当加强合同纪律。合同双方在商品的生产与分配方面的义务，在新的经济体制下，应该大大加强起来。第 4 条禁止任何不正当的经济活动，特别是滥用自己在经济力量对比上的优势，并获取不正当的利益。

第二编包含关于“人法”的规定。其中可以指出以下各点：行为能力的年龄界限从 12 岁提高到 14 岁。这是为了与劳动法上的规定相一致，劳动法规定 14 岁的人就可以缔结劳动关系。这也是为了与刑法典的规定相一致，刑法典规定 14 岁的人就有刑事责任能力。在关于各种法人的规定之后，接着有一节很重要的规定，就是对个人的民法上的保护，其中有很多新的修改条文。

三

如上所述，这次修改中，最重要的法律政策上的一个目的，就是对公民的人格权和公民个人利益的广泛的保护（与宪法相一致）。人格权必须得到每个人的尊重，并且受法律的保护，这是一个普遍原则。这里的新规定是，对人格权的保护的规定，也必须适用于法人。只有按照保护的特殊性质，该保护只能适用于个人的情形除外。

由于人的性别、种族、民族或宗教信仰而加以歧视，或者侵害人的良心自由，或者对个人自由加以违法的限制，或者损害人的名誉和尊严，这些都是对人格权的侵害。

姓名权也较之前扩大了。在科学上、文学上、艺术上或在其他公开活动中所用的姓名，一概受到保护。例如，如果一个作家，多年来就在他本来的姓名之外，使用着一个笔名，以后另一个作家也用同样的姓名（而这是他自己的姓名）去出版文学作品。那么，那个先已在其公开活动中使用该笔名的人，可以要求该另一人虽然不放弃他自己的姓名，但是要稍为改变一下，例如，把姓名加上或减少一个字母，以免混淆。

对名誉较有效的保护也属于这一类。例如在对干部工作的不正确鉴定中，断言或传播某种侮辱性的或捏造的事实，就是侵害了人的名誉。

由于新闻报道法的规定（包括广播和电视），对肖像权的保护也更加扩大了。以任何方式不正当地使用他人的肖像或录音，都是侵害他人的人格权。除了公开露面的情形（如政治家们）外，不经本人同意，发表他人的肖像或录音是不被许可的。再一个例外是：为了重大的公共利益，或者为了权利人的个人利益，经过政府的许可，可以使用一个失踪人或一个犯了重罪而受追诉的人的肖像或录音。对于一个逃亡者，自然也可以发出逮捕状。不久前在一次亲子关系的诉讼中，原告请求放她与被告关于孩子的一次私下谈话的录音，作为证据，第一审法院认为没有对方的同意而驳回了这个请求。但上诉法院否定了这种错误的观点。

在传统的保护通信秘密、保护私人住宅、保护私人秘密之外，新的法律还保护法人的经营秘密和业务秘密，而不准他人未经许可予以公布或有其他滥用情事。随着现代技术的发展，新的法律还规定，也不能利用计算机的数据处理程序来侵害他人的人格权。关于计算机中储存的数据的情报，除了有关的本人外，只能让有权的机关或人员知道。这种情报只有在有危害国家利益或公共安全的情况下，才能拒绝给予有关的人员本人。还有一点很重要，如果储存的数据是不真实的，有关的人员可以请求予以改正。

人格权被侵害的人有各种请求权，他可以主张一些特别的民法上的请求权。他不仅可以请求停止这种侵害，并通过以侵害人的费用发表声明而得到相应的名誉回复，而且也有损害赔偿请求权。以前的民法典认为人格权（例如名誉和信誉）没有财产上的价值，因而人格权被侵害时不能请求金钱上的损害赔偿。修改后的民法典改变了这种观点。

被害人可以首先按照民法上的责任原则行使损害赔偿请求权，如果这样得到的损害赔偿与损害行为的严重程度和社会公认的恶劣程度不相适应，法院还可以对侵权行为人处以适量的罚款，而将罚款拨充公益之用。还有一点重要的新规定，如果侵害行为给受害人在参与社会生活方面，或在个人生活上造成严重的持续的困难，或者使一个法人在经济往来上受到不利影响，侵权行为人还应该对非财产权上的损害负责赔偿。实践上，这种非财产权方面的后果，可能比财产权上的损害更为严重。修改后的民法典有了这种加强保护人身和人的利益的规定，就更接近于某些西方国家的法律，并且也回复到原来匈牙利法院的审判实践了。

还有一点应该强调，该法关于立法理由的说明并不将损害赔偿义务限于侵害身体的情况。例如对他人信誉的侵害，也可以作为非财产权的损害而据以要求金钱赔偿。

关于著作权的保护，由特别法规定，民法典只作了一个一般原则的规定，即精神的创作受法律的保护。一些精神上的创作品，虽然在特别法中没有规定，而在社会上已经广泛应用，但又没有成为公有物时，也受到保护。关于具有物质价值的经济上、技术上和组织上的知识和经验，个人也受到同样的保护。这些完全新的规定当然会在实践中发生一些争执问题，须通过裁判予以解决，例如一个人不正当地利用一种精神创作物而获得赢利时，权利人应在什么范围内，分享这种利益的问题。

四

《民法典》第三编的标题是“财产法”，其内容相当于从前的物权法。这一编的基本原则是：匈牙利人民共和国的经济制度的基础是生产资料的公有制，即国家所有制和合作社所有制。国家所有制的财产属于全体人民，受到特殊保护。国家财产不能转让，在国民经济中具有一种特定的作用，它是计划经济的最主要的保证。合作社所有制的财产是为了进行集体生产、分配或共同满足消费需要而自愿结合起来的公民集体的不可分割的财产。可以指出，例如，农业经营的绝大部分都是合作社财产。现在还有一些范围较小的私有经济。从 1977 年 1 月 1 日起，属于国有的或合作社的、供建造私人别墅或共有设施的土地，都不许转让。这种土地只能由私人或法人支付适当的租金而长期使用。使用人应该按约定的方式使用土地，并进行正当的经营。使用人在土地上建筑房屋或其他设施时，他就取得对这些建筑物的所有权。从而土地的所有权与建筑物的所有权就互相分离。

新的法律对个人财产与私有财产加以区别。个人财产是为满足个人和家庭的需要而直接使用的财产，特别是家庭住宅、别墅、个人住房、动产、日常用品、汽车等。个人财产应该用劳动收入来取得。属于个人所有的财产的范围和数量可以通过法律加以规定或限制。例如，不久以前关于几种不动产的取得就由法律予以限制了。另外应该着重指出，个人财产的增值，只要有益于社会，这也是立法者所奖励的。各种小生产者的活动也属于社会主义关系。其中首先是小工业经营者的活动在为满足人民需求的服务方面是有用的，不可缺少的。他们的私有财产同样受到法律的保护。除了按照法律规定专属于国家所有者以外，生产资料也可以成为私有的标的物。不过绝不许可因此而侵害公共利益。所以私有财产的范围可以由法律加以限制，以防止投机倒把和进行剥削。原来在民法典里有句话：属于资产阶级分子私有财产的生产资料，必须由所有人利用于生产过程。新的法律里已经没有这句话了，因为它已过时。

五

对于人格权的保护以及各种所有权具有法律政策上的特殊意义，所以上面就有关的新规定作了详细的叙述。《民法典》第四编包括 400 条，规定了 40 多种合同类型，在这里不能全都讲到。

应该强调指出，在制定民法典时，一般地说，占统治地位的是一种受限制的经济体制，这种经济体制只给予企业一种有限的处分权，而且强制订立合同的情况在广大范围内盛行。但是，几年前实行的新的经济领导体制则是要尽可能地把集中领导与企业的独立自主调和起来。这样就大大提高了经济组织间的合同关系的意义，并且要求对合同严格遵守。法律规定，订立合同的各方面都有义务共同合作，并且应当互相尊重对方的合法利益。因此，在订立合同前应互相告知有关合同的重要事项。这种共同合作的义务在履行合同的阶段具有特殊意义。

民法典里原来没有预约的规定。在实践中，这样做的效果不好。新的法律重新承认了这种法律制度，即当事人根据预约有订立合同的义务（除少数例外），如果合同并未成立，法院可以根据当事人一方的申请强制订立合同，并且详细规定合同的内容。这样，预约就成为建立长期的和持久的业务联系的一种有效手段。

在实践中这种情况还有不少，有些国营企业或合作社在合同对方违反合同时由于种种原因并不行使合法的请求权。现在有了一种新的规定，法律使这些企业或合作社负有行使这种请求权的义务，只有在违反合同不能归责于当事人或者违反合同对于国民经济的损害极其轻微时才除外。此外，由于金钱债权而发生的请求权，可以为国家的利益而行使。

六

在损害赔偿责任方面，关于由行政机关造成损害时的赔偿责任一点，有了重大的修改。从前，只有在行政人员的罪责已在刑事程序或惩戒程序中确定时，才能对之请求损害赔偿。新的法律取消了这个条件；其理由是，只有这样才能更有效地保护公民的权利和合法利益，才能更好地保证行政活动的合法性。

修改民法典的一个重要目的，是更有效地保护消费者，间接地也巩固个人的权利和利益。新的法律规定，关于合同的订立，如果一个法人使用由它单方面规定的一般业务条件，而这种条件使它自己得到单方面的不公平的利益时，国家机关或社会组织可以请求法院撤销这种条件。法院认为请求撤销有理由时，就确定这些被攻击的条件无效，并且这种确定是对一切人发生效力的。如果一个具体的、包含这种条件的合同业已订立，这种合同给该法人提供了单方面的利益，那么，利益受到损害的合同当事人可以向法院请求撤销合同。

这种规定对于消费者有特殊意义。这种法人，特别是经济组织，为广大公民提供各种服务和供应时，用单方面制定的空白合同格式，同消费者订立大量的合同。某些经济组织的垄断地位使它们很容易损害另一方，即私人的利益，例如单方面地限制或完全排除自己的责任，订立一种过高的对待给付等。新的法律保护了消费者，以防止这种滥用。至于“不公平的单方利益”这种概念应该怎样理解，这须由裁判，首先是由最高法院，予以解释。对这种概念不能狭隘地理解，也不能把它同罗马法里的所谓非常损害等同起来。

关于合同责任的新规定是同这些考虑相一致的。民法典原来对不正确履行合同的后果所作的规定，是不充分的，那种规定过于死板，不足以保护消费者的利益。修正的规定给予了消费者以广泛的选择的可能性。消费者对于不符合合同中所订定的或法律所规定的特性的物品，可以自行选择，或者要求修理，或者调换，或者请求降低价钱，还可以在一定条件下解除合同。特别重要的是，原来规定，如果物的瑕疵是易于发现的，有权利的一方应该在 8 日内（从交付之日起）行使其瑕疵担保请求权；如果瑕疵是不易发现的，期间是 6 个月。这两种期间都是除斥期间。这些期间太短了，因为在实践中常常有这种情况：在 6

个月中，物的瑕疵还不能发现。新法律规定，在一般情况下，这种期间都是 6 个月。如果物的瑕疵在此期间仍不能发现，期间延长到 1 年；如果是耐用的日用品，这个期间延长到 3 年，并且法律规定这种期间是最低限度，出卖人不能自行缩短。买受人在发现瑕疵后，应立即通知对方。买受人因物的瑕疵而受到损害时，除了瑕疵担保请求权外，还可以另外请求赔偿，而且这种赔偿请求权是不受上述时间限制的。

七

在许多合同类型中所作的修改，这里只能讲几个例子。

科研合同是一种新的合同类型。在我们这个时代，促进科学技术发展的科研活动，在国民经济中有高度价值。根据这种科研合同，委托人付给承揽人一定的费用，承揽人有进行研究工作的义务。双方可以约定，即使研究工作得不到结果，费用仍应照付。委托人可以按照合同所规定的目的使用研究成果，但不得予以公开。

在供养合同方面，有一点重大的修改。依照原来民法典的规定，合同一方当事人可以负担在其自己的家中供养另一方的义务。原来只有自然人相互间可以订立这种合同。新的法律规定，法人也可以订立这种合同，而且供养合同也不再必要以同住一家为前提。近几年来，农业生产合作社曾经多次提出，要求它也可以订立这种合同。新的法律也规定，这种合同应经主管机关批准，而且主管机关应该对合同的履行（对当事人的照顾、扶养、医疗）加以监督。

最后谈到旅游合同。过去这种合同在法律中没有规定，但是发生过大量的诉讼案件。日益增多的国内旅游和国际旅游活动要求把这种民事上的合同规定在民法典本身中，而不用命令来规定。按照旅游合同，也是为了保护消费者，旅游局（旅行社）的义务是：提供一种统一的服务，其内容包括合同中订定的旅游，及与该项旅游相关联的一些服务，特别是住宿与膳食。旅游者为此负担支付费用的义务。如果旅游局并未完全地、按照合同所订定的条件履行它的义务，旅游者有权请求减少费用，更重要的是，还可以请求赔偿他由于不完善的旅游而在其他方面受到的损害。譬如在旅游中欠缺了一项节目，就不仅可以请求减少费用，还可以请求相当的损害赔偿。国内的旅游局对于它的外国合伙人所造成的损害也应负责赔偿。

八

《民法典》第五编是继承法。这里只能提到一点新规定，即关于寡妇的用益权。在匈牙利法中有这种存在了几百年的法律制度。就是卑亲属继承遗产后，死者的寡妇在生存期内享有遗产的用益权，但不能把该项财产出让。鉴于现代经济情况，对寡妇的这种权利，即使不完全废除，也要加以改变，因为这种权利对寡妇本人和继承人都不利。修改后的法律规定，生存的配偶一方或继承人都可以提议取消这种用益权。不过鳏夫或寡妇所居住的房屋、所使用的建筑物以及用具的用益权不在其内。生存的配偶一方可以得到与死者的每一卑亲属相等的一部分遗产（现金或实物）。

本文只是就《匈牙利民法典》的修改作了一个简短的叙述。它试图用简明扼要的方式着重指出修改的民法典在法律政策方面意味深长的倾向，以供比较研究，也表明其与一般欧洲民法的发展有一致的情况。

（原载德国《德国司法官月报》1979 年 3 月号，谢怀栻译，李浩培校）

图书在版编目 (CIP) 数据

谢怀栻文集．第一卷，民法总则讲要 / 谢怀栻著

．— 北京：中国法制出版社，2023.1

ISBN 978-7-5216-2709-1

Ⅰ．①谢… Ⅱ．①谢… Ⅲ．①法学 – 文集 ②民法 – 总则 – 研究 – 中国 Ⅳ．① D90–53

中国版本图书馆 CIP 数据核字（2022）第 176277 号

定价：79.00 元

责任编辑：侯 鹏　　封面设计：李 宁

谢怀栻文集. 第一卷，民法总则讲要

XIEHUAISHI WENJI. DIYIJUAN，MINFA ZONGZE JIANGYAO

著者 / 谢怀栻

经销 / 新华书店

印刷 / 三河市紫恒印装有限公司

开本 / 710 毫米 ×1000 毫米 16 开　　印张 / 20 字数 / 240 千

版次 / 2023 年 1 月第 1 版　　2023 年 1 月第 1 次印刷

中国法制出版社出版

书号 ISBN 978-7-5216-2709-1　　定价：79.00 元

北京市西城区西便门西里甲 16 号西便门办公区

邮政编码：100053　　传真：010-63141600

网址：http://www.zgfzs.com　　**编辑部电话：010-63141826**

市场营销部电话：010-63141612　　**印务部电话：010-63141606**

（如有印装质量问题，请与本社印务部联系。）